外国人亲历的

辛亥革命

·丛 书·

李育民 李传斌
主 编

2021年主题出版重点出版物

国家"十二五"重点图书出版规划项目

Through
the Chinese Revolution

经历中国革命

——我在南方北方的经历、社会生活的革命、与政党领袖的会谈、一次违宪的借款及其引发的武力夺取政权的尝试

［法］费南德·法金奈尔 著 胡门祥 译
刘利民 校

湖南师范大学出版社·长沙

图书在版编目（CIP）数据

经历中国革命：我在南方北方的经历、社会生活的革命、与政党领袖的会谈、一次违宪的借款及其引发的武力夺取政权的尝试 /（法）费南德·法金奈尔著；胡门祥译. —长沙：湖南师范大学出版社，2022. 4

（外国人亲历的辛亥革命丛书 / 李育民，李传斌主编）

ISBN 978 -7 -5648 -4529 -2

Ⅰ. ①经… Ⅱ. ①费… ②胡… Ⅲ. ①辛亥革命—史料 Ⅳ. ①K257. 06

中国版本图书馆 CIP 数据核字（2022）第 064939 号

经历中国革命——我在南方北方的经历、社会生活的革命、与政党领袖的会谈、一次违宪的借款及其引发的武力夺取政权的尝试

JINGLI ZHONGGUO GEMING

［法］费南德·法金奈尔 著

胡门祥 译

◇出 版 人：吴真文

◇策划组稿：刘苏华 黄 林

◇责任编辑：牛盼盼

◇责任校对：赵婧男

◇出版发行：湖南师范大学出版社

地址/长沙市岳麓山 邮编/410081

电话/0731 -88873071 88873070 传真/0731 -88872636

网址/https：//press. hunnu. edu. cn

◇经销：湖南省新华书店

◇印刷：天津画中画印刷有限公司

◇开本：710 mm ×1000 mm 1/16

◇印张：19. 5

◇字数：270 千字

◇版次：2022 年 4 月第 1 版

◇印次：2024 年 8 月第 2 次印刷

◇书号：ISBN 978 -7 -5648 -4529 -2

◇定价：68. 00 元

如有印装质量问题，请与承印厂调换。

丛书总序

呈现在读者面前的，是部分来华外国人有关辛亥革命记载的一套丛书。辛亥革命是一次震惊世界的伟大事件，不仅改变和影响了中国的历史进程，而且在国际上产生了重大反响。对这一重大事件，人们从不同的角度做了大量叙述和诠释，揭示了革命的全过程及其意义。然而，作为一次波及整个中国、牵涉世界各国的革命，辛亥革命还存在大量需要深入认知的空间。自鸦片战争之后，随着对外开放的扩大，各类外国人大量涌入中国，他们对中国发生的各种事件均做了记述，其中对辛亥革命尤为关注。这些来华外国人所撰著作，记载了亲身经历的所见所闻，既补充了辛亥革命的史实，又阐发他们的相关评析，为我们进一步认识这场伟大革命提供了一个新的视角。正唯如此，值辛亥革命爆发110 周年之际，我们编译了这套丛书，以冀扩展对这一重大历史事件的了解，推进这一领域的研究。

这套丛书译自各类来华外国人当时记述辛亥革命的著作，包括五种独立出版之著作，及一种选译汇编。作者来自英、美、法、奥匈等国，有领事、记者、商人、传教士、教育家、旅行家等。他们或已驻华多年，或临时来华访问，或常年在各地传教，或参与外国人救援活动，或以记者身份在各交战区域采访，或正在中国旅行而从南到北追随诸事件的进程，等等。事后，他们随即将自己在革命中的见闻整理成著作，在英、美、法以及中国以英、法等文字出版，向西方世界介绍辛亥革命。其步履和笔触遍及湖北、湖南、广东、陕西、云南、山东、江苏、浙江、安徽、山西、甘肃、河南、河北等省，以及武汉、上海、南京、西安、广州、长沙、天津、北京等重要城市，宜昌、滁州、徐州、扬州、潍县、汕头等中等城市，既包括革命进程中世人瞩目的中心，又伸展到内地和边远之地。

这些著作从不同角度记载了武昌起义及全国对其的响应，或对辛亥革命做了宏观整体的陈述，或以某个城市为重心的同时兼及其他区域，或介绍外国人援救寓华侨民的行动，或陈述上海的二次革命，等等。如《经历中国革命》一书，分析了革命爆发的原因，叙述了革命起始到善后大借款的过程，涉及云南、上海、北京等地。《中国革命记（1911—1912）》着重讲述了武昌起义以及武汉三镇的保卫战，同时还叙述了从南北议和到清帝退位的过程，并论及四川光复和孙中山、袁世凯等重要人物。《中国的二次革命》记载了1913年7—8月间上海及周边地区二次革命的经过，包括江南制造局、吴淞炮台周围等处的战斗。《身陷中国革命》和《清朝的覆亡》两书均以救援陕西外国人为主题，但内容详略和叙述范围存在差异。前者除了救援行动之外，还涉及西安起义、屠杀满人、哥老会内部争斗等内容。后者篇幅较大，除了上述问题之外，还设置专章介述沿海各地及北京、太原等地情形，并涉及山西、甘肃、河南、蒙古、直隶、北京、武汉、上海等其他地域。《来华外人在各地经历的辛亥革命选译》系《教务杂志》和各种个人著述的选译汇编，记述了作者在辛亥革命中的经历，范围涉及全国各地，如湖北、湖南、广东、陕西等省，除了武汉、上海、广州、西安、长沙等大城市外，还有宜昌、滁州、徐州、扬州、潍县、汕头等中等城市。就地域而言，这些叙述颇有代表性地反映了全国的革命风暴，作者将它们汇集起来，展现了一幅从南到北、自东至西的全景画面。

作为外国人，他们从自己的视角做了观察，提供了有关的细节，同时提出了各种看法，反映了西方国家对辛亥革命的认识和态度。例如，关于辛亥革命的发生，不少在华生活的外国人在武昌起义前便预感到大风暴的来临。如医学传教士胡美说，“清王朝正在解体”，当光绪帝和慈禧太后在1908年死去，“我们就隐约认识到了这一点”。随后1910年4月长沙抢米风潮发生，“我们已清楚地认识到了这一点”。到1911年初，“人们普遍认识到，一场严重的政治颠覆即将爆发”。英国驻华领事许立德在1910年也有同样的预感。或对革命的原因做了分析，认为有三个因素：一是经太平天国起义、戊戌政变、义和团运动等事件的累积，“这个国家发生巨变的时机已经成熟”。二是清政府“腐烂不堪”，已不能照旧统治下去。三是由于与外部世界的接触，中国已出现了“新一代觉醒的、训练有素的人”。

身处这场历史事变之中，这些来华外国人在当时便对辛亥革命的影响做了预测，认为：“或迟或早，世界上所有的国家必定会感受到中国革命的影响，在过去两年，它已经震动了亚洲大部分地区。”由于便捷的交通手段，人口几乎占全人类四分之一的中国所发生的事件，“不能不对整个世界产生深刻的影响”。革命对中国社会亦产生了非常大的影响，它既是政治性的，又是社会性的。“在中国一切都变了，包括构成人们社会和家庭生活的风俗习惯”，以及政治斗争及其格局，等等。他们对这场革命做了肯定的评论，同情和理解中国革命，肯定革命者的奋斗和献身精神。这些著述的作者们，均肯定中国建立民主共和制度的意义。如“遵纪守法”，“行为清白”；“所有人都充满活力”，而非“战战兢兢，犹豫不决，三心二意”；革命队伍“组织有序”，“运转流畅”；等等。从自己的经历中，他们看到或感受到中国的未来。如认为，哥老会和革命党有“良好的一面”，中国农民头脑清醒、克勤克俭、谨守本分，有助人精神，“蕴藏着一个真正伟大民族的元素”，“是这个民族的脊梁”。他们指出，“悲观看待中国未来的立场是错误的”，年轻的革命党“有希望建立一个稳定的政府”，这个政府“有能力开发国家的资源，帮助人民”，“一个统一的新生中国必将出现”。或者祝愿革命党人为自由而进行的斗争及其做出的牺牲，“将预示着中国正义和真理之日的到来”。

对革命军的缺陷和不足，他们也不讳言，做了客观的评论。如各省相互戒备，有着“狭隘的地方意识”，在陕西，“‘中国人的中国’这个口号在这里已经蜕变为‘陕西人的陕西’”。西北的青年革命者，几乎把全部精力“倾注在了破坏上”。他们有一种模糊的认识，“认为只要把旧势力清理干净，就可以在国内引进西方文明，建立西方式的政权”，却没有思考民众“接受和消化这种外来文明和制度”的可能性和意愿。“对满人的大屠杀是一个可悲的错误”，哥老会的抢掠行为等恶行，“留下了难以抹去的污点”，而共和政府却无法与他们“完全撇清关系”，这是革命派的“软肋”。其他如缺乏政治经验、招兵和军纪问题等，“未经训练”，“对战争技巧一无所知”，战斗中“毫无组织”，“全无秩序”，人人“随心所欲”，是一群“乌合之众”，等等。对革命对立面的长处，他们亦做了相应的分析，由此揭示了革命军的不足。如指出，北洋军在某些方面体现出明显的优势，有“最科学的战术”，“受过严格训练”，“学习了军事课程”，具有“坚韧不屈，无畏艰险，纪律严明，拥有丰富的军事常识”等军人素质，其战斗力强于革命军，等等。

评论中，不可避免地要论及辛亥革命中的各种人物，褒贬之间，反映了他们对这场革命的了解和态度。如黎元洪被认为是“中国带给世界的最伟大的改革家”，“如果没有他，中国可能就不会有革命”。袁世凯被认为具有“政治家的手腕”，“自始至终忠诚于自己的理想，追求一个目标，即谋求国家和民族的最大利益”，因此“要想拯救现在的局势，非袁莫属”。“袁世凯可能是当今中华帝国最伟大的人"，"并有能力使整个国家团结一致"。他还有极高的军事才能，北洋军"受过正当训练，拥有先进装备，具有良好纪律"，"成为一支不可小视的军事力量"。关于革命领袖孙中山，他们的看法是矛盾的：一方面认为他是"中国最有成效的革命家"，几乎为革命理想"奉献了一生"，"是一个有足够力量在中国建立一个稳定政府的人物"；另一方面又认为，西方人"根本无法理解"孙中山"密谋策划革命活动"，笑话他是个骗子，企图利用大动荡谋取私利。此外还涉及各省的各类人物。

著述中还涉及对某些国家的看法，如英国人丁格尔所著《中国革命记(1911—1912)》。其中谈到，英国在中国"比其他任何国家都更有优势"，这种优势"就在于他们取得了中国人的信任"。中国人普遍"相信英国人，相信英国的商品"，认为"英国是世界上最好的国家"。英国"仍然控制着中国大部分的贸易"，"没有一个国家像英国这样为中国的发展做这么多"，它"已打下了基础，播下了种子，现在只有他们才应该收获果实"。但英国遇到强劲的对手，即德国和日本，"他们正在斗争着"。关于德国商人，"不是依靠政治上的影响力，不是依靠关税或者欺骗性的手段，而是纯粹依靠对生意的专注和努力"，以"大规模的计划"和"良好的行为规范"为基础，"从而获得日益增长的贸易的最大份额"。这是因为，"普通的德国人都读中国历史，了解中国的自然特征、内陆人民及他们的生活，了解他们所拥有的及想要的是什么"，正是德国人对中国的深入了解和吃苦耐劳精神，使得"德国商人遍布每个港口"。关于日本，是英国"最强大的对手"，它"正在大批量地生产劣质产品"，"在这片土地上到处散播那些价廉质劣的东西"。所有日本人都赋有"寡廉鲜耻这种特有的德行"，"为了争第一，他们什么事情都做得出"。在华日商"没有什么信誉可言，人们需要小心提防着他"。日本人不择手段，"已经使自己成为中国的最优惠国"。现在日本人在中国内陆省份"秘密地勘探矿物，开采闲置浪费的金矿、铁矿"，他们"无处不在，却很少获得信任"。"没有哪两个国家能像大不列颠和美利坚合众国这么有希望获得中国新的贸易机会”。再如，法国人费南德·法金奈尔所著《经历中国革命》，较为注重辛亥革命与法国的关系，如革命对法属殖民地安南的影响、法国人与云南革命的关联、革命期间上海法国人的情况、法国对善后大借款的态度与政策、在华法国人对这场革命及其前景的不同观点，等等。

总之，来华外国人通过自己的亲身经历，揭示了鲜为人知的某些史实，丰富了对辛亥革命的认识，并反映了西方各国对华立场及其形象。但是，由于立场观点的不同，以及其他种种局限，这些记述又存在不同程度的缺陷和不足。例如，这些书贯注着西方优越的思想，或以所谓实录的方式丑化中国和中国人，或宣传西方思想尤其是基督教教义。如丁格尔在《中国革命记（1911—1912）》借他人之口提出，要把基督教文明的“真理和价值”传授给中国未来的统治者，“把中国融入”西方文明，使“中国人珍视”西方的“崇高道德准则”，如是，“中国可能就会在基督教文明的光辉照耀下成为一片乐土”。在对各类人物的评析中，亦体现了他们的思想倾向，如对袁世凯的赞许和对孙中山的褒贬，等等。关于辛亥革命爆发原因的分析有欠客观准确，或强调基督教的影响，认为“基督教在中国的传播与引发辛亥革命有着很大的关联”，因为“基督教在其教义和精神上是平等的”，当革命爆发之时，“乡村的偏远角落都有这种平等精神的表现”；或归之于某个人的作用，如认为“黎元洪是中国带给世界的最伟大的改革家”，“如果没有他，中国可能就不会有革命”。这些错谬的产生，既有个人主观倾向的因素，又反映了他们对中国或相关史实缺乏深入了解而出现误判。与后者相似，或因信息不准确，或因史料歧异，书中在各种问题上均或多或少存在某些错误。诸如此类，读者在阅读时需予以鉴察。

李育民

2021 年 6 月

译者序

辛亥革命是中国历史上一次意义重大的资产阶级革命，它终结了长期存在于中国的封建君主专制制度，让中国走出了王朝循环的窠臼；它建立了中国历史上第一个资产阶级民主共和国，民主共和思想从此深入人心；它催生了中国在社会经济、思想文化、风俗习惯等方面的积极变化。辛亥革命虽然最终失败，但它影响深远而不可磨灭，在中国历史发展的长河中永远闪耀着光芒。自辛亥革命以来，各类相关著述迭出不穷，可谓汗牛充栋、浩如烟海，它们从各个角度与层面揭示了这一历史性事件的面貌及影响，是我们认知、研究辛亥革命的宝贵材料。法国人费南德·法金奈尔所撰写的《经历中国革命》，就是这众多著述当中的一种。

费南德·法金奈尔是社会科学自由学院教授，辛亥革命时期在远东地区，又主要是在中国旅行，他用自己的笔触记录了这次旅程的所见所闻，以飨读者。因此，本书实为一部游记，行文以地点为经，以时间为纬。但其所记内容，绝不偏重于沿途风光，而是大量记载了作者在旅行过程中对辛亥革命的见闻，提供了许多有价值的历史细节，并进行了一些理性的思考。译者以为，以下两点尤其值得一提。

一是法国人的视角。作者身为法国人，他在亚洲的旅行从一开始就烙上法国的印迹，他的出发地是法国的马赛。此后，他在旅行中所接触到的人和物，法国方面的实际上占有重要地位。作者因而揭示了辛亥革命在法属殖民地安南的影响，揭示了法国人与云南革命的关联，描述了辛亥革命期间上海外国人，尤其是法国人的情况，描述了在北京的法国天主教堂北堂以及法国人在京庆祝法国国庆的情况，说明了法国对银行团及善后大借款的态度与政策，说明了在华法国人对于辛亥革命及其前景的不同观点，等等。所有这些，从法国人的视域展示了辛亥革命的若干情状，对研习辛亥革命时期的中法关系有所助益。

二是深邃的洞察力。作者行文时并不局限于一般性的记述，而是能够提出一些颇有见地的观点，让人回味。作者记录了革命带来的社会变革，指出革命既是政治性的，又是社会性的。作者论述说，孙中山之所以成为革命领袖，不仅仅在于他的革命活动、他对革命事业的忠诚，以及多年来的以身犯险，更在于他在思想上超越了同侪，制定了革命纲领与行动计划。作者洞穿袁世凯的本质，认为他不过是旧式的中国人，并不赞同现代原则和现代方法，不能信赖伪装能力惊人的他。作者在文末颇有预见地写道，西方出于一己之私对革命进行干涉终将是徒劳的，中国走向民主的进程不可阻挡。显然，作者总体上是以一个旁观者的身份来观察他所见闻的辛亥革命的，立场较为平允，这是他能够提出真知灼见的一个重要原因。

尽管作者立场相对平允，但在揭露与批评外国势力的时候是有所保留的。作者在某些部分渲染、美化了法国对华关系，以及法国对辛亥革命的积极影响。尤其是作者对法国侵略者做了美化，如对于中法战争时期，指挥舰队入侵台湾地区的法军舰队司令孤拔，他极为赞赏：“在接下来的日子里，我们快速通过澎湖列岛，它使人想起了舰队司令孤拔辉煌的成就。”（第4章）书中不少地方流露出西方的优越感，对中国、中国人进行了一些貌似实录实则丑化的描述。譬如，作者以戏谑、嘲弄的口吻写道：“我们的海员明显是进步人士，渴望走上文明道路，因为他们一个接一个地做着祖先从未做过的事——刷牙。同一把牙刷在一张张嘴中依次传递，这倒同中国人共享所有事物的习惯高度一致！”（第4章）还有作者对中国人有诸多偏见，如“中国人这种特别的易激动性是一个众所周知的事实，在许多外国居民看来，每个中国人都可能是疯子”（第12章），等等。诸问题，相信读者能一一辨别。

《经历中国革命》原为法文，玛格利特·维维安博士将其译成英文，由达克沃斯出版公司于1915年在伦敦出版。这正是译者所译的版本。

为保持英文本原貌，书中所引用的中方文献，均据英文回译。书中涉及的专有名词为数众多，中国方面的尽可能译出，无法查询核实者，以音译方式译出，并予注明。外国方面，取有中文姓名的外国人，用中文名对译，其他以通用外国人姓氏译出；地名与事件采用通用译名。另外，译者在认为必要的地方，加有译注，原书注释加“原注”字样以示区别。原书附有索引，译者将其一并译出，唯略去索引页码；另增附专有名词中外文对照表，以资参考。

译稿形成后，师兄刘利民教授提出了诸多中肯的修改意见，特此鸣谢。中国药科大学的王大维博士对于译稿也有所助益，在此一并致谢。译者才学浅陋，能力有限，勉力为之，译本难免有讹误之处。深望读者不吝赐教，多多批评指正。

胡门祥

序　言

或迟或早，世界上所有的国家必定会感受到中国革命的影响，在过去两年，它已经震动了亚洲大部分地区。

由于当代便捷的交通手段，距离相对缩短，随之而来的是，其四亿人口几乎占全人类四分之一的中国所发生的事件，不能不对整个世界产生深刻的影响。

在中国一切都变了，包括构成人们社会和家庭生活的风俗习惯。政党处于激烈斗争的阵痛中，而且，在最近两年内，这个国家已经遭受两次内战的破坏。独裁政府的暴政扼杀了自由，而欧洲与日本相互竞争，努力（对华）进行干涉，它们自己处在互殴的严重危险中。

这种严重情况只被几个专家所认识到，因此我相信本书将证明它对公众是有吸引力的，如其所写，它由一个目击者的记述所组成。

中国革命爆发时，我正在远东旅行，所以我不但能够在印支和云南，也能够在北方、南方，以及被影响地区的中心一步步追随诸事件的进程。

详细描述发生的一切需要几卷书。在力求尽量简短的过程中，我因此不得不将自己限制于记录某些事实，它们将让读者清楚地了解中国革命的起源和进程。

而且，记录这一危机史所有细节的时候尚未到来。有一个人见证了这一点，他的生命几乎全部用于研究这个迷人国度的语言、文学、历史、哲学和法律，他与该国的联系纽带众多而古老。

除了我努力详细复制的生动画面，读者将在随后的书页中发现实际发生的正确历史。显然，它不能对整个革命进行详细记述，革命在如此庞大的一个国家上演，它也不能详述引发第二次内战的突出事件，欧洲政治在这场内战中扮演了极为重要的角色。

只有在时光流逝后记下事实的历史学家，或是为了公众利益而斗争的辩论家，才能揭露冲突中的激情的隐秘来源。这些无私或自私的激情，构成了真实历史的基础。

然而，一些法国国会议员有兴致关注我的旅程，同时又希望弄清过去月份里严重事件的真相，他们请求我为其提供一个关于自己经历的可靠记述。

因此这个记叙包括了 1913 年 11 月的政变；关于此事，我想同样要详述金融政策的某些方面，这政策起源于中国的借款，提到的借款是导致第二次内战，及其屠杀和严重政治危机的最有力因素。

在有可能的地方，我已细心地向读者呈献有关这个敏感问题的原始文档，目的是他们或许能够（以此）自己判断一项政策的实情，该政策触及法国重要的物质与精神利益。

要对远东事件的趋向有一个清晰的概念，就必须了解这项政策。远东在任何时候，都可能成为令人生畏的、相互冲突的利益的战场。

尽管存在所有已犯下的错误，还是希望这种可能性微乎其微，并永不威胁在华欧洲居民的安全。后者聚集在中国心脏中奇特的国际共和国里，传教士则散布在中国各处，他们无疑是在浑水中航行，随时会被飓风所吞没。

最后，感谢中国及印支同胞对我非常热忱的欢迎。同样，非常感激我们庞大殖民地的总督，他如此友好地支持我的工作。

最衷心的感谢也要归于我的侄子欧尼斯特·法金奈尔，我亚洲之旅中可靠的同伴，他作为《法国军事报》的通讯记者陪伴我。他的存在最具价值，这不仅是在紧张和危险的时候——在一个处于混乱和反叛阵痛中的国度旅行，这样的时候总是迟早要碰上的，在那些平静的时刻他也同样具有价值，此时他以清醒而观察敏锐的头脑影响我们共同的研究。在 1911 年末时我们就在一起了，并经历了 1912 年，我动情地回想起中国革命进行期间，他陪我度过的许多月份，而对中国革命的叙述就包含在随后的书页中。

费南德·法金奈尔

目　录

◎第一章　印度支那华人

从马赛到马来——新加坡华人——西贡及其店铺——“人人自己做主”——华人学校——堤岸的中国城——土地的价值——革命热情——安南——东京华人——河内的革命庆祝活动——华人妇女放弃与社会隔绝

我们在 1911 年秋天离开法国。这时，对于即将在中国发生的重大事件，人们几乎一无所知。

在简短的电报中宣告的那场战斗，只是被看成这片土地上偶尔发生的短暂反叛之一，在这里自由已被专制政府所践踏。

在科伦坡，我们在英文报纸上读到了对于一场真正革命的描述，但我们从未期盼有好运等着我们——在远东见证所有藏于未来的异事。

我们在马赛登上汽轮后，带着兴致观看了船上凄惨而又引人注目的最后告别景象。一位母亲和女儿在甲板上痛哭，把一个就要离家多年的年轻人紧紧抱在胸前。她们憎恶分别，但是钟声响起，她们必须离开轮船了。跳板撤回了，最后一根缆绳放下了，这座浮动的城镇轻轻顺流而下。我们小心地穿过森林般的船桅和烟囱，它们遍布乔利埃特码头。甲板和码头上手帕舞动，直到我们朋友的身影变成了顶部覆盖着白点的黑斑。轮船驶离告别的路途，接下来加快了速度，驶向开阔的大海。马赛的纪念碑和屋顶，俯瞰碇泊地的金色贞女，房屋在阳光下闪光的偏远岛屿，都消失在远方，渐渐变得模糊，直到最后它们失去了踪影，沉降到水平线以下。与此同时，我们在蓝色的深海中稳步前进。

塞德港，我们的第一个停留之地，提醒我们大不列颠统治着海洋，因为她的旗帜在各处都显而易见，城镇里挂满了彩旗。

在港口抛锚的有一队英国舰船，它们灰色的船体在海水明亮的背景下显露出轮廓。它们在护送一艘大型的白色舰船，上面有前往印度加冕的英王。

我们的汽船进入运河，这是法国天才的丰功伟业。入口处是德·雷赛布先生①的雕像。当我们经过时，皇家舰船向我们致礼，我们的乘客和船员也热烈欢呼："友好协约万岁！英格兰万岁！"

穿过运河后，我们遇到了更多在苏伊士等候的英国巡洋舰，就像许多一动不动的大鸟一样。它们将护卫英王陛下穿过红海和印度洋。

但是英国旗帜所有的威望，连同威风的武力展示，都不能阻止印度人表现出他们对于这个统治民族的仇恨。在德里，在仪式之前，帐篷与临时台架连续三次被人放火。这个事件难道不是对一些严重的问题的紧急提示吗？这些问题当前不仅在殖民地，而且在整个世界表现出来，并且我们就要在远东又一次面对。

我们与同船乘客思考和探讨当下重大的社会问题，同时尽情享受埃及宜人的夜晚，观看数不清的野天鹅展翅飞过金色的天空。随后，我们沉迷

---

① 德·雷赛布（1805—1894），法国人，19 世纪主持开凿苏伊士运河。——译者注

于印度洋紫色的落日，以及锡兰光亮的夜晚，这里的月亮升起在繁星点点的天空，银光照在黑色的水面上。最后，我们到达马六甲，爪哇，群岛，最终抵达新加坡这个远东的前哨。

在勾画世界海洋线路之时，英国的海军天才们当然引领英国人选择了那些理想的地点。

在赤道以上 1.5 度的新加坡，人们第一次见到了大量的中国人，数十万华人居住在他们离港口不远的住所里。这个多产而迁徙的民族可以容易地适应任何气候。而见到他们的商店和无窗的店铺，他们的摊点和敞开的餐馆——天气热得让人窒息，他们光着膀子在此吃饭——人们开始有点明白这黄皮肤海洋的广度了，他们有上亿人居住在广大的东亚地带。

人力车车夫是个华人，虽然只穿了棉内裤，但拉着我们在他那轻巧的、橡胶轮胎的人力车上飞奔时，他仍然汗如雨下。英国区坚固而壮观的建筑令人想起伦敦，这里有着更多的华人。店员、职员或是收银员带着微笑的表情为您服务，他们身穿天蓝色衣服，脑袋剃光，辫子垂在后背上。

在英国邮局，只有一个英国人，所有的职员看起来都是学习过英语的华人。

如此背井离乡生活，不仅在新加坡，也在旧金山、巴达维亚和菲律宾工作、贸易和赚钱的华人，约有一千万。

他们在印度支那的兄弟们同样如此。我们在夜间前往那里，将点缀着灯塔亮光的马来海岸抛在身后。

我们再次在炙热的天空下冒着热气。不久，我们靠近了圣·雅克角遍布树林的丘陵。我们已经抵达交趾支那。我们花了 6 个小时驶过西贡河，岸边有红树林和翠绿的稻田。我们在交趾支那首府西贡下船。虽然天气闷热，骄阳似火，但是在海上待了整整一个月后再次登岸，真是一件乐事。

西贡显然是个法国城市，它的街道和纪念碑打上了法国烙印，不仅在建筑上，而且在整体的设计美感上，它无疑超过了新加坡。

在西贡随处可见华人，他们大多数穿着西装。

卡提尼特大街上有华人的商店。这是一条充满生气的大街，是我们林荫大道的缩影，有咖啡店、商店，人行道上栽种了树木。

在华人商店和“马拉巴尔人”商店之间存在着激烈的竞争。“马拉巴尔人”是来自本地治里或千德尼格的印度人，他们黑皮肤，光头，可以见到他们叉腿坐在柜台上，换钱或是向当地人放高利贷。

这里有身着白袍的裁缝为欧洲人做衣服，宝石匠光着上身打造金银饰品，钟表匠修理钟表。饭店和餐馆的大多数侍者都是华人，他们当中的大多数来自东京湾①入口处的海南岛。他们身穿白衣，头发左分，在通风口下穿来穿去。通风口通过屋顶提供了必要的新鲜空气。

“你为什么剪掉了辫子?”我们问侍者。他的蓝黑色头发抹着厚厚的头油，显然已经没有任何中国印迹。

“这是一种象征。”他回答说。

“但是告诉我，这是一种什么象征呢?”

“象征着‘人人自己做主’。”

从上面的法语对话中，我们认识到这些中国侍者是反满分子、革命者，并有可能是共和主义者。辫子垂在后背，让绸袍或棉袍沾上油污，在他们眼中是奴役的象征。

在西贡的街头，的确很少见到辫子了。在我们到达的前几天，几乎所有的辫子都剪掉了，它们的主人戴上了欧洲帽子。

在西贡和周围乡村与我们交谈的所有华人都是南方人——这就是说，大部分都是进步人士、社会党人，并常常是革命者。他们隶属于同业公会和秘密团体，因为每个华人都是天生的组织者。

① 东京湾，即北部湾。——译者注

商会在西贡建立了一座学校，据说教学非常先进，我必须去参观一下。

教师来自于广东。学校花掉了商会一大笔钱——每年4000皮阿斯特①——因此有人说要撤掉它。然而，管理委员会代表告诉我，他强烈赞同将学校保留下来。

传统的华人学校自然要便宜得多。这里，老师用传统方法教授学生——就是说，每个学生旁若无人地高声吟诵书本上的字。

尽管所有进步华人教师都批判它，但在西贡的12所学校中这种过时的制度依然有效。

让我们访问其中的一所学校吧！

穿过一家在香炉后供奉着财神的商店，我们来到一扇通往昏暗的楼梯的门前，又在黑暗中摸索着爬上楼梯，最后来到一楼，发现自己身在一间明亮的教室里。

教师是个光着上身的年轻人，但在我们进入时他迅速穿上长袍以示礼貌。街上的喧闹声通过敞开的窗户传进来，而在有着灰色墙壁，并有点脏的教室里，十来个或是更多样子狡黠的顽童正在忙于抄写古代的手稿。

我们到达时，教师自己在读书，我们瞥了一眼他的书，书名叫《革命先驱》。我们并不感到惊讶，因为在中国，就像在法国一样，年轻教师们的思想是先进的。

问过几个孩子后，我们和老师告别，我们再次经过那尊小小的大肚子神像——它的脚下燃着一炷香——并走上街道时，店主和他的帮工礼貌地向我们打招呼，我们也还了礼。

随后，我们发现大多数华人学校都与我们描述过的这所相似。

---

① 皮阿斯特，货币名称，法属印度支那地区货币单位。——译者注

华人政治生活的总部在堤岸。在将堤岸与西贡连接起来的 4 英里长的公路上，汽车像风一样飞速行驶。

堤岸是法国管辖的一个现代城市。这是一个相当大的城市，由林荫大道、大街、公园组成，25 英里长的街道有电灯照明。

人口有点变化不定，因为华人总是来来去去，但可能约有 20 万人。

饰有鎏金彩陶的宝塔，大量门前有开阔空地、招牌不停摇晃的商店，演员戴着面具肆意发出讨厌尖叫声的大戏院，这是一个典型的华人城市的样子。然而，在今天，这里的街道宽阔、阳光充足，不再是狭窄、肮脏、臭气熏天而令人回想起中世纪来。

这里有许多餐馆和小饭店，在后者的外面悬挂着一排排油亮的烤鸭，华人很喜欢它。我们进入了其中的一个厨房。店主欢迎我们，并向我们展示数不清的准备烘烤的小饼。所有东西都是干净的，这证明在堤岸华人在某些方面无论如何是进步了。

戏院里观众很多。历史剧在大白天上演，装扮华丽的演员们做着手势，吵吵闹闹。由于戏是用广东方言写成的，我对其一窍不通。

舞台的侧面呈现出奇妙的景观。墙壁上挂着奇异的面具以备未来的演出。可以看见演员们在不停地描画和“化妆”。女子从未登上过舞台，他们的角色都是由青年男子来扮演。后者谈笑着在膏脂盒间奔走。

但是社会学的学生会发现他的兴趣在于城市的商业区，这里盛行着一项令人惊讶的活动。因为地价高——每平方米 250 皮阿斯特（即 25 英镑），因此商店狭小。街道上似乎每一项职业都存在，挤满了嘈杂的人群，他们在酷热中交谈着、吵闹着。

堤岸的重要性更多地归因于出口而不是她的零散贸易，每年的出口值是一个相当大的数字。华人拥有 60 多个粮仓，他们派代理人到内地向安南农民收购稻谷。稻谷由内地经水路运到堤岸，并在堤岸去壳。

华商常常是银行家和放贷人。他们利用安南农民的浅见，以稻谷作抵押，以极高的利率向农民放贷。华人的大量财富正是这样挣来的。一个事实可以让我们对财富规模有所认识，这些家庭中的一个家长，就像大多数东方人一样，生来就是个赌徒，据说玩牌一夜就输掉了4万英镑。

堤岸有个法国管理者，他担任着市长职务。他激情洋溢地谈起华人展示出的慷慨，除了交税外，他们总是乐于捐助一切公共事业。他们忠诚地支援德鲁埃先生，他多年担任市政委员会主席，在其得力指导下，学校、医院和药店大量涌现。那家以法国医生为其职员的医院尤其值得注意。

文明的好处，即可靠的政府、公正的司法，以及华人居民的富庶，在堤岸产生了与他处同样的效果。华人是进步分子，是清廷的仇敌，清廷让他们的国家停滞不前，无力保护它免遭外来攻击。而且他们相信，推翻当前这个腐败的政府，会使中国变成世界上一个新的强国，她将极有能力维持其大国地位。

因此，在革命爆发时，堤岸华人居民几天内就向革命运动基金捐献了数十万皮阿斯特。

中国小商贩遍布我们的殖民地。交趾支那和东京①之间长长的沿岸地带，构成了安南本身，这里有大约5万华人与当地人做贸易，而且是代替当地人做贸易，后者要么是农民，要么是学者。

他们从安南海港土伦出口丝和桂皮。他们在年轻国王居住的顺化拥有商店，就像在他处一样，他们在这里娴熟地将当地人的钱诱入自己的口袋。

我们恰逢春节的时候访问这个奇特的亚洲城市。春节是一个宗教性节日，普遍以赌博的方式来庆祝。

所有商店都关闭了，但在其前面支起了小桌子，它与我们玩纸牌的骗子所用的桌子相似。每张桌子后面都站着一个华人，目光敏锐，面无表情，

---

① 东京，指越南北部大部分地区，越南人称之为“北圻”。东京亦为越南河内市的旧名，法国人控制越南北方后，便用这个名字称呼整个越南北方地区。——译者注

他那修长灵活的手指抚摸着赌注。

东京附近地区有价值的土产要少些，因此华人居民的数量只有大约2万。其中，大约4千或5千人受雇种地，剩下的1万5千人则投身于贸易。

几乎没有必要再补充说明他们是热情的革命者了。实际上，甚至在向全国宣告民国建立之前，他们就开始庆祝民国的肇建了。

1月16日，首义①仅仅三个月后，河内——我们当时正好待在这里——华人的房屋就装点上了年轻共和国那仍令人疑虑的旗帜。

黎明，我们被邻居们放鞭炮的巨大声响惊醒。我们的邻居是一个裁缝和一个金匠，他们一整天都在抒发热情，吵吵闹闹的。

然而，在华人云集的当地人居住区，兴奋才算是达到了极点。一些街道，特别是广东街，与7月14日的一个巴黎郊区非常相似，每座房屋都挂着旗帜。窗户挂着纸灯笼，燃放了数不清的红鞭炮——红色被认为是幸运色。

河内的广东宝塔位于法粤学校对面，入口的每一边都有设计漂亮的题词，欢呼自由和平等的胜利，以及专制的垮台。门柱装点着大大的绿棕榈，中央另有一幅由各色鲜花组成的巨大题词，其文如下：

"祝贺中华民国！万岁！"

必须记住，1912年1月皇帝仍然在位，只有中国南部才摆脱了帝国的枷锁。

然而，这些华人当中没有一个对革命的最终胜利有丝毫怀疑：他们坚信国家的新纪元开始了。

事实上，革命既是政治性的，又是社会性的，正如革命所做的那样，它对人们的家庭生活产生了影响。

---

① 首义，即"辛亥武昌首义"，指辛亥秋季的武昌新军起事。——译者注

华人妇女总是被谨慎地隔离开来，但现今可以见到女士们逛街，或是在市中心的小湖周围乘车游玩。

这些华人妇女和女孩，穿着绿色或粉红的绸裤，沿着鲍尔－伯特街散步，其步态因缠足怪异而笨拙，我们饶有兴趣地观望着她们。她们热切地审视各个摊点，甚至进入了一些商店。

这些女士的着装表明她们属于河内的上流社会，她们大白天在城市的法国区抛头露面，当然是一件令人吃惊而又意义重大的事情。显然，华人社会终于就要改变许多世纪以来隔离妇女的习惯了，这个重要的事件透漏了一点革命的基本缘由。

在所有的国家，家庭习惯都是缓慢而艰难地变迁，它们的演化通常远远落后于政治的演变。

因此，对我们来说，这个现象的意义远远大于所有的欢呼、鞭炮、旗帜和饰物，如其所做的那样，它以最令人印象深刻的方式预示了新习惯的诞生，以及政治生活新纪元的开始。

◎第二章　革命的开端

一个历史问题——古代中国——政治社会——满族政府——衰落——革命方案——卢梭与孟德斯鸠——报纸的价值——立宪运动——朝廷投降——血腥的请愿——四川的骚乱与斗争——革命的开始

让我们来考察一下这个就要被革命摧毁的古老社会生活的历史吧。除了几个东方专家，欧洲对此所知甚少。一个原因在于，尽管中国历史极为有趣，其程度并不亚于任何其他伟大的国家，但它记载于使用象形文字的书籍，对这些书籍进行解读是相当困难的。

中国有过繁荣的时期，也有过混乱的时期。中国的治理有坏有好，既有过暴君，也有过仁慈而受欢迎的君王。二十五个王朝①进行过统治，皇帝及其大臣们伟大而高尚的行为，连同他们的罪行和错误，载满了数不清的卷册。

① 原文如此。中国历史朝代数目，说法不一。一般认为有二十四朝，即夏、商、西周、春秋、战国、秦、西汉、东汉、三国、西晋、东晋十六国、南朝、北朝、隋、唐、五代十国、北宋、辽、西夏、金、南宋、元、明、清。——译者注

中国遭受过剧烈的战争和无情的杀戮，有几次还被异族入侵和统治，蒙古人以及鞑靼人在不同时期坐上了帝国的宝座。

但是，尽管经历了所有这些朝代的变迁，中国的社会与政治生活却一直未变。

不管皇帝的个性如何，他总被所有的臣民视作半神半人——天子，上天神秘的儿子，以及万民之父。作为国家的大祭司，皇帝给上天献上大量供品，独自祈祷会有充沛的雨水来浇灌田野。皇帝身穿黄丝金衣，堂皇地隐居在奢华的、有城墙与护城河环绕的宫殿里，并有妃嫔和太监做伴。

作为至高无上的宗主教，皇帝拥有无限的权力：所有的一切，包括臣民的财产，都归属于他，即便是臣民的生命也是他的财产。

在皇帝之下，有总督、巡抚和知府，他们同样是主教，并代表着皇帝，以皇帝的名义进行统治。

在家里，父亲同样被赋予对家庭的绝对权威，他也是担任主持的祭司，把供品献给他的祖先。

中国的社会生活无疑与旧时的欧洲类似，但它的历史要在我们的时代之前再追溯二十四个世纪。

同时，中国的社会法规从未改变过，直到 1912 年才产生一些变化。

在一个一个的世纪中，中国人在其广袤的土地上繁衍到了惊人的程度，以至于一个专制政府的行政管理变得越来越困难。连结中央与地方政府的纽带一点都不牢固，一个细致而完善的行政管理系统，就像我们在欧洲拥有的那样，还尚未发现。巡抚们像封建领主一样统治他们的省份，并满足于将尽可能少的税收份额上缴朝廷。如果他们太过残暴与贪婪，人们就会通过斗争和抵制表示不满，朝廷就将巡抚调往另一个省份。

这是在治理问题上的一种拙劣尝试。

人们以社会与家庭分群，好比一大群细胞，相互之间联系薄弱，与中央政府的联系就更加不完善了。简言之，中国是一个庞大的没有脊椎的身体，就像是一个巨人的身体没有神经系统一样。

王朝的更替没有创造出任何进行协调的系统，这个系统应当将不同单元结合成一个令人敬畏的整体，一个能够统一行动的整体。

最后一个王朝是满族鞑靼人的王朝，由于汉人内争而在1644年掌权，并且证明了它是所有王朝中最无能的一个。统治者唯一的目标是向人民勒索金钱，他们在全国驻紡自己的士兵，这些士兵被禁止与汉族妇女通婚。

从政治角度来看，中国处于停滞状态。倘若没有外来影响，这种情况一定会无限期持续下去。外国人介绍新思想，并教中国人开阔视野。

屈辱的甲午中日战争后，朝廷开始派遣学生到欧美，希望他们可以洞察西方强大的秘密。这些学生回国后充满了关于国家权力与政府，以及人权的新思想，这些思想最终注定要在东方引发与西方一样的裂变，并且让中国彻底从千年沉睡中苏醒过来。

对日战争4年之后，这些思想的影响就已经显而易见了。1898年，一个名叫康有为的著名士大夫，与他的兄弟及其他一两个人，成功地劝说皇帝相信有改革国家的必要性。

光绪皇帝是一个身体虚弱的年轻人，他远非一个暴君，并且愿意倾听这一小群改革者的建议。但后者是有学问的理想主义者，欠缺经验，希望皇帝进行激烈的改革，以至于不到三个月所有利益受到威胁的人都起而武装反抗改革。皇帝陷入无能为力的状态，被囚禁于皇宫一隅，在此成为他伯母的囚徒直至逝去。后者，年老的慈禧太后，在军队统帅袁世凯的帮助下重夺权力。袁世凯背叛了他的主人，主人曾命令他让慈禧和她的集团不再作乱。他没有遵从命令，而是向太后告警，使她得以达到目的。康有为逃到了日本，现在仍然生活在那里。其他改革者未经审判就被杀了头，中国依然由软弱而腐败的政府控制。

但是，新思想没有随着康有为的一小帮同道死亡；相反，它们继续存在并在年轻一代的心中盛行。外国书籍被翻译出来，卢梭和孟德斯鸠的社会主义原理就这样传遍了中国。

1898年的革新者很快被远远甩在后面，曾经梦想君主立宪，并为梦想付出生命代价的士人们为人所接替。接替者渴望治愈国家的伤口，并建立一个人人平等的共和国。

这些爱国者联合起来结成了秘密团体，残暴的统治方法使之成为必要。他们以非凡的实际技能展开工作，这是在法俄革命者的学校中学到的。

一个广东医生20年来都是整个世界的革命倡导者。他奔波于天涯海角，鼓动全球每个角落同胞的热情。这就是著名的孙中山，他被称为“革命之父”是当之无愧的，因为他把自己的一生献给了革命，寻求让中外人士都加入革命事业。

在打下革命的基础后，孙中山与他的同志们构想了一个革命方案，旨在推翻清王朝，并将最高权力置于己手，让他们能够开始对国家进行改造。

他们的指导原则很快成为中国所有激进青年的信条，在所有隶属的团体中快速传播。1904年他们在一份题名“革命方略”的文件中公布了详细方案。

“人民已经开始革命，”方略写道，“它将是民主的，即所有国民都将拥有同等的权利。总统由国会选举。中华民国宪法由民选代表组成的委员会筹备和讨论。宪法一经批准，人人都应尊重和遵守。任何人企图恢复帝制，都将被宣布为不法之徒。”

接下来是，“所有国民都将同等分享文明的好处。由于社会和经济变化，地价有可能上升。因此将由专家确定地价，地价属于地主。民国建立后，一切额外增加的地价将属于国家，以便人民可以分享。这将是社会主义政府的基础，它将保证每个国民有用以生活的资金。”

“垄断资本是人民生活的严重威胁，将被取缔。”

显然，改革者对于他们的长远目标有一个非常清晰的概念。

关于方法步骤，他们提出分三个连续的时期来实现计划。第一期，革命者首要的职责是武力排满。共和军包括同情革命事业并愿意加入秘密团体的所有军官与士兵，所有准备好为国家服务的支持者，以及所有能够征召为雇佣兵的其他人。

斗争预计要持续大约3年，要在这么广大的国家做摧毁性工作，并克服预料中的反抗，这么一段时期看来是必要的。

第二期以6年为限，用于对人民进行政治教育，并选举各种国家和地方委员会。

最终，在9年过后，就要明确实施宪政。

“宪法一旦制定，军政府就要交出所有行政权。政府将由总统和国会代表组成，他们均由普选产生，并受宪法约束……有4亿同胞的合作，革命就会发生，民主政府就会成立。”

事实上，这个奇特的计划注定要被严格遵循，有几个事项除外，例如普选，以及完成前两期所需要的时间，已证明这两期只有大约18个月而不是9年。

人们急于将国家从愚昧贪婪的清政府没落的统治下解放出来，当他们着手其任务的时候，一波新思潮也正在全国扩散。

报纸迅速增多，纷纷宣扬平等、自由，以及权力的合理分配。在理论上新闻自由是没有的，但实际已证明，要阻止这些民主信条在人们心中广为传播是不可能的，它们是进行革命的正当理由。

尤其在上海，报纸可在国际区避开满族官吏的怒火，许多报纸雨后春笋般冒了出来。报纸分布于四面八方，其影响很快就开始为人所知。它们小心翼翼，并不直接鼓动人们反叛和拒绝服从，因此就没有遭到干涉。然而，它们巧妙地传播各种理论，其手段是辩论与哲学探讨，它们总能吸引中国人。这些理论对专制的危害，更甚于仅仅运用生硬的暴力所能达成的效果。

虚弱的清政府没能意识到这种思想交流的危险，并且由于外国人极少阅读这些报纸，他们同样没有理由去疑心这场运动的真正力量。

以下是这类文章的一个样本。我 12 年前在一种小杂志上读到它，杂志是用下层阶级通常讲的语言书写的，在杭州出版，杭州曾经是中国的首都，现在是浙江省的首府。

“必须记住，国家绝不是皇帝的私人财产，皇帝说到底，也只是一个人。国家在很大程度上是人民的世袭财产，人民才是国家的真正主人，皇帝是代表他们进行统治的。因此，皇帝的权力受到严格限制……”

在中国，最后十年期间，报纸阐述了许多各种各样的卢梭、孟德斯鸠和法国大革命的理论。社会主义理论一直受到称颂，通过专题论文，已经在学术思想上清楚地证明，人与人在本质上是平等的。

由此还产生了争取女权运动，这场运动在中国扮演了重要角色，成为革命中的激进成分。

“人类诞生之初，男女的区别只是身体上而非智力上的。这种精神上的一致性从何而来？来自于天。人类精神是上天的普遍情理，这种上天的原则是无形的，因此我们不能够区别或是说男子的思想是这样的，女子的思想是那种性质的……”

上文七年前写于《北京女报》，这种报纸还存在着，出版地与我居住的房子不远。

当人们意识到播种这些理论的知识土壤时，就不难理解它们在中国的影响有多大了。许多世纪以来，中国学童最先读出的是如下字句：“人之初，性本善。性相近，习相远。”

这个《三字经》的开篇之句，是重要的教条，亿万中国人数代以来从小就熟记于心，并高声朗诵。任何正在学习阅读最普通汉字的人，很快就完全熟悉这句话。

因此，也容易理解卢梭关于人人平等的理论在中国其他方面的惊人成功，并理解改革者们进行政治宣传的能力，即宣传必须推翻专制政府——政府宣称依据天授权利来统治，以及必须建立社会民主。

700多家中文报纸在整个帝国传播这些理论，不停努力以摧毁君主制的原则。

依然执政的慈禧太后在1908年11月去世了，两天后光绪也随之走向了坟墓。帝位被传给他的侄儿与嗣子，2岁半的小溥仪。

醇亲王是溥仪的父亲，光绪的弟弟，领摄政王衔治国，由光绪皇帝的遗孀隆裕太后襄助。

亲王是个约30岁的年轻人，身体虚弱，没有主见，对欧洲事务知之甚少。太后是位贵妇人，慵懒又贪图享乐。就是这软弱无能的手在执掌权柄，此时众多莫名的力量正在密谋要推翻这个王朝。

法定继承人是不再年轻的恭亲王①，这是一个声名狼藉的酒徒。

为了安抚已经不能被镇压的人民，朝廷决定创立谘议局，由各省选举产生。

这些谘议局，由约200万合格而受限的选民选举，在1909年10月举行了首次会议，并表示他们对于分配到的权力总量不满意。

同时，报纸尖锐地批评召集国会拖延太久，而国会将把中国转变为君主立宪制国家。中国正在世界的眼光中继续受辱；在下一个七年她又会是个什么样子呢？

一个专制政府召集一个经选举产生的国会，不管采取了什么预防措施来限制其权力，都总是不明智的。

谘议局只开了两个月会，但在散会前，它们都同意推进速开国会运动。

---

① 指恭亲王奕䜣之孙，第二代恭亲王溥伟（1880—1936年）。——译者注

本着这个目标，代表们被送入北京，在商会代表的陪同下，向摄政王呈交请愿书。请愿遭到拒绝。代表们因此在京城组织了一个特别委员会，一次次重新进行努力。

有一天，让醇亲王感到恐惧的是，他的官邸里发现了炸弹。

与此同时，朝廷考虑建立一个假国会来安抚鼓动者，这个国会与欧洲的政治议会有一点点相似之处。一个参议院相应地成立了，由摄政王指定的成员构成。然而，摄政王被迫做出一些让步，最终同意参议院的一半议员由各省谘议局选举产生。

这是一个重要的妥协，因为朝廷就此向民主精神开放了门户。

所有参议员都须经过皇帝批准，或是他们的作用纯属咨询性质，都已无关紧要。当树立障碍的权力已经只能靠惯例的力量来维持时，这些被树立起来阻挡大众侵犯的障碍是更加的脆弱了。

资政院，或者说参议院，由 200 个成员组成，有 40 个王公贵族，6 个皇族，35 个官员，10 个杰出学者，10 个著名资本家，以及 100 个各省代表。溥伦亲王——摄政王的侄子——为总裁。

这第一个国会的开幕式在 1910 年 10 月 3 日举行，开幕式壮丽辉煌，充满尊荣。摄政王主持进程。他的黄轿所经之途排满了军队。但当他进入大厅时，在场的人不顾古老的惯例，没有向到会的最高统治者下跪，当宝座上进行第一个讲话时，人们也依然站着。

这的确是一个创举！一直以来的惯例是：即使是最高级的朝廷权贵，在向皇帝汇报某个任务的结果时，也要长时期——有时的确要连续几个小时——匍匐在他面前，双手平展放于地上，额头则要触碰到御座前的台阶。

大多数新加入的各省参议员，都已经在他们的秘密团体中宣誓要为推翻暴政战斗至死。他们或许已经发现，在受人憎恨的王朝的代表面前，难以做到用下跪这种方式来降低自己的地位。

在这次会议闭幕时，与会者就已经预测朝廷一方会屈服，即使是贵族也加以赞同。

软弱随和的醇亲王在研究整个革命史时，怎么能成功地控制住自己，不理不睬呢？

在这进退两难的困境中，老外交家恭亲王的建议没起到什么作用——收买良心及出售报酬这样的腐败的方法都不再奏效了。

朝廷显然是无计可施了。

参议院开幕后仅仅两周，一件小事就导致朝廷一方再次屈服。

日本吞并了朝鲜，这个国家长期是中国的藩属国，每个对政治有兴趣的中国人都对这一屈辱感到伤心憎恶。来自满洲——与朝鲜相邻的省份——的代表，因此急忙赶到北京，想努力鼓动居民们的爱国精神。

一群激奋的学生认为，只有人民才能拯救国家。他们迅速拿起武器，冲到各省代表的住所，代表们已经受托呈递速开国会请愿书。几个学生在疯狂绝望中，开始自残，割手并撕裂股肉。鲜血从伤口汩汩冒出，染红了放在桌上的请愿书。

这一场景使代表们激动起来，他们跑出去来到了大街上。嘈杂的人群聚集起来，并向摄政王官邸的方向进发，一个学生拿着沾满鲜血的请愿书走在前面。

但摄政王并不在家。他在皇宫里。没有奉诏，任何人都不能进入由一支士兵分遣队保卫的皇宫。

肃亲王承担起将请愿书呈递给摄政王的责任，在摄政王看来，沾满鲜血的请愿书是不吉利的。但是，醇亲王不敢做出任何决断，而是躲避到参议院后面去了。

后者立即宣布了决定。经选举产生的议员威胁集体辞职，除非立即召开国会。他们还宣称所有的谘议局都将效仿。

一旦遭到拒绝，一个商定成熟的计划将让他们的愿望实现，并推翻清政府。

然而，后者出于审慎屈服了，承诺1913年召集国会。要开出选举人清单，并在这个人口众多的庞大国家进行选举，两年看来是必要的。

这场运动的宣扬者目标只在于建立君主立宪制，尽管其中有几个在思想上有所保留。

对立宪改革的鼓吹发源于中产阶级，如果这个词语在谈及中国时能够使用的话。正如法国奥尔良家族的成员也参加了法国革命一样，一些王公贵族也加入进来。最聪明的几个人，尤其是肃亲王，充分认识到他们必须做出一些妥协以避免失去一切。

但是极端主义者，在海外由孙中山和他的朋友所代表，坚信由当前的统治者掌权，君主立宪就不会有什么好结果。

共和主义者自然是支持这场运动的，希望有助于他们达成最终目标，即在中国建立一个真正的共和国。

同时，他们并不认为无须血腥的冲突，就可以将国家从贪婪无能的执政者手中拯救出来。

一段时间以来，他们一直在为此进行着准备。最后，有利的时机到来了。

帝国政府决定将全国铁路收归国有，并将铁路的修筑与管理交给欧洲资本家，他们会提供必要的资金。在这以后，革命者向人民陈述，清廷随时准备从中国人身上捞取好处，以税收的形式剥夺他们所有的生机而没有任何回报，清廷就要在他们脖子上铐上新锁链，其挂锁和钥匙都转交给了外国人。

这样的言辞总是会产生结果，普通中国人都极为珍视自己的独立自主。人民的怨恨被激发起来了。

在与新疆①交界，居民人数几乎有7000万的四川省，学者们在街头进行激烈的演讲，商人关闭了店铺，革命者忙于鼓动群众。这发生在1911年9月。

总督无法阻止这一反抗浪潮。他无力反对罢工，这些可怕的革命手段，在其运用于欧洲之前，中国人就早已熟悉了。在乡村有10万盐工罢工抗议。不幸的总督很快就陷于绝望的境地，被封闭在自己的首府成都，部队已不敢面对包围成都的武装起义者。

局势正变得越来越严峻，欧洲居民不久就逃离了。

西边动乱的消息像野火一样传遍了帝国。南方反抗王朝的精神长期以来都难以遏制，心怀不满的人们抬起了头。构成帝国一半的整个长江以南地区都充斥着焦躁不安。这是最后冲突的开始吗？对于所有密谋推翻政府的秘密团体来说，这是一个信号，要带着某种成功的希望，开始为即将得到的独立进行斗争吗？

湖南、湖北两省位居中国心脏地区，长江与铁路使其得以同其他地方相联结，它们很久之前就是密谋者进行秘密策划的中心了。军队已被共和主义者削弱，许多军官已受劝支持革命事业。

因此，这里被择定为革命的起点，革命注定要从这里传遍全中国。

武昌城，湖广总督的驻在地，面对着在浩瀚的长江对岸的汉口，长江在这里几乎有3/4英里宽，沿岸是巨大的新式欧洲建筑。

总督是一个叫瑞澂的满族人。

9月30日，他从密探处得知许多密谋者聚集在汉口外国租界，因而超出了他的管辖范围。他照会领事团领袖领事，因为某种坏事明显在酝酿之中。

---

① 近代外国人常把中国新疆称为“土耳其斯坦”，英文为Turkestan，书中各处亦然。另外，新疆并不与四川交界，作者此处有误。——译者注

10 天以后，一次猛烈的爆炸震动了俄租界。炸弹正在一个秘密实验室里被制造时，其中一个不小心爆炸了。革命者的一个温床被发现了，革命者正在为斗争做准备。总督下令将其中两人斩首，头颅游街示众。几个涉嫌士兵被捕，尽管长官进行了抗议，他们还是被杀了头。

然而，这些严厉的措施没有吓住军队；相反，他们举行兵变，杀光了城里的满族人。武昌落入他们手中，事情发生的这一天，1911 年 10 月 10 日，实际上是这场伟大革命的开端。

◎ 第三章　　云南革命

云南铁路——老街与副督办——蒙自叛乱——阿密州——攀至首府，云南府——“革命，与拿破仑同样的事”——执政者与大屠杀——总督脱逃——革命理论——一场“刺刀宴会”——一次夜间冒险

我们首先造访的那部分革命区域是云南省，该省毗邻印度支那，可经过东京北部到达。

一条设计大胆，令人惊讶的铁路从海防——我们这部分殖民地的海港——发端，穿过洪水泛滥的稻田到达河内，从这里开始爬坡。这当然是一次爬坡，因为这漫长的钢铁之路穿越了高度超过6000英尺的崇山峻岭。

帝国还存在吗？共和国已在全国宣布了吗？没有人知道，甚至中国人也没有可靠的消息。

然而，事实依然是，云南无论如何是掌握在革命者手中的。一列列由避难者组成的长队离开了这个省；满族人逃离了谋杀他们的人，中国商人担心遭到抢劫，到印度支那或穿过印度支那到这个国家的另一个部分

避难。大多数外国人也走了；有几个的确是留下了，但是所有生活在云南府的女士都已逃走。云南府是这个省的首府，现在是一个军事执政者的住所，据说他严厉无情地维护着秩序；他建立了一种政权。但进一步的消息就无从得知了。

所以我们决心造访这个新秩序的例子，我们上了火车。

一个画家会怎样地沉迷于东京的山地啊！我们将这多山、多洪水的三角洲抛诸身后，这里，牛在泥潭中溅水，当地人戴着奇怪的锥形帽，在深及大腿的水中劳作；接下来我们到达一片林木覆盖、山峦众多的地区，其上空升腾着热带地区冬天炎热而又潮湿的雾气。

我们还在沿着河的方向爬行，在绿色的香蕉树、腰果树、竹林和多毛的芦苇中间爬行。

这里有一个路边小站，几天前的早晨八点，大老虎前来偷走了公司代理人的羊作为自己的早餐。对此我们可以完全相信，因为这个国家的这一部分林木茂盛，布满了大型的猎物。

经过一天的旅程，我们抵达老街①的边界线，跨过南溪河上的铁桥就进入中国的河口村，即河之口，这样命名是因为南溪河在此汇入红河。

我们在黄昏时到达，这正是从短暂的薄暮时分进入到夜晚的时候。晚饭前我们在河边散步，河面上暮色正在降临。

我们感觉离法国是如此的遥远！

由于我们就要进入这个巨大的国家，在这里相互冲突的党派已经大打出手，在这里政府是脆弱而飘摇的，在这里人类恶毒的本性随时都会浮出水面，我们的思绪飞回到上万英里之外的祖国，飞回到我们去年才告别的

---

① 老街，今越南老街省省会老街市，隔南溪河与我国云南省河口瑶族自治县毗邻。——译者注

亲人身上。我们正谈论着他们，这时突然由风送来了低沉的音调，它来自于红河那边山岭上的一座钟楼。

这儿实际上有一个天主教布道团；这是对圣玛利亚祈祷的时刻，曲调把我们带回到法国的小山村。我们幻想，我们对家的想念已唤起了亲人的声音，他们正在回答我们。

老街有一条街，由中国人和安南人的房屋组成，随处可见的欧式房屋又揭示了法国人的存在。

总督的住所在一座岩石上。沿河而下是一个俱乐部，这是官员们，以及居住在这偏僻村庄的零星几个法国居民聚会的地方。由于中国近来发生的事情，已经有一支外籍军团分遣队前来加强当地步兵卫戍部队。他们准备一旦法国人在铁路上或是云南首府遭到袭扰，就跨过边界线。

我们在饭店——老板是法国人，侍童是越南人——用完晚餐后，漫游到老街唯一的街道，剩下的路就只是山道了。一些日本女人身着和服与木屐路过，我们好奇，在邻近中国西部边界的这个东京腹地她们能做什么。看起来，她们到这儿是来招待有闲暇的外籍军团士兵的。我们看到她们进了一个日本杂货店，即使在这样遥远的山村也能发现它；我们立即跟随她们，以购买图画明信片，现今甚至在最偏远的乡村也能买到它们。

店主面带微笑欢迎我们；他穿日本服装，光脚穿着木屐。我们用汉语和他打招呼，他却用纯正的法语应答。我们为他聪慧的面庞所打动，我们好奇，这样一个人怎么会在老街这样偏远的地方卖图画明信片。

随后，我们得知他被高度怀疑是一个驻在那儿监视边界的日本间谍。

并且，这些“菊花少女”① 要向日本天皇政府缴税，她们每次提供任何有用的信息，就免去1/12的税。通过这种方法，日本政府获得了印支及中国军界每件事情的准确消息，因为每一处都有一些如此美丽的姑娘。

---

① 即日本少女。菊花是日本皇室的标志，是日本文化的象征。——译者注

我们从权威途径得知，这些女子在她们的访问者任意抒发感情时得到消息，店主对这些消息进行编辑。

“他为什么没有被驱逐?”我评论说。

“这样做有什么好处?”这就是答案。“会有另一个人来，还有可能难以被探知。”

这是一个明亮的月光之夜，因为雾气已经消散，在村庄的外围，我们看到了眺台或者有顶站台的黑暗轮廓，它们庇护着我们的哨兵。后者有责任十分警惕地监视草丛，这里面有许多匪徒和中国非正规军人员，其他人也随时可能由此现身。

我们回到了饭店，因为天黑后四处漫步是不安全的。明天，我们就要访问我们的同胞，向居民埃莫瑞克先生表达敬意，这个学者与哲学家心满意足地生活在这缺乏娱乐的荒野之地，他的谈话总是既有趣又有教益。

在进入中国之前，我们被要求准备好护照。杜邦先生，河口——坐落在南溪河对岸的中国村庄——的领事，正在替我们准备护照。

这个代理领事在老街生活了许多年，他打算在此终老一生。他曾经是这些地区的一个商人。关于中国人，几乎没有他不知道的事情。白发泄露了他年龄的秘密，他那友好的招呼让我们确信欢迎两个同胞时他是快乐的。

帝国的官员已经逃走，革命者已在这个村庄设立了一个代表，村庄的上空飘扬着五色旗。我们提议，在我们友好的领事的陪同下，拜访这个新政府的代表，如果确实可以讲中国有一个政府的话；因为尚不知晓它是个共和国，还是帝国依然权力在握。

副督办，或是副主管，已将我们的护照准备就绪。但他没有打印好的格式护照可用，因为他拒绝使用属于帝国政府的那些护照。所以，他交给我们的护照是胶印机以紫墨拷贝的，日期是大中华民国元年。

副督办在下午接见了我们。他是个记者，但是革命让他成了一个行政官员；他的助手是一个会讲点法语的年轻秘书。我们一边交谈，一边呷着必不可少的香槟，吸着烟草有些走味的和平烟斗。我们很快发现，这位边界长官对最近事件的历程不甚了了。因为革命的混乱，他对我们从河内带来的一些重要新闻一无所知，河内人比待在这死气沉沉的村庄的他们，在时事上消息更灵通一些。

这位中国绅士抛弃了他的民族服装，在本该穿着一件美妙如画的长袍的地方，他穿上了一件卡其外套，有一点儿笨拙。他灰色的头发剪掉了，他那年轻秘书的头发也剪掉了，黑发从中整洁地分开。然而，后者仍然穿着好看的蓝长袍。

这两个革命者显然是挑选出来的人，因为他们担任着一个艰难的职位，责任重大。

他们有来自总部的严格命令，要维持士兵的纪律，我们见到他们在邻近的田野里操练；要防止对印支领土的任何侵袭；要保护该地区的所有法国人。

事实上，副督办已被警告，他要以自己的生命对边界上法国人的安全负责。这些严厉的措施是必要的革命预防措施。

因此，当我们跨过横架南溪河的铁桥，进入他的辖区前往云南府时，这个好人表示衷心祝愿我们安全，并坚持取得我们的承诺，在我们回来时要享用他的盛情款待。

告诫人们保持冷静、宣布废除专制的公告张贴在河口的火车站。这些公告上的纪年，是从黄帝开始的，黄帝在耶稣之前2000多年就统治中国了。

一个年轻的中国官员，戴着民主派的布帽，检查了我们的护照，并祝愿我们一路顺风。

这样我们来到了中国，在云南省，一些野心勃勃的法国人希望有一天法国能将其兼并。他们不顾权利或困难，把中华帝国看成是一个由欧洲国家宰割与分享的大蛋糕。

从前，骡行道是通往省府的唯一通道，以最快的方式也要一个月才能完成这个旅程。道路两边是悬崖，脚底是激流。这显然是一个不便于军队远征的地区。

山峦被切开给单轨铁路开道，铁路就像是一条无限蜿蜒着的大蛇在爬行，直到它到达海拔超过6000英尺的云南府。

我们放弃了清点隧道，因为火车钻出一个隧道就又进入了另一个。火车跨过的铁路桥，悬于布满岩石的山峰中间，桥下是张着大口的深渊，火车总是处在悬崖边上。有些地方，乘客向下望会看到下面有数百个院落——如此之小以至于就像是一个玩具——这是他几小时前经过的车站。

这是一次奇妙的旅行，尤其是从老街到阿密州的第一个阶段，旅行者在这里开始意识到海拔对气候的影响。植物不再是热带的了，在山边——里面充满了猎物——可以见到栎树在生长。

在离开东京后数小时，我们抵达一组建筑物，地处一个由蓝色山峦包围着的山谷。这就是蒙自：一个采矿中心，有许多外国人，包括一定数量的法国人。

前行约一英里就是世界上最丰富的锡矿之一，由中国人开采，他们特别珍视自己的权利。

蒙自的革命迹象是明显的，士兵们以最受公认的方式进行劫掠。他们最先是在街上开火恐吓外国人使其闭门不出。欧洲人认为他们的最后时刻到来了，因为士兵们已不顾总部颁发的应当尊重所有外国人的严格命令。我们的同胞尽量聚集在自己的领事博韦先生周围。一个年轻的女士，居住地离领事馆有一些距离，带着她的小孩和年老的安南护士在一片洪水淹没的稻田里避难，子弹从她们头上呼啸而过。哗变的士兵闯入外国人的住宅，抢劫与焚烧；几个法国人受伤严重。

蒙自的革命卫戍部队违背命令，缺乏纪律，本来很容易引发法国部队的干涉，要不是我们殖民地上的掌权者出奇镇定而又有政治远见的话。

蔡锷将军，云南府的汉族执政者，决心让外国人立即满意，方法是严厉处罚哗变士兵与负责军官。但这不是一件易事。他怎样着手来惩处那些拥有武装、公开反叛的人呢？

所以他是从典型的中国式欺诈开始的。罗将军在几支忠诚的部队的陪同下登场了，向叛军宣布他们将被调到四川与帝国分子作战，当时四川的战争正在进行中。接下来，他将两个主要的涉事军官请来赴宴，宴会结束，在他们离开他的住宅时，由有意布置好的士兵将其射杀。一个脚夫和一个小孩不幸与开火方向一致，也被杀死了。然而，人的生命在中国是无足轻重的，或者说，在任何一个处于革命阵痛中的国家都的确如此。

革命者无论如何挽回了面子，云南府当局可以说："我们已经恢复了秩序。"他们的方法当然被证明是有效的。

蒙自的哗变者到达首府时拒绝放下武器。他们没有受到干涉，直到有一天，一个木偶剧团在他们的营房外停下。未加怀疑的士兵们出来观看。与此同时，军官们进入营房，下令除去所有武器。抢劫者被抓住了，首恶分子立即被处死，剩下的被送到远方去作战。

蒙自坐落在一个平原的中间，有一个大湖泊，有许多稻田，使得这个地方呈现为一个大棋盘，它的方格布满了水，映射着天空。方格周边是低矮的岸堤，我们注意到岸堤上有大黑鸟，展开翅膀一动不动地站立着，显然是在观望火车。一些鹤也在转悠着，好像是要用在地上昂首阔步行走的长腿跳一曲小步舞。

离开平原，我们再一次在山边爬行，引擎喘着气，就像一个人在爬陡坡，上气不接下气一样。

在这些陡峭的地区，火车总是要停下来过夜。阿密州是惯常的停留地。我们到达时已经晚了，我们急忙赶到唯一的一个旅馆，老板是个戴眼镜，穿西装的中国人。几座法式房屋，是为铁路公司代理修建的。

旅馆只有两间房，住处简陋。其中一间已经有客，我的同伴只能睡临时拼凑的床了，它就是在某种十分坚硬的物体上覆盖桌布而成。房主谈论说他正在修其他房间，因为他期待革命结束后会有大量的客人。

准备晚餐的时候，我们在明亮的月光下散步。我们来到中国人居住区，遇到了其他打着灯笼的过路人。

阿密州有士兵，这些令人害怕的士兵应该是维护秩序的，但是没有人相信他们。要是他们不像在蒙自那样抢劫，该多好啊！这种想法穿过我们的脑海时，我们正在坐着就餐，在中国的这个偏僻角落吃着法国菜，戴眼镜的店主陈兴隆请客。正是这由法国人修筑和管理的铁路，将我们的文明，我们的习惯，和我们的餐饮带入了这个国家。

在阿密州人们很早就入睡了，作为一种预防措施，我们把左轮手枪放在枕头下以防有人攻击；如果士兵们要开始抢劫的话，左轮手枪并不会帮上多大的忙。

夜晚平静地度过了，但在黎明时街上响起了震耳欲聋的喇叭的吵闹声。这是士兵们，他们总是被预料要做一些坏事；然而，这一次他们满足于制造喧闹声，就像他们是友善的中国人一样。我们从未知晓这不期而至的音乐会的原因。

火车早早地开行了，我们在一群挡住了售票处的中国人中扒路而过。这是多么糟糕的一群人啊！这些村民真是有穿破衣烂衫的天分，他们那曾是蓝色的夹层棉衣，已真正地肮脏不堪了。我们谨防触碰到他们，因为担心有害虫，害虫在他们的破旧衣服中找到了满意的猎场。

离开阿密州后火车稳步爬升，穿过了一个又一个隧洞。在到达最高点后，火车又再次下行至云南府的台地。坐落在山谷的是几座破败的茅屋和散落的村庄，村庄由在太阳下闪光的红土房构成。植物不再是属于我们那儿气候的植物了——我们已爬升得很高了。

火车突然停下来，我们得知我们将不得不下车，因为铁轨被堵住了。我们被告知，由于山崩，这种情况的发生是相当频繁的。一座山的整个山沿可能崩塌，迫使工程师从头开始他们无穷无尽的任务，把岩石切走，扔下山谷。

几个脏得无法言状、头发黑而凌乱的苦力马上提供他们的服务：将旅客运往在塌方那边等待他们的另一辆火车。

所以我们下定决心坐上一块捆在两根长竹竿上的窄木板；我们抓住某种类似于吊杆的东西，苦力将我们抬起来，紧贴着崖壁向前奔跑。接着他们一声尖叫消失在一个隧道里，一个人拿着树脂火把照路，火把的烟让我们窒息。我们又一次出现在日光里，在竹竿间摇来晃去，重新被抬着以不顾危险的速度行进在悬崖边上。这样耗费半小时后，我们带着行李被安顿在第二辆火车里。苦力们则为我们丰厚的小费抱怨和争吵，小费的大部分都被工头留下来揣进了腰包。

云南铁路的缺陷之一就是这种频繁的断线。

在革命爆发时，铁道有约 40 英里不能通行，逃往东京的不幸的难民们不得不越过障碍，就像一列长长的黑蚂蚁在前往它们的洞穴。铁路再次向公众开放花了 6 个月的时间。

阿密州与云南府间的最高点到达了。我们植物区系的物种在低坡上生长，但在更高的地方，植物变得稀少，直到最后，乘客来到一片有鹰的地方，看到它们在天空中盘旋。岩石间有天然的洞穴，有经常出没的猛兽，熊就居住在这些高山地区。在这里，狭小的山谷中坐落着一个个小村落，这种山地风光又与高陡的路堤交替出现，像帕塔河①峡谷，峡谷边蜿蜒的铁路就险悬于激流之上，下面的河水雷鸣般穿过峡谷。溪流不时被瀑布中断，一些瀑布相当高，水流消失在难以窥测的通道里，又像沸腾的湍流在渊底

---

① 音译。——译者注

重现。

因此，当火车爬行于悬挂在裂谷之上的昏暗轨道时，旅客享受到最富变化的景色。他甚至可以看到砍下的头颅悬挂在电线杆上——可能是罪犯的头，他们在破坏铁路的过程中被抓住，并不值得怜悯。

正好在到达云南府之前，火车穿过了一个平原，这是高原的起始，云南府就坐落在这高原上，海拔不低于6000英尺。

由于地处高位，云南府气候宜人，天空几乎总是纯净清澈的蓝色。

三天前，我们在竹林与香蕉之地；明天早晨，我们醒来就将面对一个雪的世界。

我们在晚间到达铁路终点站，它与城墙贴近。我们注意到一些身穿黑布制服的士兵，一个来自领事馆的警察在车站迎接我们，并护送我们到酒店。因为云南府有真正的酒店，一个在车站附近，另一个要远一点，在城墙外边。

鉴于这个国家的现状，旅客当然不是很多。然而，这家由一个阿尔萨斯人和他妻子所拥有的酒店并不是很空，有我们的两个同胞入住，波尔顿先生和夫人，带着一个年老的安南护士和两个小孩。蒙自抢劫时他们就生活在蒙自，这个年轻的妇人不得不带着她的护士和孩子飞逃，子弹四处乱飞，她以为自己的最后时刻已经到来。

这个勇敢的法国妇女，暂时待在东京以便从惊恐中恢复过来，之后拒绝再和她的丈夫分离，丈夫迫于业务待在云南府。我们在这个荒芜的酒店里毫不拘束，店主叹息着希望有更好的日子，他的妻子则斥责着她的中国侍童们。

这个国家表面上足够平静，但没人能确信每一天会发生什么事。叛乱容易发生，如此，我们就将在这偏远的省份身处中国人的混乱之中。夜间可以听到炮声。这会意味着什么呢？那位年轻的妇女焦急地询问是否又将爆发一次兵变，我们向她解释说这种情况几乎不可能。

事实上没有人哗变，因为年轻的执政者牢牢地掌握着政府权力。

我们必须去造访这个有趣的人物，他的行动正在创造历史。但是我们必须先向自己的领事表达敬意，带着这个目的，我们订了轿子，因为让体面的人走过那覆地的薄雪，被认为是不恰当的。脚夫们步法有致，摇摇颠颠，抬着我们穿过了东门。

云南府是一个典型的中国古城，街道狭窄不平，有点像我们中世纪的城镇。与所有的省府一样，它由高墙来加强防御，墙外是郊区又小又脏的房屋。街上挤满人群，人们都穿着蓝色夹棉的民族装，头戴一顶瓜皮帽，不过看不到辫子了。女人用缠过的小脚行走，一颠一跛，笨拙不堪。人人都在大声地叽叽喳喳，我们的脚夫粗声吆喝，在狭窄的街道上挤出一条道来，有些街道只是过道而已，朝街开着数不清的店铺，房屋和街上悬挂着大量的招牌。

城市的一部分建在一座山上，这意味着我们要上上下下，抬我们的人经常跌绊滑倒。我们碰到载满一箱箱弹药的小马驹，只能艰难地避免相互碰撞，因为几乎没有过路的空间了。

路人饶有兴趣地瞥着坐在轿子里面的陌生人，但没有显示出任何不恰当的好奇。然而，一个学生模样、身穿漂亮天蓝色绸袍的年轻男子，当他在街角遇到我们时，低声喊出这些字眼，Cha！Cha！意指："杀！杀！"以前，愤怒的人群冲上前去屠杀外国鬼子的时候，他们就发出这样的死亡之声。

法国领事馆坐落于一条满是石头的、陡峭的街道。它是一个衙门，即一座真正的中国平房，房间众多，以纸糊窗。它由两个法国警察和六个越南人守卫。

我们受到领事威尔顿先生的热情欢迎，对于在异乡的法国人总是要热情欢迎的，他接下来给我们讲述革命的情况。

他是在傍晚听到消息的。他当时膝盖受伤，闭门不出，正在休息时，门房跑来告诉他一个中国官员坚持要见他，并且不得拒绝。他下令让这个坚执的来访者进来，这个中国人冲进房间，挥舞着一把剑和一支左轮手枪，激动地喊道："革命了，蔡将军，就和拿破仑一样！"拿破仑的名字真是举世闻名，因为伟大的战士和人类的领袖总是在身后留下永不消失的辙迹。

在这座古老中国城市中任何一家烟气熏人的店铺里，可能都找不到我们伟大皇帝的画像，就像在日本的城市一样。但是，即使在这里，无论是从自身还是从历史来衡量，作为革命之王，拿破仑的名字并不陌生。

云南府的起义开始于驻扎在城外的士兵。他们的领导者，已经通过秘密团体的工作被争取到革命事业一边，随着既定的信号，下令轰击总督府。军队接着冲向全城，杀掉了少数抵抗他们的忠诚的士兵。

街上的战斗很激烈，满人藏了起来或是寻求逃亡。布政使被人杀死在街道的一个角落。其他人向英国领事馆寻求避难，然而领事馆对之关上了大门。总督李经羲成功到达法国领事馆，领事馆内挤满了难民，他们在等待一个安静的间歇期，以在其间秘密逃往东京，这是向他们开放的唯一一个安全之所。

省城的学生们痛恨总督，希望将他处死。但是掌管革命军队和接管最高权力的蔡将军，急于避免无益的杀戮。而且，他受过李经羲的恩惠。

甚至有这样的说法，在成功起义后，将军跪在总督面前，恳求对方原谅自己为了中国的利益而给他带来的伤害。

无论如何，他当然都尽力保护他。法国领事刚一认为送总督出国的时机已到，蔡将军就亲自陪同他到车站，目的在于防止他在街道上被谋杀，法国人的旗帜在街上再不能保护他了。

这位不幸的官员——他或许反对过修建云南铁路——的一个愿望，是要尽快将他安置在法国的土地上。这不是一件容易的事情，因为学生们渴望为自己报仇，他曾采取严厉的措施镇压他们。如果不是法国的保护，他肯定已经是替268年满族专制付出生命代价的众多人员之一了。

云南府领事陪同了部分车程，接下来将他交给博韦先生照顾，他是年轻的蒙自领事，是前来迎接他们的。

学生们带着左轮手枪，在火车廊道上走来走去，盯着他们的猎物，但有法国代表的保护，他们不敢谋杀他。火车在阿密州停留过夜，李经羲担心一踏上街道就会被杀死，恳求他的保护者不要下车。所以领事不得不整晚和这位前总督待在火车车厢里。

他们终于抵达边界线，李经羲如获重释地松了一口气：他获救了。

蔡将军刚一接管大权，就开始显示出维护秩序的巨大激情和严厉。

一个士兵用刺刀刺杀了布政使年少的女儿，他被砍了头。

蔡急于让共和国的创建尽量少流血。他迅速成立了一个临时政府，宣告在云南建立一个独立的共和政权，直到其他军事首领以未来共和国的名义，已经在中国所有省份掌权为止。

他任命了财政司长、内务司长、司法司长，等等。他通过发布公告，努力让人们放心，并发布了征税的命令。任何威胁公共和平的人都被杀头。

因此，主要由学生构成的最激进的团体，开始把他看成是一个倒退分子而不是进步人士。

这位临时共和政权的主管长官居住的宅邸防守严密，夜间它的门由上膛的机枪来保护。

我们前去向他致敬时，卫兵正在换岗，一个军士正在责骂手下，因为他未正确地立正。士兵们好奇地盯着就要被允许会见他们首领的陌生人。

蔡将军身穿室内装——一件夹层的毛边长袍，当天的气温使其有所必要；头戴一顶镶着红纽扣的绸缎瓜皮帽。他的形象一点也不像个军人，面庞看起来像个孩子，中国人胡须长得较晚，让他们看起来比实际年龄更年轻。

虽然有30岁了，这位年轻的执政者却几乎没有胡须。他在日本学习过军事。我们在一间大会议室受到接待，会议室中央有一张长桌，上覆一张普通的绿色欧式桌布。将军看起来疲惫不堪，睡眼蒙眬；事实上他休息得很少，以便随时准备好应对全方位威胁他的各类危险。与古老的传统相一致，据说朝廷那边已派出杀手来谋杀他们认为危险的人，蔡是其中一个。据报道，一到两个这样的歹徒已被抓住并处死了。

另一方面，学生们拒绝容忍他的严厉统治。这些年轻人是法国恐怖主义者的热情崇拜者，以罗伯斯庇尔为偶像。谁会相信，“不朽者”死后120年，在中国的一个偏远省份会有追随者和模仿者？学生认为，要彻底净化他们的国家，鲜血还未流够，他们对蔡的温和与严厉都怀着怨愤。

我们恳求执政者向我们解释他以及革命者的理论，这些理论涉及他们一旦彻底取得胜利，将如何组织中国。

将军希望国家有一个强大的中央政府；沿海与中国中部的省份，这里的民意更开明些，其组织一开始就要与共和原则一致，要寻求人民的合作，而在边疆地区，例如云南省，将在一定时期保留军事专政。

很明显，这个年轻领导人将理念建立在1904年提出的行动方案上。

他的意见是，一开始，共和国不能进行普选，而必须是有限选举，因为人民还没有经验。

铁路和矿山归属国有。这是所有中国革命者珍爱的理论，因为他们充满社会主义情怀。

而且，这个信条对中国人的秉性尤有吸引力，中国人自有记录始，就习惯于共同的家庭生活。

在与我们探讨了这些有趣的问题后，将军以真诚的中国人的礼貌，陪同我们走到正门。与他一道的有两个杰出学者——一个是外交司长，另一人是他的一个秘书长。

这三个中国人，身穿闪光的绸袍，与我们互致惯常的礼仪，要不是以西礼握手这个事实，我们几乎可以幻想回到了古代中国温文儒雅的官吏中间。

但这不是事实。相反，我们生活在军法之下，它的约束使每个人倍感压力。然而，我们相当赞成其必要性，既是为了维护秩序，也是为了保护在这个地区旅行的少数外地人。

事实上，在我们饶有兴致地穿行于这座古城的街道的时候，没有人曾侮辱过我们。古城远离太平洋沿岸各港口活跃的生活，港口的人们是习惯于见到欧洲人的。有时候我们不得不向路人问路，总是得到礼貌的答复。

云南警察看起来组织良好，在所有主要大街的交汇处都站着一个警察，穿一件黄边黑色紧身短上衣，戴一顶扁扁的尖顶帽。

我们很快学会找到前往法国邮局的路，邮局坐落在市中心；我们还有一座自己的医院和学校，然而后者暂时关闭了。医院继续接收中国病人，友好的住院外科医生瓦登领着我们四处参观。被谋杀的布政使的女儿仍然在住院，拯救这个可怜孩子的生命，只有微弱的希望。

法国职工尽力去改变他们在这个世界遥远角落单调乏味的存在。这位医生收藏的烟枪相当可观，其中一些用象牙精美地雕刻而成，是真正的艺术珍品。

在离开之前，我们将有一个机会熟悉革命政府的其他成员，因为执政者已经邀请我们，与云南府及蒙自领事一道，在晚宴时会见他的部长们。

我们在市郊的一座凉亭里用餐，正好在城墙里面。这是一座大型的凉亭，由一个餐厅和一个照相室组成，坐落于一个四面环水的某种小岛上。

对于执政者的敌人来说，这是一个除掉他，及杀死他所有部长的绝佳机会，因此餐厅由一连士兵守卫，他们上好刺刀站在小桥桥头——一个绝佳的侦测和抵御敌人的有利地形之处。

在这谋杀多发的内战时期，杀手会潜入正在举行宴会的大厅。作为一种额外的防范措施，在第一道门的外走廊下增加了岗哨。哨兵在此可以监控整个周边地区，同时又可看到以玻璃为正立面的餐厅里所发生的一切。他们上下走动，手握步枪，其身影整晚都在穿来穿去。

晚宴是欧洲风格的，我们没有使用筷子夹取餐桌上那数不清的菜肴以装满我们的碟子，我们有大盘子、叉子、玻璃杯，等等。军方的侍者尽力仿照外国人的习惯，更换盘子，装满我们的杯子，这样周到的照料对中国仆人来说是特别的。

蔡将军坐在餐桌的主位，这一次身穿军装，他那坚定的手势就是一个战士的手势。他身边坐着罗将军。罗将军惩办了蒙自的抢掠者，他看起来大约有 40 岁。接着来了两位参谋，外交司长、司法司长、财政司长，以及其他几个中国官员，人人都穿着绸袍，戴一顶镶有红纽扣的绸缎瓜皮帽。

在餐桌的对边坐着领事们——威尔顿、博韦、李毕利诸先生，我的侄子和我，一道的还有几个中国要人。

在这多难的时候，在某些晚宴上，客人们曾经大发雷霆，在餐桌上相互杀戮，知道这点后，我们想要弄明白，在动身奔赴这个特殊的宴会之前，我们是否要带上左轮手枪以备不虞。然而，威尔顿先生认为，携带武器无论如何都不会对我们有太多帮助，所以我们决定听天由命，希望主人的敌人不要选择这样一个时机不加分辨地照单全收，我们认为这非常令人为难。

事实上当晚平静地度过，我们享用了数不清的菜肴，这些菜肴是由“月亮水车”——这是餐厅的名字——的名厨准备好的，令人佩服。菜单包括皮蛋、熊掌、鸭蛋汤、燕窝、嫩竹笋，等等。中餐真正做得好的话，是很可口的。

我的座位与司法司长和外交司长邻近，二者都是杰出的学者和哲学研习者。我们讨论了他们所喜好的作者的教诲，这是一个总能让学者高兴的话题。他们乐于认识到，外国人将他们看成是博学而杰出的人，并欣赏他们的著作。

司法司长以前是邻省的一个法官，是一个肥胖低矮、乐乐呵呵、年约50的中国人，他那忙碌的铅笔一直在签署将众多反抗者斩首的批准书。他尽情享用上等高粱白兰地，在宴会时一小杯一小杯地喝下它，而它有极强的劲道。他反复说着 Kan peis，即“干杯!”接着一饮而尽，邀请你也喝光，礼貌禁止你采取相反的行动。

宴会总是唤起亲切友好的精神，在我们进入德国香槟这个阶段之前，主人们已经有几分欢畅了。与所有中国人一样，他们喜欢佳肴，文官们谈笑着，沉迷于餐桌上的愉悦。军官们，另一方面，令人惊叹地清醒，他们保持着对自己的完美控制，万一有突然袭击，可以快速准备好加以控制。

然而，没有发生不祥的事件扰乱我们快乐的聚会，晚宴一结束，我们就相互道别。士兵们拿着火把照亮前往我们轿子的路。我的同胞在我侄子的陪同下，出发前往市中心，而我独自回家。我的酒店在城墙外，在城市的东边，但我必须从南门出城，因为它是这么晚还在开放的唯一一道门，接着我就在黑暗中沿着不知名的道路绕行一大圈。

我伏在轿子里，聆听着轿夫们踏在崎岖的鹅卵石路上错落有致的脚步声，我看到过路人就像影子在移动，他们手里提着灯笼。十一点了，这个郊区黑暗狭窄的街道真是照明差劲。

巨大的城门开着，一个心生怀疑的士兵用灯扫过我们的脸。我们解释自己是谁，到过哪里，于是他将沉重的大门拉开了一些，以便让我们出去。两个轿夫抬着我快速前行，一个向导走在前面，伸直手臂提着一个大纸灯笼照路。

我们在一个郊区；这是一个黑暗的夜晚，在天空的映衬下，树影轮廓模糊。

我不知道我们在哪里，这些中国人要对我打劫是一件很容易的事情，我开始后悔未带我的左轮手枪了。

突然轿夫停了下来，并把轿子也放下了。打灯笼的男子问我是否想要回到我出发的那个酒店，并求我“提醒他”。这明显是一个要小憩又不承认他已疲惫的借口，因为中国人很少需要人提醒。

我们又全速前进了，投身于无名街道的黑暗中，汇入幽暗的大街。在离城垛不远处，我仿佛认出了罪犯被处决的地方，我还看见它被鲜血所染红。明天21个人就要被杀头，我已拒绝了到场的邀请。

我的轿夫显然是老实人。他们是四川人，四川是一个邻省，许多工人由此移居到中国西部，就像在巴黎大多数运煤夫来自于奥弗涅地区。

即使假设他们有任何抢劫或谋杀我的想法，他们都可能被墙上威胁性的公告阻止了。他们急速前行，步子快到几乎就是奔跑，在路过的墙面上有被月光照亮的白色政府公告。我曾经有兴致在白日下细读过他们，尤其是其中一个反复出现铲的标志的公告——铲表示一种弧形的斧头。这个公告威胁要对任何伤害外国人的人处以死刑。

轿子最终在我的酒店前停了下来，一个小时后同伴与我会合。

在两个没有胡须的将军的陪伴下，我侄子接下来几天骑马视察了北营。这些部队以革命的名义接管了这座城市。

我们就要排成一组与云南共和政权的主管长官照相了，他很快就与随从到来了，这一次是在大白天。一个士兵手执毛瑟枪径直跟着他进入屋内，怀疑地看着我们所有的人。我们没有任何邪恶的意图；相反，可以相当肯定，我们是最不希望这个年轻的执政者受到伤害的人。然而，没有敌对的阴谋者被发现。

最后我们告别，不知道我们能否再见到这位年轻人，他的精力和卓越智慧在这多难的时候将他推向前台。

自那以后，他面临许多困难，他曾经被迫离开省府，但后来返回，由获胜的共和国任命为都督，即民事和军事的总督。时至今日他还是这个省份的领袖。①

我们又一次顺着令人头晕的斜坡坐火车下行到老街。在我们看来，此处有点像法国。确实很像，以至于我们觉得这里的一切都和法国有关。

我们的好朋友副督办，以前是个中国记者，现在是边界的守卫者，期盼着我们回来，曾时常派他的秘书去迎接火车。

他得知我们安全到达异常高兴，这又给了他两次逃脱惩罚的机会，当局威胁说，一旦法国人受到任何伤害，就要进行处罚，因此他送给我们一个竹雕作为礼物，并随附一封问候信。

这个可怜的人躺在床上，因高烧而颤抖，这是前一天接种疫苗的结果，因此他不能参加领事、居民埃莫瑞克，以及一两个法国人邀请我们进行的晚宴。

如果他当时在场的话，我们也许会与健康状况保密的他一道恭祝新共和国繁荣昌盛，尽管当时的共和国只在一个小范围内存在着。

最后我们道别，与友好的主人衷心地握手，他们留在边界上作为法国的前哨，处在革命这个沸腾的大锅边缘，中国临时政府当局任何时候的一个疏忽，都可能让他们付出生命的代价。

---

① 无论如何这是一个广为接受的报道，尽管我个人有些疑虑。因为在1913年10月13日，蔡将军，云南都督，在前往北京的路上经过印支，在河内受到法国当局的郑重接待。他被给予安排仪仗队的待遇，他视察了学校、工厂，等等。《海防信使报》是一家可靠的报纸，其编辑采访了这位中国都督，对他作了如下描述：

“将军在客厅接见了我们。他看起来约有50岁，对于他的年纪来说算是保养得好了。他的面庞非常有活力而又坦诚……”

都督本人在一个演讲中说：

“我注意到自30年前我最后一次到这里以来，印度支那已取得了惊人的进步……”

但我们在云南府认识的蔡将军，30年前还在摇篮里，不可能在印支的谅山与法国人斗争。

1912年在北京，我在中国报纸上读到，这位年轻的执政者被迫在法国领事陪同下逃离云南府。随后我再看不到提及他之处。但无论如何，《海防信使报》描述的那位50岁的官员，他的谈话与一个商人而不是一个战士相似，不可能与云南府每个外国人都熟悉的那个青年将军是同一个人。——原注

◎第四章　在中国南部

在“西江号”上——广州湾革命——香港华人——广州革命——一个娴熟的政客——一枚炸弹的效应——广州的女兵与女代表——中国女权主义运动

“西江号”以前是葡萄牙的一艘邮艇，甚至有断言说，玛利亚·皮娅王后①曾经拥有过她。她在海防的河口等着我们，海防是法属东京最大的海港，她将由此运载我们到中国南部。

正当我们要起锚的时候，朋友们前来道别；我们与他们深情地握手，看着他们的小船返回岸边，我们则穿过薄薄的一层灰雾向海而行。

印支法国居民把我们“西江号”戏称为“平底锅”，因为它剧烈滚动，那些忧闷的乘客感觉非常像一只被厨司宰割的兔子，在架在火上的平底锅里翻来翻去。

头等舱的11个乘客几乎都晕船。尽管我自己从未

① 玛利亚·皮娅（1847—1911），葡萄牙王后，葡萄牙国王路易斯一世（1838—1889）的妻子。——译者注

遭受过这种难熬的病症，我仍由衷地同情这些可怜的人。当他们脸色变得一阵白一阵青，最终退回舱室的时候，我就在甲板上来回散步打发时光，雨衣为我挡住了细雨。

甲板上只有两个二等舱的乘客——一个日本妇女和一个低级的殖民地官员。这个年轻的妇女站在甲板上，她个子不高，穿着木屐，有一头浓密的黑发。我推断，她是要用她那扁平的脸庞和微笑去取悦广州湾的居民们。

她像我一样自娱自乐，往下看着那些正在低层甲板上晨漱的水手。他们是中国人，正在以令人惊讶的干劲刷牙，这让我想起了10年前，我在一种中国出版物中看到的某种关于使用牙刷的极好建议，在那个时候，使用牙刷被认为是高等文明的象征。

我们的海员明显是进步人士，渴望走上文明道路，因为他们一个接一个地做着祖先从未做过的事——刷牙。同一把牙刷在一张张嘴中依次传递，这倒同中国人共享所有事物的习惯高度一致！

广州湾属于法国，或者说是法国劝诱中国将广州湾租给它99年。这块领地本应用作海军基地，因为它的位置使其特别适宜于此。这个港口为岛屿所遮蔽，可以容纳整整一支舰队，但是必要的工作却没有开始。

我们到达港口时，还是黎明时分，在此可以看到两座教堂尖塔。这是星期天，几个士兵来到岸边，想要享受他们所知的唯一乐趣——观望邮船的到来。多么令人厌倦的荒凉之地啊！它由一座砖砌的教堂、一所邮局、兵营、总公使署以及总公使助理的住房构成，这就是全部。我还未提到中国人的房屋，它们挤在一块，叫作白瓦特城，由两个法国警察和一百个骑警守卫。我们还遇到一些中国警察，胸前带有大红字，“士兵，法国的客人”。

生活在这个荒野的法国人真是值得表扬，如果他们偶尔想家并不令人奇怪！然而，并不是这样，法国人坚韧而适应力强，我们在这个乏味的地方遇到了一位巴黎的女士，她最近还待在柬埔寨，那里有老虎在她房屋周围游荡；科隆巴尼夫人不愿让她丈夫独自来到这个荒凉的海岸，所以她陪着他，这儿与所有人距离遥远，她在此抚养着她的两个小男孩。

如果我们所有的殖民地官员都能有这样一个家，有个散发着道德与生命尊严之光的妻子，她那迷人的仪容将使他们能够平静地支撑与故土的长期离别，那该多好啊！

在广州湾我们看到一艘中国汽艇，刚由法国当局捕获，原因是未按规定装灯航行，也没有适当的文件。船长已经被捕。这艘汽艇曾经属于最近被谋杀的雷州知府，她被发现满载步枪和炸弹。

这是革命阴暗面的一个例子。成群的海盗侵扰这个国家，他们自称是改革者，谁能分辨其中差别？

近年来，这个法国属地已经庇护了许多清王朝的敌人。孙中山的兄弟在此拥有一家药房，革命者可以在这里安安静静地策划密谋而免遭清政府官吏的干涉。

因而，发现一个中国人被刺死，身上贴着告示说他之所以被杀，是因为他不肯剪掉辫子，不是个共和者，这并不令人惊奇。这是让其他人注意！

在这偏远的角落，关于中国其他地方的情况（我们）无一知晓。新闻传播缓慢，而且必须首先经过东京。

所以我们告别那几座法国房屋前的荒草地，在极其恶劣的天气中登上“西江号”，前往香港。我们进入这个壮观的海港时，天气幸运地放晴了，也没有任何黑十字的印记了——这个不祥的标志升起来是向船舶警告台风就要来临。

香港是英国在全球建立的重要海港基地之一。这个岛屿约有 50 平方英里，最高点超过海平面 1600 英尺，整个殖民地的房基都开凿于坚硬的岩石。通过坚持不懈的辛劳，以大量人命为代价，在这令人难受的气候里建立起一座非常卫生的城市。就像新加坡一样，香港那些巨大的、高耸的房屋印有英国风格。英国区环绕着海港，在其主要广场中间，矗立着一尊被她的孩子环绕的维多利亚女王铜像，象征着英国的忠诚。并且，这座城市就是以这个伟大女王的名字命名的。

掩映在树木中的别墅，贴着悬在港口上的岩坡，一切都是通过坚定的决心向大自然争来的，决心坚定是英国民族的一个如此醒目的特征。

海港被岛屿所包围，堡垒里有英国士兵在防守。

可以见到各国船只在锚地进进出出；其他停泊的船只，正在装载或卸载货物，码头是一派令人惊奇的活动景象。

高个子、缠红头巾的印度警察在街上维持秩序，这里黄种人甚至比新加坡还要多。数不清的中国人似乎在香港觉得自由自在，他们的确或许可以合理地宣称这一点，因为在地理上，香港被包括在广东省之内。

他们显然在以不断增长的数量侵入这个岛屿，根据目前的思想倾向和整个亚洲独立意识的增强，英国人或迟或早将不得不面对这些黄种人参政的难题，骄矜的英国人认为他们比自己要低劣得多。

当下英国当局显示出非同寻常的警惕，因为这么一个事实：过去一段时间广东省的革命者已把香港作为他们的总部。据当地报刊披露，常常有武器被缴获，警察忙于监视革命者和追逐海盗。后者利用政治形势袭击小一些的城镇，抢劫当地居民，有时还谋害警卫部队。

前不久，一艘法国船只“鲍尔－博号”，正在上行珠江前往广州时，遭到海盗袭击。幸运的是无人被杀死；歹徒从岸上向船员开火，但好像是害怕或是无力登船。

这些是与革命无法分割的难题。抢劫总是在混乱时代兴盛起来，就像当下在这个国家许多地方存在的那样。

然而事情可能更糟糕。混乱并不享有最高权威，因为革命首领在尽力平息混乱。非常时代最显著的现象之一是，前政府的破坏者长期为尽力维持秩序而焦虑。

正是这些努力，要为广州的少量伤亡担负主要责任。广州是最具革命性的，并且在当时是最动荡的城市。

广州或许被认为比其他地方有更多的混乱，但这个大商业中心的居民有进步精神，完全赞同事物的新秩序，防止了许多其他城市遭受的灾难。

广州是一个典型的南方城市，街道布满带有镀金与彩色饰品的商店，招牌在人们的头顶上摇来晃去。

从艺术的观点来看，如果古老中国的这个有迷人地方色彩的角落，就像汉口一样在发起革命的战斗中被摧毁，将的确是一件憾事。

在10月的最后两星期广州革命开始了。当局在20日就被警告要加以提防，秘密团体所争取过去的部队，已被知道要叛离。25日下午3点，一颗炸弹在街头被扔向鞑靼将军，他正在一队士兵的护卫下前往衙门。炸弹爆炸得如此猛烈，以致整个附近地区都在摇晃；不幸的将军被炸得粉碎，只剩下靴子和几块血迹斑斑的碎片。30个士兵及路人被炸弹炸死或炸伤。

帝国代表被杀没有对人们产生很大影响；他们镇定地等待正在中部省份作战的革命者获胜，准备好升起共和国的旗帜。

似乎人人都被起义者争取了，甚至官员们看来也准备好背叛帝国的事业了，对此他们认为已是穷途末路。他们密切观察风向，再随之修整他们的风帆。

帝国一宣布胜利他们就准备好严厉对付共和者；相反，如果报道称革命者胜利了，官员们会给予他们衷心的祝贺。

总督是典型的这种人，他的行为是政府衰亡的明确征兆，他宣称服务于政府，同时又背叛它。

张鸣岐，一个持不可知论的士大夫，在40岁时，按惯常的办法，即巧妙地在朝廷官员间配送礼品，为自己赢得了粤督的职位。

他到来的第一天，就努力让自己被认为是一个进步分子，一个现代方法的支持者，以及以一个潜在的共和者。他甚至可能已经与秘密团体歃血为盟，因为策划推翻满族的革命者似乎已经乐于信任他。

当革命爆发时，朝廷显然不相信张，因为一个鞑靼将军被派来掌管军队。

但是一个炸弹很快为总督除掉了这个障碍，让他享有全部权力，他很快趁机与君主制的敌人结盟。

将官印存放在一个安全的地方后，他发布公告赞同满汉联合，并于11月9日夜在几个随从的陪同下离开了衙门。

总督就这样放弃了他的职位，一位将军接管了他的宅邸，以便管理警察和维持秩序。最高权力转入胡汉民手中，他是一个属于革命党的杰出学者，在日本学习过，并已经是省议会的议长。一个临时政府很快被选举出来，并一直要掌权到其他省份也同样如此为止。

由于总督的远见，权力在这个南方大港没有困难地转移了；然而，在广东省其他地方，以及邻近地区，出现了与革命时期相联系的惯常的麻烦。

无论在乡村还是沿海地区，从平常约束中解脱的各种罪犯，完全受掠夺本性的支配；海盗和土匪尽情抢掠村庄，自相争斗，威胁着和平的居民。他们每天从未觉得安全过。

后者中的许多人在香港避难，正像云南府的逃难者曾在东京寻求庇护一样。

在广东，事实上在整个中国，最扰人的因素是军队，如果这个词语可以应用于革命开始以来招收的各色人员，或甚至是应用于帝制分子近年来所招募的士兵的话。

纪律几乎完全被搁置到一边，许多情况下军官不得不听从于他们的属下。满汉士兵间偶尔爆发激烈的争吵，有时不得不以武力将几个忠诚的帝制分子赶下台。有一次，自称为共和者的军队袭击并占领了兵工厂。

为了执行纪律，当局一有可能，便即刻处决不顺从者。

新政府在广州一经建立，就立即寻求扩大活动范围，号召义勇兵到北方作战。8000 人加入共和军，并被派往上海和南京。但是他们由社会残渣组成，被每月 10 美元的许诺所吸引，这些部队不可能有很大的用处。

然而，他们的军官，不论是临时凑合者，还是帝国逃兵，成功地维持了一定程度上的纪律，主要是借助于走在后面的刽子手，他的刀置于皮鞘或是捉在手中。

所有的南方人都是热情的反满者和共和者，并且，如果某个中国人被信任，许多士兵都会加入队伍，不仅是缘于报酬，而且是出于对事业的热爱。他们充满推翻旧秩序的强烈愿望，如果有必要，愿意在这个努力过程中牺牲性命。

一些妇女和女孩同样如此，可以看见她们在广州和其他地方穿着与男子一样的军装，与他们一道在营房的院落里训练。她们也被激起了为革命事业战斗至死的狂热愿望。

妇女积极参与中国革命这一非常显著的现象，在上海以及南方均可观察到。

当我们回想起妇女过去的生活，以及整个社会对妇女的偏见，中国妇女的解放就是正在中国发生的思想演进的明显证据。

中国习俗要求妇女隔离居住，不要被异性成员看见；她接受丁点教育，忙于家务和其他女性事务。可以这样说，她没有权利。

然而，尽管司法地位低下，中国妇女对丈夫有相当的影响力。她常常有着优于普通中国人的坚强性格，这样就与日本妇女明显区别开来。后者似乎打算服务于她的统治者和主人，通过温顺来取悦他，而意志坚强的中国妻子经常将意志强加于她的丈夫。

不管看起来多么奇怪和矛盾，中国可以说是妇女“穿裤子”① 的国家之一，这里使用的是这个表达方式的比喻意义，因为从事实来看她的衣服由上衣和裤子组成。

无论南北，妇女和女孩机敏、坚定的表情，是非常值得注意的；她们明亮的黑眼睛，有时被金边眼镜部分藏起来，散发着活力，然而，这种活力被礼貌和礼仪控制起来。代表着同样的精神活力的东西，很少出现在一个男人的脸上。

随之而来的是，当学生们从欧洲带回个人自由和平等的新理论时，它们很快就被少数受过教育的妇女接受，中国女权主义这个最奇特的现象就这样诞生了。

而且，女性女权主义者认为，要获得与男子同样的权利，就应该让她们自己处于同样的危险，只有这样才是正确的。因此年轻的妇女们，其中一些由于脚部畸形而行走笨拙，她们自己组成军队，在南京城墙下战斗，许多人牺牲了，武器却还握在手中。

广东省总是进步在前，率先满足了妇女行使政治权利的愿望。新的共和制省议会与胡汉民在广州城共享最高权力，它承认妇女成为选举人，甚至认可妇女成为议会议员。然而，准许女性进入广东议会是出于一时的激情，男性们后来后悔了。因此，当宣布女性不能参与将要组织长期省议会的立法时，鼓吹妇女参政论的阵营发出了强烈的反对声。

1912 年 9 月 18 日，来自两种性别的代表团表示，希望中央政府给予所有妇女广泛的政治权利。历史上著名的例子——维多利亚女王和慈禧太后被列举出来，以支持宣称的未来女性公民的效能，但在广东议会中占多数的男性没有被他们女同仁的花招迷惑，尽管后者一再回击，发言支持她们的权利。

---

① 穿裤子（wear the breeches），喻指妻子掌握家权，当家做主。——译者注

香港的中国妇女，同样派来两个代表在议会抗议，但没有取得更多的成功。

大量女士和女学生聚集在女子法律学校，并且组成一个巨大的抗议联盟，目的在于向北京进行呼吁。但是男性们放弃了早先的热情，男性对权力的热爱胜过了所有抽象的理论。广东鼓吹妇女参政论的人因此必须下决心，摒弃在省议会或是中央议会的代表了。

然而，任何熟悉她们的人都将承认，她们不可能接受失败，而是要继续活动希望最终会成功。国家其他地方的女权主义者无疑将表现出对目标同样的坚执，将宣称不仅有婚姻自由权，有权独立于继母及其他承继而来的亲戚，有权保有自己的财产，还有权享有在公共事务管理中的发言权，就如在自己家庭内部管理中享有的发言权一样。

看来很有可能的是，中国将成为妇女在政治议会中拥有席位的首批国家之一，由此迅速完成几千年来的社会演进。

广东妇女参政论者参加的省议会只是临时的。长期议会在 1913 年建立，由 120 个成员组成，全部是男性。

中国旧官僚政府沉浸于盲目的传统，这些选举产生的议会与之非常不同；新统治者留心改革者，要求尊重外国人。

在广州，后者居住在沙面岛，沙面构成了欧洲租界的一个部分。与所有革命爆发时在华居留的外国人相同，他们最初非常焦虑自己的安全。他们没有忘记 1900 年的事件——义和团，围攻使馆，以及将他们团团围住的危险——他们惧怕中国大众混乱的后果。党派相互冲突，其中一方或另一方的领导人，把反叛者盲目的愤怒转向欧洲居民，似乎是极有可能的。

这样的担忧在 1911 年快要结束时广泛存在，在无人能预见事情的最终方向时，它是相当合理的。

但很快就变得明显的是，革命者极愿保护外国人。他们的担心减少了，那些没有离开这个国家的人留下来充当革命斗争的消极看客，对于他们领事的保护，以及各自国家的威望满怀信心。

1912 年 3 月，当我们在这些地方旅行时，外国人已经不再为自身安全有任何担心，而是被动地观看事情的进展，兴致主要集中在南京，这里有南方的国会；以及上海，在北方代表的帮助下，上海正在举行和谈。

当时，涉及旁观者的最吸引人的问题是，撕裂这个古老帝国的各派是否要将国家分为两部分，内战是否即将爆发，或者共和国是否会和平建立。因此我们急于更紧密地接触上海，这里聚集着如此多的革命政治家，我们希望弄清他们的看法。

这样，在一个月光之夜，我们再次出发离开南部海岸，这里，香港那坐落在岩坡上的房屋，闪烁着上千盏灯光。后者很快就从视野中消退，汽轮投入太平洋的阴影中。在接下来的日子里，我们快速通过澎湖列岛，它使人想起了舰队司令孤拔辉煌的成就，最后我们抵达上海，这里欧洲居民正在武装起来，以保卫他们的生命和财产免遭预料中的士兵和暴民的袭击。

◎ 第五章 上海革命

到达上海——关于辫子的战争——夺取兵工厂——大火——与一个中国罗伯斯庇尔晤谈——在革命士兵中间——发生革命性变化的戏剧——第一巡回法院

上海这个名字意思是“往海而去”。传说这个重要的中国城市从前在太平洋沿岸，河流尤其是北边的长江带来的冲击物，逐渐造出一块40英里的土地，它现在将上海与海洋分割开来。

因此，这个中国大口岸只是一个坐落于黄浦江边的河港。然而，后者非常宽阔，汽轮停靠的地方，足有1300英尺宽。在欧洲我们应当把黄浦江看成是一条大江，它与长江相比却是一条不太大的溪流！

当我们的船只靠近停泊地时，我们注意到有十二艘或更多的战舰停泊在江面上——两艘宏伟的四烟囱装甲巡洋舰飘扬着英国旗帜，一艘澳大利亚的，两艘日本的，一艘俄国的，一艘美国的，一艘德国的，以及一艘法国的舰船。所有的船只都全副武装，它们在河中停泊时，枪炮对准中国区。它们在此是为了保护欧洲人，万一他们遭到中国人袭击的话。

上海是一个国际大都会，大约有13500名外国侨民，他们中的大多数是法国人、英国人、德国人、美国人，或是葡萄牙人。

这些外国人居住的地方由两个不同部分组成，一个是与中国区毗邻的法国租界，另一个是与第一个连在一起的公共租界，与之仅以一条想象中的界限分开。公共租界在街道的十字路口很容易被识别，在这里，来访者不会遇到中国、安南或是法国警察，而是包着大头巾的印度巨人，在东方他们总是被英国人雇为警察。

法国租界非常广，其一边与拥有射击口的古老的中国城墙相接，城墙底部流淌着一条讨厌的发臭的小河，沿河环绕着紧挨城墙的肮脏小屋。大量华人居住在两个租界里。他们的店铺沿街排列，正面向路人敞开。而在柜台后，是把肘支在桌上的店员，他们总是远远多于人们所认为必要的人数。上海总共有超过100万居民。

在租界居住的中国人享有公正合理的欧洲秩序的好处；他们免遭专制统治和满族官吏的压迫，他们享受西方文明的乐趣和益处。他们前来定居，仿佛他们已经移民到外国，以便逃离故土的虐待。大多数中国大报都把办事处和印刷社置于租界，在这里他们可以免遭中国当局的袭击。巨大的招牌展示出这些报纸的名字，它们陈述了一连串事件；例如，《自由报》，《民权报》，《民声报》，《民立报》，以及许多其他听起来像是革命战争召唤的报名。

顽童们在街上将这些报纸出售给穿长袍戴眼镜的路人，他们赶来赶去像一个自在的巴黎人一样有活力；看到像我自己一样的外国人买下和阅读他们的报纸，甚至看穿他们试图拿旧报纸哄骗的无赖行径，卖报人充满了惊讶。

临近1912年3月末，我们登上码头时极少见到辫子。码头上挤满了一群衣衫褴褛的肮脏得无法描述的苦力。这里，与在印支一样，他们都已经剪辫，即使是较低的阶层。在欧洲租界街头每个中国人都穿一件蓝绸袍，这是民族服装，但他们中的许多人都戴着呢帽或盖帽形状的帽子。并且，由于在中国光着头漫游并不被认为是粗鲁无礼的，许多中国人都展示出他们那一头光亮的、整齐偏分的深黑色头发。这里的理发师大多数是日本人，他们也宣称在依照最新发型来理发。

依然在官帽下留着壮观长辫的只有为法国服务的中国警察了——身着黑制服的高大健壮的家伙。

法兰西共和国的威望保护了这个鞑靼统治的象征，如果其主人不是在为我们服务，这些辫子一定已被强制剪掉了。此后，谁敢断言法国人不是保守的呢？

革命者非常热心于除掉辫子，他们完全理解其象征意义。我们第一次造访这座城市的中国区时，正好见到剪掉这些附属物的一幕。一位工匠漫不经心地跨过与法租界交界的溪流，立即被一群人猛然抓住，其中包括一名中国警察。随后他带着滑稽的沮丧表情上路，手里拿着他的辫子，那辫子顷刻间就被一把剪刀剪断了。

一个北京绅士每天都会来访以提高我们的会话能力；他是个保守分子，他把自己的辫子小心翼翼地藏在衣领下。他似乎有贵族倾向，喜欢与酒店侍童发生激烈争端，侍童粗鲁地回答他，并嘲讽地盯着他的辫子和红纽扣帽子。自 11 月 3 日以来下层阶级的人们已经开始表现出自信，因为那一天在上海爆发了革命。

革命的主要领袖是一个名叫李燮和的人，他在广州革命中发挥过重要作用。另一位革命者陈其美是一个记者，试图进行一次大胆的攻击，但是被当局抓住了。

11 月 3 日大约 80 个中国警察哗变了，他们戴着当时的革命标记——白臂章，来到地方官员地保①的署邸，要求取得弹药。

他加以拒绝，哗变者立即向其房屋开火，房屋连同附近的几幢建筑全部被烧毁。

上海这个大城市的革命就这样爆发了。上海与其他城市一样，革命领袖是由秘密团体精心培育出来的。领导者们选举了一个管理委员会，并且获得了军官、士兵、官员，以及各类政府代理人的合作。因此他们的目标几乎未遇反抗就实现了。

在标明日期为黄帝——一个传说中的统治者——第 4609 年的一封信中，革命当局向外国领事通告了所发生的事。他们承诺，署名人将尽全力维持秩序，但是考虑到外国租界范围大，他们恳请领事们采取预防措施保护自己的同胞。

因此法国调派战舰上的 175 名士兵登陆，这些人，加上 40 个法国警察以及 70 个安南人，守卫着我们的租界。

上海的革命是和平性质的，攻取上海“巴士底狱”的方式足以证明，大多数人都渴望满族政府垮台。“巴士底狱”是藏有武器和弹药的兵工厂，由 250 名驻军守护。

装备有左轮手枪和步枪的 200 或 300 个中国人跑向大门，大门立即在他们面前关闭了。革命领导人来自已经革命一个月的武昌，以及广州和爪哇。他们召唤守军投降，士兵们拒绝，他们便静静地撤退了。

当晚 8 点，李燮和回来了，由六个坐黄包车的同谋者陪同。他们将武器藏在长袍中，进入兵工厂的房屋和车间，中国义勇兵追随这六个先锋，并努力与军队亲善。

---

① 音译，英文为 tipao。据有关资料记载，起事警察为闸北巡警总局巡警，他们来到总局，向局长姚捷勋索要弹药。(参见《申报》1911 年 11 月 4 日有关报道；上海市档案馆编：《上海档案史料研究（第 10 辑）》，上海三联书店 2011 年版，第 195 页。）——译者注

指挥官是唯一一个抵抗的，他枪杀了一个侵入者。他那些已被争取到革命事业一边的士兵抛弃了他。

然而，凌晨2点有一个小规模的战斗，几个人被杀，驻军中的100个士兵仍然忠心耿耿，他们逃跑了。行动完成了，兵工厂为革命者掌控。

中国商人成立了一种国民卫队，他们选举已获释的陈其美为都督或是最高统治者。李燮和恼怒于没有当选，去了距离上海11英里的吴淞，希望在那儿建立军事专政，但他很快就消失了。

革命者继续焚烧满族官员的署邸；道台和参将署邸被彻底烧毁，知县署邸因靠近监狱而免遭大火。

从性质上来看，这些焚烧事件是有象征意义的，它们构成了一种革命仪式。中国消防员站在燃烧中的建筑周围，以便阻止火势蔓延到附近的房子，但是他们仔细查看，让所有注定要毁灭的建筑都被摧毁。

革命期间在中国的许多地方，我们都观察到这种要抹去满族统治记忆的渴望，它与古人摧毁城市后在其上撒盐的渴望是类似的。

这些事件在进行的时候，欧洲人开始考虑起义者是否要用火与剑摧毁一切，他们得出结论，保护连接上海和南京的铁路将是明智的。欧洲义勇兵因此接管了车站，准备固定好刺刀加以保卫。这项行动引发了中国人的愤怒，认为这违反了国际中立。一个使者被派来与英国总领事谈判，并达成协议，普通的铁路运输照常进行，但是铁路不得被任何一方用来运输武器、弹药，或是军队。

革命者对上海外人的行为举止，让这些外人印象深刻；他们显然遵守了向外国人表示尊重和礼貌的严格命令。即使在骚乱的日子里，无论什么时候，一个戴着白臂章标识的起义者在街上遇见一个欧洲人，他就会立正敬礼。

革命进行的方式表明，一切都是精心组织的，各种职位提前分配好了；

因此，整个省的新政府很快就成立了，每个重要的公共部门都有一个部长。伍廷芳博士被安排总揽事务，他是一个著名的绅士，闻名于所有欧洲居民。他自己管理外交事务。这样，江苏省创立了一种临时共和政权，它的主要城市，包括首府杭州①，中国威尼斯苏州，都迅速转到革命者手里。

整体上讲，上海的政府变动没有遇到任何大的困难，所有人都已被预先争取过来，宣布共和那天全城立即魔法般装点上彩旗。

新来者看来无疑激起了一定的信心，因为都督陈其美发现，向美国人借款数百万两来支付军费几乎没有困难。

陈其美是由一场革命偶然曝光的奇人之一。选举他的人显示了他们的睿智，将高位给予一个赋有如此非凡能量和远见的人。这是马利特队长对他的描述，马利特是法国警察的队长，由于职务关系经常与他打交道，所以我觉得有兴趣更贴近地认识这个新型中国人。在我造访时，他已掌权 4 个多月，并且成功维持了驻扎在城市外围的部队的纪律。

他最近已被任命为北京的公路与铁道部长②，几天后就要离开上海，法国当局对此非常苦恼，担心这位有活力的人离开后秩序是否还能维持。

4 月 25 日，我们来到他的衙门。这里以前是法庭，坐落在中国区。中国区的街道又窄又脏，麻风病人在此展示他们损毁的容貌，乞讨救济，向游客叩头，叩头时要下跪并且额头触地。

我们被引见给一位年约 35 岁、无胡须的男子，他戴着学者的金边眼镜，眼睛明亮而富有表情。他身穿西装，大衣对他那细长的身形来说是过大了。

出于惯常的中国式礼貌，他请求我们原谅在一座本不是用来招待客人的房子里接待我们。我们交换了名片，人人都给上了茶，接着我们进行

---

① 作者有误。时江苏省会为苏州，并非浙江城市杭州。——译者注

② 作者有误，陈其美获任的是工商部长。——译者注

会谈。

在他谈话时，这个人的真正性格显现出来了。开始他是矜持的，但渐渐变得愈加活跃，当他描述在革命事业最终胜利前等待着革命者的那些斗争和困难时，他的面庞呈现出一种坚定的神情。他的声音不时降为一种低沉、激情的语调，透露出暗藏的烈火，有时他甚至像一个空想家在自言自语。

我不知不觉地想起我们自己的革命领袖，这是由历史传递而来的。我相信面前的这个人将毫不犹豫地牺牲成百上千的生命，如果他认为这对于事业的最终胜利是必须的话。他将西方的狂想与东方对人命的漠视结合起来。一个王朝有着这样的敌人无疑会走向末日。

“在欧洲他们怎么看待我?”他问道。

我尽力回答好这个有些令人尴尬的问题，评论说法国共和者不会不对正在为自由而斗争的中国爱国者报以深深的同情。这个回答显然让这个激情四射的中国人满意了，他满以为自己很重要。

在表示希望再次相见于北京之后，我们与身着大衣的都督和他身穿蓝衫的秘书们握手。在一个狭窄的通道，门口的哨兵立正站立。他穿卡其制服，白袜，戴着所有中国士兵都采用的扁平德国帽。

我们走下这个古老衙门狭窄而肮脏的楼梯，沿着墙壁开裂的迂曲通道前行，最后又一次经过那保卫陈其美免遭杀手杀害的哨卫，据说帝制分子已将杀手们派入各省，目的在于除掉他们的敌人——革命运动的领袖们。

我们坐上人力车在嘈杂的街道里快速前进，我们的车夫用下层中国人特有的尖叫声为外国官员开路。

我们不能没有参观主神塔就离开这个城市。忙碌的人群挤满了外面的庭院，小贩们在此展示他们的物品。

神祇及其侍从矗立在祠堂的两侧；侍从用漆木和灰泥制成，他们手握长矛，正在站岗执勤。我们显然被指望在服务人员伸出的手中放下捐献物。

由于对如此重要的城市的保护神不能过于殷勤，我们效仿无数向我们投来好奇眼光的膜拜者，烧了一些纸钱，以便让神那不可窥视的灵魂满意。

如果这个神没有保护我们，他将是非常忘恩负义的。但是我们确信他的保护，并不顾朋友的警告，决定更近距离地观察这些令人生畏的士兵。我们听说他们侮辱过欧洲人，并且夺走一些冒险身处他们中间的法国女士的手提包。

我们不是女士，而且确信主神的保护，我们决定参观龙华塔①，在塔周扎有士兵帐篷。

为了到那里，我们首先搭乘一辆普通电车来到租界外边。我们一下车，叫喊着的苦力们就开始争吵由谁的人力车来拉我们。我们被迫用手杖驱散他们，并做了自己的选择，因为不知道他们的厚脸皮会将他们引向何种程度。最终我们挑选了两架车轮上有橡胶轮胎的人力车，这样的车总是为上层阶级所使用，接着我们就在村道和村庄间全速前进。

有部分路路况好而且多荫；这里有中国少见的树木，以及灌木。中国农夫是相当勤劳的，尽心照料庄稼，但是，唉，他使用的肥料让空气充满难闻的味道，由风带给了我们。有时我们被迫催促汗流浃背的苦力，以便尽快穿过某个特别讨厌的地点。

我们恰巧遇到一个身穿棉短衫和长裤（它们曾经是蓝色的）的农民，他正在给生菜地浇水。他的动作缓慢而庄严，他把一种长柄大勺浸入一个盛着宝贵肥料的桶中，这肥料让我们的鼻孔非常难受。肥料需依据惯例用十升水来加以稀释。要是他满足于只将那难闻的液体倾倒在莴苣和菊苣菜根部该多好啊，但是不，他还需随意地将其溅洒到叶子上！现在我明白了，为什么上海的欧洲人从来不吃不是从自己园子里生长出来的生菜！

---

① 音译。——译者注

在我们穿过有着木屋的村庄，看见肥壮的黑猪在泥泞里打滚的时候，我们无需被告诉便知居民们的嗅觉神经是迟钝的，他们几乎不关心卫生和清洁。农民们蹲在地上吸着金属长烟斗，并温和地观看过往的人。

并非每个地方都是这么差；有时，当在某一个地区时，风会从花地或灌木丛带来怡人而提神的香气。但令人郁闷的是，会见到在路中央跪着或是匍匐着的乞丐，叫喊，“大老爷！大老爷！”（尊敬的先生！）希望我们在经过时会扔给他们几分钱。中国乞丐身上穿的破衣服烂得连画家卡洛都很难描画出来。

最后我们来到了士兵们中间，就在那个著名的塔附近。军官们正在操练部队。我的同伴自己就是个军官，他饶有兴致地观看着。见此，士兵们似乎来了精神，尽力遵从他们的军官从喉咙里发出的命令。他们是糟糕的部队——只是身着制服的苦力——这些人如此笨拙以至于有时用自己的枪伤了自己，他们在参加战斗时却是足够的勇敢，革命战斗已经一次次证明了这一点。

在这个大型阅兵场上有几个连队，而像他们这样，如果他们想要叛乱，并试图劫掠上海，就须义勇兵和警察竭尽全力来加以镇压。

通过一个摇晃的楼梯，我们爬到塔顶，鸟瞰如画的村庄；和他们中的多数人一样谈笑的中国顽童，向我们解释地形；当我们下行时，一个鼻音浓重的剃头和尚递给我们那必不可少的盘子。

触手可及的是一个有着奇怪街道的大村庄，但是一个中国人劝我不要冒险进入村庄，因为有士兵。在离开上海的这么一个距离，我们不能依赖法国的威名，况且，天就要黑了。

到目前为止人人都是相当地礼貌，但是两个人要抵抗整个军队又能有何作为呢？我们带在口袋里的左轮手枪只会是一种可怜的保护。

在回家的路上，当经过一个村庄时，那里有些士兵杂乱无章地扛着步枪在集合，我们看见他们朝着路人无礼地发笑。一些顽童也招呼我们“洋鬼子”（外国魔鬼），对此我们装作不懂，并且在他们的地方话中无疑还有其他的侮辱。但这就是全部，对我们并没有危害。因为急于在天黑前回家，我们驱策那两条腿的俊马①沿着道路飞奔，道路两边是树木和电线杆。后者几乎都装点着一个法国将军的半身像，头戴饰有白羽毛的三角帽——一种日本牙粉的广告，这在远东几乎随处可见。但是夜色渐深，这种万花筒般的幻象很快就在其中消失，随后我们看到了郊区的电灯，它们在黑暗中像明亮的星星般闪亮。

这样，电与最现代的广告方式同中国的古风混合在一起，产生了一种奇怪的效应，象征着巨大的进步，让这个世界上最古老的国家赶上西方文明。

这种对比在上海的每个地方都是显而易见的，尤其是在戏院。这里可以见到装扮狂热的演员，画着怪异的脸谱，戴着巨大的假胡须。他们扮演古老剧目中的历史角色，剧目总有一些歌曲让艺术家们，尤其是女角扮演者展示他们那响亮刺耳的声音。到目前为止没有女子被允许登台表演，但是在这里，就像他处一样，变化正在渐渐生成，后来我们注定要在北京见到中国的女演员。

所有中国人都喜欢戏院，他们及其家庭在那儿花费许多时间，同时品尝着热茶，这茶由侍者分发并放在每个座位前的小桌上，正如我们的咖啡音乐会。

女主人公的高尚行为及一个热门演员的歌唱会受到热烈鼓掌，观众显然不在意舞台布景的原始性。生动形象的想象补充了缺少的细节，就像旧时的法国戏院，当时一个简单的幕布就构成了戏剧的背景。一个肥胖的官吏，骑着一个扫帚柄，被认为扮演一个在骑马的人。在中国，工资很低，

① 指人力车夫。——译者注

如果我们考虑到中国货币的同等消费值的话，座位的价钱大致与在法国相同。几个演员，他们是公众特别喜爱的人，酬劳高得惊人，相当于在英国的2000到3000英镑。然而，早上和晚间演出的巨额票房收入是有保障的，这部分归功于庞大的人口数量，又部分归功于中国人对戏院的热爱。

正如公社时期的巴黎，人们忙于一般的工作和娱乐，不关心同胞正在某些郊区相互射击这么一个事实，因此在这儿，尽管有革命，戏院依然挤满了中国人以及外国人。

在码头附近，受人欢迎的新舞台，或新剧场，拥有数千观众，并总是人满为患，因为赞颂革命的最新剧目在那里演出。

在每一个国家，舞台都是宣传新信条的一种有力手段，起义者也用它在大众中传播他们的理论。在新舞台，最近在上演一部非常成功的戏目，揭露吸食鸦片的罪恶。主人公是一个士人，他越来越沉沦，直到最后答应以女儿的名誉来换取满足他堕落激情的途径。作者以欧洲歌剧的方式撰写剧目，剧本大量采用图片来加以说明，并出售给观众。

人们对革命剧大声鼓掌，无需再说明的是，英雄角色是共和者的，满族人则被用于取乐。

新舞台提供了一个研究人们态度的绝佳机会，所以我尽量在那儿花了些时间。

这是一个人员混杂的观众群，包括许多妇女和女孩，她们的着装随其阶层而变化。在与我的包厢毗邻的座位上，我注意到，有两个迷人的女孩，身穿锦缎绸衣，头戴花朵，由父母陪同，她们都在品茶及吃糕点。看到我查看节目单——我显然能够理解它，她们似乎很惊讶，无论何时，只要不触犯礼仪规则，她们就会饶有兴趣地看着我。她们对戏也有强烈的兴趣，这个戏讲的是一个现代年轻军官娶了一位欧洲女士。扮演后一角色的演员演得很完美。他频频换装，穿着低颈长礼服也似乎很自在，娴熟优雅地摇摆他的裙子。一个欧洲女士曾教过他这个角色，他本族的戏剧天分完成了剩余的一切。

我们观看了这个故事的迅速发展，它细腻地刻画了那位年轻女子的生活，直到最后她将一个婴儿呈献给丈夫，这个婴儿在舞台上就是一个身穿长衣服的玩具娃娃。年轻男子的亲属对于他妻子的欧洲方式感到惊讶，这给一部戏提供了必要的喜剧元素，这部戏以政治形势为基础，描写了以官吏的旧世界为一方，以共和者为另一方的两者之间的斗争。

当然后者取得了最终胜利；共和军猛攻一个堡垒，将身穿旧式长袍的满族人赶走了；步枪声响过舞台，房子被烧毁，在这个新戏院，场景现代又有变化，我们惊奇于整个地方没有被火焰点着，它真是在舞台上燃烧。

最后一幕是一列获胜的革命者，带着飘扬的旗帜。观众狂热地鼓掌，高声叫喊“好！好！”（干得好！干得好！）一旦有观众不能压制他的喜悦，在演出时就会不时听到这样的叫声。在最后一个场面，演员扮演的士兵站成一排，交错舞动他们的旗帜，观众则呼喊“中华民国万岁！”无疑，这样的戏目对于每日填满戏院坐席的人群有巨大的影响。这样，革命的信条被灌输到每一个社会阶级，尤其是当一些演员既在真正的战场，也在舞台上为其事业战斗的时候。

既然革命已经取得胜利，革命领袖们就渴望执行法令了。很快出现了一个机会。一个官员，属于革命阵营，即将因为同谋杀害两个年轻人受到审判。

这样我们可以出席中国第一巡回法院的第一次开庭了。

从远古时代起，中国的司法就是家长式的，对于敌人的恶意和偏见，被告没有任何西方文明所有的保护措施。被告没有律师，法官是一位官员，通常是一位知府或知县，他常常是贪腐的，并拥有王一样的绝对权力。

证人跪在他面前作证，并且，如果他认为适当，他会命令殴打证人以引导其讲出实情。

事实上，判决书可以用金钱买到，如果官员对伤害囚犯或致其死亡有任何兴趣的话，对于囚犯来说就总是不幸的。

革命者深受我们书中理论的影响，热烈支持保护个人权利，决定来一场巨变。所以我能够在一个重要的犯罪案件中见证新司法制度的运作。陪同我的是朋友屈什鲁塞先生，一个来自于法租界的律师。

法庭位于一种为审讯而改造过的塔内；在其后部，三个法官坐在一张覆盖有绿布的桌子后面，其中两个是文官，另一个是军官，他的上校帽子放在面前的桌上。两个文官身穿有点类似我们法国的黑袍，其中一个以了解英国法律著称。

右边坐着陪审团，由出名的市民构成，他们忙于笔墨，记录诉讼。他们面显睿智，有兴致地追踪着辩论。看起来他们确实绝不逊色于任何欧洲陪审团。

在法庭的左边，面对陪审团，坐着新闻记者；审判在上海引发了这样一场骚动，以致持各种立场的中国和欧洲报纸都派来了代表。与陪审团成员一样，记者们被安排坐在一张狭窄的桌子前，不断写材料，他们不得不紧紧挤在一起，中式长袍和欧式衣袖彼此擦过。

在唯一剩下的地方，在陪审团和媒体中间，坐着共和国的代诉人，一个消瘦、紧张的年约三十的男子，身穿欧式服装。在他后面，是第二位诉讼律师，一个面相精明，穿着黑色大衣的年长男子。

被告站在被告席上，被告席在大厅的中间，面对法庭。我的座位紧靠他旁边，以至于几乎可以触到他的长袍，在我前面坐着曹，一个年轻而雄辩的中国律师，他担当替被告辩护的职责。后者穿中式服装，戴着一顶小红纽扣瓜皮帽。

在周边急迫地挤来挤去的是一群密密麻麻的中国人，好奇与敌意混合在一起，写在他们的脸上。被告向控告者展示出大胆的样子，一副冷漠高贵的姿态，但是我距他很近，可以感觉到他的四肢在微微颤动，这是很自然的，因为他的生命悬而未决。

审判以通常的方式进行，先是当众验明身份，接着进行审问。

公诉人向法庭陈述，他是个南方人，说话有浓重的口音。

在被告任知府的那个省，两个年轻人，革命的狂热支持者，被一些重要的市民告发扰乱和平。知府因此发布了一个公告，宣布这些年轻人应被处死。知府必定没有预见到这个声明的后果，他可能并未打算按其字面意思行事。

最终他决定逮捕这两个罪犯；后者抵抗被派来捉拿自己的士兵，在接着发生的争斗中他们被杀死。因此他们的亲属提起了这场诉讼。

公诉人请求定罪。同事出色地支持了他，两个律师似乎决心夺去站在我旁边这个人的性命，他热切地关注着每一个证词。他被指控想要两个受害人死去，又被指控故意导致了此事。证人唤来了。一个死者的父亲要求对谋杀儿子的凶手实施报复。被告做了自我辩护。

对于被告来说，不幸的是主要证人不能到场。他是一个天主教牧师，因此，对一个没有涉及基督徒的案件没有特别的兴趣。然而，他同意写封信，在信中，他陈述说某些有影响的人物曾经对知府施加了巨大的压力，几乎是逼迫他发布了那个使其受牵连的公告。被告希望在这个人的证明中有重要的情况，他知道所有的事实，并且作为一个外国人，很难被指责偏向任何一方。

但一个痛苦的失望在等着被告。书记员深受英国原则的影响，拒绝承认任何书面证据。

曹也过多估算了他雄辩的声誉，他当然已最大限度地将其展示了出来。但是人群有敌意的咕哝声困扰着他，让他失去了讲话的思路。并不是人人都可以效仿德·梅尔歇布①先生！作为自己同类的两个激进革命者被杀死，

---

① 德·梅尔歇布，18世纪的法国律师，因担任法国国王路易十六的辩护律师著称于世。——译者注

民众对此感到愤怒，他们又不熟悉一个辩护律师的职能，因此他们指责曹是想要背叛人民的事业。在这动荡的岁月里，权威或多或少中止了，这种不得人心的事很容易导致在某个夜晚，在一个黑暗的街角，冒犯者被草率地杀害。

事情的基本情况是，尽管有被告律师雄辩的抗争和请求，陪审团仍裁决有罪，裁定被告死刑。他带着亚洲人的无奈听完判决，随后被带回监狱，在此等待总统的最后决定，借助新宪法，总统可以行使他的赦免权。

我后来确认，被告的确缓刑了。

自这个第一巡回法院的审讯结束——在这里，在革命的混乱中，司法依据的是众所公认的现代文明方法——以来，已经根据首先在上海定下的原则颁布了一部刑法。

激情、贪婪和野心使得法律遭到违反，有时候这甚至发生于最好的法律。但是与中国改革司法方法的愿望相比，这几乎没有什么影响。

因为一旦司法改革了，国家的整个社会生活都会随之改革。

这些就是闪过我脑海的想法，当时我坐在一群充满敌意的旁观者当中，旁边是一个生命处在危急关头的人，我感受到了这场现已具有历史意义的审讯的激情。

◎ 第六章　上海的外国人

外国租界——宗教精神——欧洲人中的中国生活——消防队与上海民兵——耶稣会会士与革命者——徐家汇及其大学——孤儿院——气象台与暴风——中国的大学——种族与政治歧视——中国人灌输的法国大革命原则——自由之树

一个严重的前途问题关系到上海的欧洲居民。在中国各大商业城市，外国人归属于一个个小型专制共和国，每一个都有自己的政府，自己的法律，以及自己的警察。在广州、天津、汉口，以及其他类似城市，这些外国机构的前途问题迟早都会产生，中国当局自然会力图取消其自治权。棘手的治外法权问题已被提起，并可能会带来麻烦。

但在我写作的时候，我们尚未到达这一阶段；我们处在革命当中，欧洲人主要是关心自己的安全。

两个欧洲租界——法租界与公共租界——中的每一个，其在中国土地上的建立，都归因于从前朝衰弱的政府攫取而来的条约，两个租界都具有欧洲城市所拥有的重要组织。电车将主要街道连接起来，铁路线穿过外围及郊区。

居民的国籍由建筑的总体风格来表示：德国银行与俱乐部的特点是建筑坚固，英国或美国房屋的特点是实用，拒绝向艺术做出任何妥协。

法国领地一边是河流，另一边是整个中国市区。就其面积和大量中国居民而言，法国领地的重要性怎样估价都不过分，因为上海仅有300名法国人。主要的街道宽阔整洁，有人行道；警察部门组织得极好，包括40个法国警察和70个安南人，后者对于他们在法国力量中的地位感到特别地自豪。

一般来说，中国人的房屋在店铺之上还有一层楼，晚上用电灯照明。在郊区是欧洲人的带有大型花园的别墅——工作一天后疲乏的商人的舒心休息场所。

公共租界要大得多，约有13000名外国人，其中4500名英国人，3400名日本人，1500名葡萄牙人，1000名美国人，800名德国人，300名俄国人，剩下的由各个国籍的人构成，包括大约70名瑞士人和30名比利时人。在欧洲是如此微不足道的瑞士和比利时，在中国的地位与他们的人数完全不成比例；可以发现他们参与大多数企业，也许主要是因为中国无需担心他们的军力这个事实。

这个国际性社会有自己的市政会，它所控制的一切都管理得很好。许多商铺既大又美观，其中一些商铺装饰橱窗的技巧堪比巴黎、伦敦或是柏林。几家珠宝店甚至令人想起和平街，在那些大型的制衣店游逛既有趣又有益，它们是卢浮宫商店、玻马舍商店的浓缩。大多数职员是英国人，女营业员则是葡萄牙人。

也有一些适合美国百万富翁的豪华酒店，各个教派的教堂将其尖塔和钟楼刺向天空。

外滩是江边流行的散步场所，它顺着朝向两个租界的码头。这里还有信号塔，船只可以通过它得到正确的时间和其他有用的气象信息。

事实上，要不是我们在码头、街道、电车和商店遇见带有椭圆形黑眼睛的黄皮肤的脸，以及天蓝色长衫，我们几乎要幻想自己身处欧洲了。

一些街道，尤其是在夜间，充满了活力，茶坊取代了我们的咖啡馆，里面总是挤满了中国人。

所有的桌子前都坐着男男女女，喝茶与吃糕点。女孩和年轻妇女由女管家陪同前来寻求刺激，她们那化过妆的面庞，加上饰着花朵或假钻石的油光头发，和那些肥肥的、刚绘好的玩具娃娃脸惊人地相似。在她们粉红的长裤下，可以瞥见有趣的仅仅四英寸长的小鞋子，她们穿着这鞋子，用因缠足而扭曲的脚尖痛苦地蹒跚而行。

灯亮的时候，妇女们出现在街道上，可以看到她们一小群一小群地站在商店的门阶上。

这样的人群挤满了街道！我唯一能与之比较的地方是7月14日的一个巴黎郊区。

在公共租界，印度巨人在公共大街维持秩序，管理交通。在这革命岁月里，他们夜间肩扛步枪，两人一组外出，以便总能与警察局联系，在局里，他们的长官坐在电话旁并与侦探和间谍保持沟通。

营中的革命军队是一个令人不断担忧的源头，警察必须随时准备好应对任何紧急状况。

欧洲人在上海有无数利益——银行和大型商业机构，他们的码头和仓库代表着巨量的资本。因此，如果士兵哗变并开始抢掠焚烧，就会损失大量的财产；由于预计会有这样的灾难，消防员们定期进行训练。

上海消防队由所有上层阶级的青年男子组成。不时有中国人的房屋着火；这些"绅士"消防员立即经电话和电报召集起来，他们从各个方向冲向火灾现场，同时仆人给他们拿来头盔和制服。一些人或许是在参加舞会或是宴会，他们可能穿着吸烟装或是晚礼服现身，在纽扣孔里还插着一朵花，当火终于被扑灭，他们回家时已被烟熏黑，被水浇透。

在上海的13000名欧洲居民中组建了一支民兵。民兵的训练是定期的，所以一旦有所需要，他们就会来保护欧洲居民，并防止城市陷入混乱。

法国租界同样有一支义勇队，人数约100名，穿一种难看的黑制服，戴一顶头巾型帽子。他们不参加国际民兵的训练，一个原因是他们还没有收到武器装备，尽管上海革命去年十一月就开始了，而现在已经是四月。

租界主要由100名警察及登陆的125名法国水兵来保卫。在军官的率领下，后者偶尔在市里行军，从我们在“殖民饭店”的房间的窗户下经过。这个饭店是法国的，尽管经理是个希腊人。听到那熟悉的号声，我们冲到窗前，看到我们身着野战服的水兵，拖着枪穿过城市，其目的是要通过这种武力展示威慑中国人。

在其他时候，我们听到陌生的曲子，看见奥地利军队的水兵身穿全装制服，但是没带武器，行军去参加邻近的圣约瑟夫天主教堂弥撒。他们每个礼拜日都去教堂；僵硬站立的德国水手也到位于公共租界边界上的新教教堂去，他们在此唱赞美诗，并聆听牧师声音单调的冗长布道。

无论如何，宗教在其外在可见的形式上，在上海的每个部分都坚持了自己的权利，每个教派都有自己的礼拜地。我极少听到像安格联大教堂里这样美妙的歌声，这是一个大型的红砖砌成的教堂，其尖塔很远就可以看见。英国的赞美诗让人想起格里高利大教堂的音乐，唱诗班歌手演唱着各自的部分，有时跪下来，交叉双手，就像在我们的天主教堂里一样。

另一方面，圣约瑟夫教堂里的音乐绝不是宗教性的，而是和着歌剧和舞曲来吟诵祷告。

但是这里有一种其他礼拜地缺少的精神。当看到奇怪而庞杂的人群在复活节早晨参加大弥撒的时候，人们会觉得天主教是普世的，这倒与天主教的名字相一致。

法国权威人士自然占据前面的位置。中国人坐在教堂中间，周围是各个国籍的礼拜者——爱尔兰人、巴伐利亚人、撒克逊人，以及意大利水手，他们与法国人混合在一起，甚至还有一个安南人，他的头发自颈背向上盘起。小脚的中国女士，在孩子的陪伴下，用肘部推挤戴着时尚大帽子的法国女人而前进，还有精明的年轻男士——商业职员或者银行高级职员。几乎人人都做弥撒。这里的信仰并不比在法国深刻，但是天主教在一定程度上与法国民族性联系在一起，法国人喜欢在周日进行展示，就像在一周的这一天他们在窗户上悬挂旗帜一样。

唱诗班的歌手们戴着古代中国的冕状帽，扎着辫子，年轻男子和男孩的举止都很庄严。中国人的古礼让他倾向于复杂的礼仪，他显然更喜欢天主教祈祷的盛况，以及从屋顶悬下的金须红帐幔、香气、点亮的蜡烛，而不是新教教堂令人心寒的单调乏味。

他只需一点点精神上的努力，就能在精神上代之以圣人、天使，以及童贞女玛利亚等各式各样的神灵，他对之祈祷并焚烧纸钱。

法国传教士在中国的地位很高，尤其在上海及附近地区。徐家汇耶稣会会士定居地很有名，我们拜访过几次，对观察他们在革命期间的工作细节特别感兴趣。一列电车将我们运到徐家汇。穿过郊区以后，道路又伸入乡村几英里，最终一双哥特式尖塔的两个尖顶向我们显示已经抵达目的地。

中国士兵在站岗，我们想知道谁在任指挥。

我们得知他们听命于耶稣会会士，耶稣会会士已经在乡村取得了威信，革命者派来这些士兵保护他们和维护秩序。因此这些依纳爵·罗耀拉①的追随者，传统的人们，与新式中国人联合在一起！引发这个了不起的结果需要一场中国革命。

我们劝使中国警卫去找寻一位牧师，并恳求牧师领我们参观尽可能多的建筑物。

① 依纳爵·罗耀拉（1491—1556），西班牙人，耶稣会创始人。——译者注

富尼耶神父欢迎了我们并带领我们参观。他以前是个海军官员，并在义和团叛乱中战斗过。之后不久，他离开军队成为一个见习修士；必要的神学学习一完成，他就被任命为牧师。他告诉我们职业使他与中国接近，他希望献身救赎他曾与之战斗过的人们的灵魂。

当前他正努力学习汉语，口语和书面语都学，精通汉语知识对于传教士工作是重要的。

在他的指引下，我们穿过回廊和客厅，参观了馆藏 30000 卷书的图书馆。一套珍贵的雕版印刷品追溯了布道团由一个中国学者[①]创立以来的历史，16 世纪末，来北京的第一个耶稣会会士利玛窦让其皈依。

因此我们考察的建筑历史悠久。在传教士住宿区旁边，有一所公学，为男童女童建立的孤儿院，以及中国基督徒的定居地，他们围绕大教堂分群而居。

布道团的活动范围伸展到两个省份——江苏省，总部就在这里；以及安徽省，全省散布着欧洲人和本土耶稣会会士。

在徐家汇，传教士管理着该地区，从事一个市政会的工作，修水利，建道路。生活在他们领地上的人不用向国家缴税，但没人知晓这种状态会持续多久，或是士兵们被允许服勤多久。

公学里有 160 名基督徒学生，70 名儒教徒，后者被供给单独的宿舍。一所中等学校的一般课程是用汉语讲授的，也有用拉丁语、英语和法语的。

不幸的是，只有 30 名学生同意学习法语，他们认为法语的用处没有英语大。所有学生都是寄宿生，一半基督徒学生无法自己维持生活。

管理男童孤儿院的是教友助理，即并非牧师的耶稣会会士。车间里教授木工以及木雕和宗教图像的制作，而那些有绘画天分的人可以非常精确地复制圣叙尔比斯教堂可怕的彩色石版画。

---

① 即徐光启，他在 1603 年加入天主教。——译者注

女童孤儿院在耶稣会会士的指导下，由45名法国修女管理。她们身穿黑色教服，被称为炼狱中的灵魂的辅理修女。自1857年起她们就在这里了，并监督300名孩童的教育，一些孩童我们在操场和育儿室见到过。这些可怜的小女孩由父母带到孤儿院，甚或在困难时被以几分钱的价格售卖。

其中一个修女告诉我们，一位是虔诚基督徒的中国妇女，她自己带进了1000名邻居们想要遗弃的儿童。该修女补充说，自革命开始，人们的习惯变好了，弃儿数量正在下降。

女校有200名搭伙走读生，300名寄宿生，其中有98名不信教者。我们被告知，后者当中的极少数皈依了天主教。这些年轻的女孩，大多数家境良好，即使对她们自己的宗教也没有什么信仰。

震旦大学位于上海和徐家汇之间①。神父孔明道担任校长，他是一位同名著名神学家的侄子，是修会的一个成员，是一个相当有魅力的人，金色长胡须在他的中式长袍上飘动。

课程包括法律、哲学、数学、物理与自然科学、高等数学与物理、建筑，以及工程。此外，最近由一位医务人员初步开创了医学系。

学生160人，都是中国人。讲课用汉语和法语，但在这里，与他处一样，英语比其他任何外语更受欢迎。然而，有几个学生致力于学习法国文学。

这是中国唯一的该类大学，因为哪里能找到这样的教授呢？他们能力高，愿意接受无报酬的职位，并用这门极少数欧洲人才能理解的很难的语言上课。

这样一所大学的成本对于俗世的人来说是过高了。为了教会外国教授们汉语，需要大笔大笔的前期投入。要维持这项宏大的事业，需要有一个像耶稣会那样富庶而强有力的团体。

---

① 时徐家汇虽属上海辖境，但地处城郊。——译者注

传教士当然推进了法国的利益。我遇见的每一位法国人，不论他持何种政治或宗教观点，在谈到徐家汇的法国耶稣会会士时，几乎都给予了最高评价。

然而，全远东最受欢迎的法国人是著名的劳积勋神父，他是观象台台长。

在印度支那，尊贵的气象与天文部门负责人拉·凯德先生对我说："你在上海的时候，不要忘了去拜访劳积勋神父。他会向你解释他预报台风的方法。"

我们在一个怡人的日子来到观象台，当时的天空是湛蓝的。这位有学问的耶稣会会士，是一个有着充满智慧的高额头以及灰白胡子的人，他以通世故之人的从容的举止欢迎了我们。我们对可怕台风的起源及其路线不甚了了。他手指沿着地图游走，友好地教导我们，台风通常产生于菲律宾附近，并向大陆席卷，摧毁进入其路途的每一艘船只。在日本、中国及印度支那沿岸，它们造成了多少数量的船难啊！在台风面前，最大的船只都像海扇壳一样被驱走；因此，当预计香港——风暴在此带来了如此多的灾难——有风暴时，会有一个黑十字架被竖起用来警告船只。

但是现在，因为有了徐家汇观象台，这个吞没了成千上万舢板及其人员，吞没了如此多船只及其船员的邪恶精灵，已在一定程度上为人类智慧所战胜，当它在低沉的天空下咆哮着掠过怒海时，它只能发现些微遇难者。

徐家汇观象台与马尼拉、群岛，以及日本和中国所有海港的气象站保持电报联系。

每一天，危险地带的气象变化被记录下来，并传到中心气象台，在此精心绘制成图。一旦宣布台风就要来临，它的路线可以得到确切预测。

徐家汇的电报立即向各个方向发出警报，风暴区域的位置立即由海岸上的每个站台，从印度支那到日本，发送信号通知到船只。

这个信息在科学上是如此准确，船只在台风逼近时继续航行就不用再担心了；知道台风所运行的精确路线，以及发生时间，船只可以避开它们。

在聆听这位科学家的讲解时，我意识到，他一定已经帮助拯救了许多生命，于是我不再惊讶于如此多的陌生人对他热烈赞扬了。

法国在世界的这一部分有相对少的殖民者，法国在道德上的威望，要归功于这样的人，因为对每个民族的赞同，较少依赖于会激起嫉妒的财富，或是能激起恐惧的力量，而更多地依靠智慧那无法抗拒的吸引力，这智慧是用来为人类服务的。

距观象台不远的是中国南洋大学，这所学校并不能真正称得上欧洲人赋予它的大学之名，它给了读者一个错误的印象，因为南洋只不过是一所中学。

在入口处，站着两个身穿咖啡色制服、手拿步枪的士兵，他们胸前缝上了字，意思是说他们是该处的守卫人员。然而，没遇到什么困难，他们让我们进去了。

学生们，身穿中式服装的光头青年男子，在一个大操场上踢足球。

校长不在，我们只得把名片递给徐先生，他人很好，带着我们参观了学校的教室、车间和机器，因为这里的学生是为工程和海军预备的。

这里有600名学生，每人每月支付4美元（约8先令）；所有赤字都由中国政府来给付。

课程有数学、物理、化学、机械、汉语、英语及美国历史。

男孩们在学校里待七年。除了三个蒙古人，所有人都是汉人，其中没有一个学习法语。

儒学被作为一种宗教教授给他们，儒学的教条化正变得越来越少，仅仅灌输道德原则。

除了中国教授，有六个外国人——三个美国人和三个英国人，他们都教授自己的语言。

我们考察了一幢邻近的小楼，这里有实验室，音乐与体操也在此授课。

这所大学看来管理得很好。它是一座大型的砖砌建筑，顶部是一座方形钟塔，花园里满是芳香的花朵。这与我们在前往电车轨道的路上经过的街道形成了鲜明对比，村民们将所有的垃圾扔进路边的排水沟，毫不顾及环境卫生！我们急忙赶到电车终点站，赶回到上海。

我们到中国商务图书馆去买了些书，它位于公共租界，有很多顾客。它供应所有用于教导年轻人的欧洲式新教科书。一个非常和蔼的年轻职员，戴着一副金边眼镜，给了我们想要的新书信息，这些书在特别海报上做过广告。我们购买了允许公众购买的军队新条令，一些历史书籍，以及出色的地图集。中国作者把法国和德国最好作家的作品看成是榜样，因此无论是天体图还是陆地地图，都制作得既漂亮又相当准确。

我还买了一本极好地阐释了法国大革命历史的书，卖价非常便宜从而确保它能够广泛发行。除了别的以外，书里还有凡尔赛宫、网球厅宣誓、断头台上的路易十六、罗伯斯庇尔、马拉、拿破仑，以及罗兰夫人等图片。让·雅各·卢梭的画像也在书中，这个伟人的脑袋被绘上了一顶皮帽。

当我站在这遥远的地方，在挤满书店的中国人群之中，悠闲地翻过书页时，我对法国思想在全世界的广泛传播有了更清楚的认识。

在这个时兴的商店里出售的另一个新颖小玩意儿是纸牌，旨在将新政治组织的细节渗入人心。所有宪法政府的成员都画出来了，以便在玩牌时，不管是小孩还是成人都会熟悉各类议会，全国的以及各省的，因为议长、秘书以及议员的名字和职能都必须在玩家眼皮下经过。

在欧洲，我们还未进步到超越希腊鹅游戏的程度，这个游戏中有为人所遗忘的英雄的图片，比如雅典娜、兰斯洛特，以及拉海尔。

这些以及类似的小细节，通常不为陌生人所注意，从中，我们认识到了当前影响中国人思想的因素，这比从最好的旅行书，或是从该国最年老的欧洲居民嘴里弄清的还要多。

而且，后者的思想状况很突出，值得一提。

在远东旅行的过程中，我带着特殊的兴趣观察欧洲居民，尤其是我的同胞们，他们从自己所习惯的环境移居到如此不同的地方。通过研究他们的观点，我发现了国内对于外民族全然无知的秘密所在——许多欧洲人就生活在这些外民族中间。

到达中国时，我立即被一个奇怪的事实震惊了：生活在黄皮肤兄弟中的白人，对时事完全消息不灵，由于不了解过去所发生的事情，他们对未来持有最荒诞的看法。

尽管中国人和欧洲人你推我挤地在街上行走，并且有一定数量的社会交往，但他们在精神上有巨大的鸿沟。只有极小比例的欧洲人充分熟悉这个国家的语言，能够与当地人交谈。

就这个问题而言，法国居民向我们保证，在13000名外国居民中，只有10位能够流利地讲这门语言，至于能够阅读数千复杂表意文字的人，即使引用给我的最低数字，我也几乎不会令人相信。当然，这个估计排除了日本人、天主教与新教传教士，以及宗教团体——比如圣母小昆仲会——成员，他们是各类汉语学校的负责人。

由于不能同当地人进行任何交流，不能期望欧洲人理解他们的思维方式，同样地，正在进行的整个新知识分子运动对欧洲人来说就是一本合上的书。政治变化只有在其外在表现现身于街头时，才对他们产生感染力。

另一方面，偏见在很大程度上助长了他们扭曲的判断。

在整个亚洲，所有白人都相信自己天然优于当地人，纯粹是因为后者被迫屈服于以军队和大炮为形式的武力。

流淌在贵族血管中的贵族血统与当地民族的并不相同，这个理论在此得到了相当一致的赞同，我不能再重复那些无情而轻蔑的描述词，我常常听到每个阶层的人将其应用于中国人和安南人。很少遇到人愿意承认，权力的不平等只不过是偶然因素的产物，这是随时都会变化的。

对他们智慧、能力和道德的蔑视，同样延伸到混血儿身上，他们以最轻蔑的语调被称为“杂种”。尽管这种偏见在中国的强烈程度，比不上在美国对黑人和黑白混血儿的歧视，但它相当的普遍，当地人完全意识到了它的存在。这伤害了他们的自尊，在他们和轻蔑的外来者之间树立起一道冰冷的敌意之墙，这样外来者被夺去了一切了解或理解他们的手段。

因此，每个人都嘲笑中国人敢于寻求国家解放的自以为是。（他们认为）这些低下的人不适于政治自由，只会成功地让中国陷入混乱状态，欧洲人和美国人将不得不拯救他们。

已经萌芽的共和国，是否会被置于一个恒久的基础之上，当这个问题被提出来，没有人会承认，这个问题的解决办法可以在一般意义上的普通法则中找到，这些法则从世界过去的历史推导而来。

中国不可能建立一个长久的共和政府，每当我反对这个教条式的断言时，总是遇到这样的回答：“但我们面对的是中国人，这完全是另外一回事。”我甚至于听说有一个在华旅行的法国政治作家，他在场时，不允许对中国和法国革命做任何比较，他认为这是对法国的一种侮辱。

因此，可以预料的是，1912 年 4 月，我在上海一家报纸《中法新汇报》上发表了一篇相当温和的文章，指出中华民国不仅有可能是长久的，而且是唯一合适的政体，这时我被看成了怪人，被归类为那些愚蠢的人，当真相信中国人和我们是一样的。

就法国人而言，在我看来是政治上的偏见扭曲了他们的判断。

我的许多同胞厌恶提到“共和”或“民主”这样的词语，因为他们认为这种政体在任何国家都是不受欢迎的，正如它所做的那样，它将白手起家的政客置于上等阶层之上，并偏袒那些出身低微的人。

每一个新生的共和国都是让他们恼怒的源头，这同他们自己的观点形成了鲜明的冲突。

在法国，许多人依然希望恢复某种形式的君主制，通过行使专制权力，它将给整个国家带来幸福。

在远东，有相对多的人持有这些观点，他们以不赞成的态度观察当前事件的趋向，拒绝承认人类的演进正以越来越民主的方式进行。

而且，就商务关系来说，与一个虚弱的政府打交道总是更让人满意，尤其当它是一个贪污腐化，随时准备牺牲公众利益的政府时。在旧制度下，许多外来者用这种方式获得了可观的酬劳。

由于所有这些各式各样的原因，中华民国没有被欧洲记者看好，最初成立时，人人都预言它很快就要灭亡。有一段时间欧洲对中国的情况完全摸不着头脑，在皇帝退位的几天内，法国有报道说，王朝并没有危险，现政府未来还有长长的生命，它很容易受到对我们有利的影响。

然而，一个突出的事实必须要提到，就是与法国的情况截然不同，在外国人中间，不同信仰的传教士是最热切希望共和事业成功的人。这种现象的产生，不仅仅在于他们对中国有更深入的了解，而主要在于他们相信共和国的诞生会带来宗教自由；而且，许多革命者是基督徒。他们自己的利益牵涉其中，不会让个人偏见对自己的真正利益失去判断力。

新教徒对民主信条有种特殊的倾向，因此他们是更热情的革命支持者；但即使是大约由1000名法国在华侨民构成的天主教传教士，也充分意识到他们可能从政府更迭中得到的种种好处，对于革命运动也加以同情。

他们的期望被证明没有白费。

美国传教士正积极努力地将中国人和欧洲人聚集在一起。其中一个是李佳白博士，他为此目的创立了一个团体，叫作“中外联合国际协会”。

在属于这个团体的房间里，我们聆听了美国哈佛大学系主任艾略特博士非常有趣的英文演讲，随后李佳白博士用汉语讲话。许多身着绸袍的著名中国人在场，他们与上海上流社会的女士并肩坐在一起。

在宝昌路的一个花园种植自由树的时候，也主要由李佳白博士讲话。因为中国人要模仿1848年的法国共和者种下一棵有象征意义的树。这个主意是我们的法国朋友之一，一位上海律师提出来的。

栽种的这棵树是为了纪念一个革命领袖的启程——著名的孙中山博士，他已经被选为民国总统，并在前往广州的路上。

由于这个仪式的政治性质，听众主要由法国人和美国人构成；他们围着一棵小棕榈树站立，孙博士做了一个适宜的讲话，表示希望国家自由像这棵树一样生长。

因为在这样的仪式上总有一个摄像师，这个历史性的片段将永远流传下去。

◎ 第七章　第一届国会

苏州，中国威尼斯——投掷炸弹的上校——一座鞑靼城市的焚毁——中国的马赛曲——南京革命——女兵——国会——共和国第一位总统

苏州这座中国城市，就像威尼斯，运河取代了街道，距离上海不远。与该省的其他府城一样，它毫不费劲地转移到了革命者手中，我们现在必须称革命者为共和者了。

我们由几个法国人陪同乘车去苏州，这时候下着倾盆大雨，我们希望天气能够好转。我们以为，到这个我们领事和士兵无法到达的城市访问，组团更为安全。

火车和车站都拥挤不堪。中国人喜欢四处走动，每条线路都有数量惊人的旅行者。然而，在过去，农民为了阻止修建铁路爆发了骚乱，理由是地下住有看不见的龙，铁路阻碍了龙脉。

整个整个的家庭占据了火车小包厢——父亲、母亲，以及孩子，他们呷着茶，并抽着小烟袋或是每吸

一口都要再点火的水烟袋。食物也是必需的，因为旅途是漫长的。

“侍童”在火车上走来走去，提供蘸过热水的小毛巾让旅客擦脸和擦手。

作为欧洲人，我们有懂得自己习惯的仆人陪同，这给予了我们某种地位。我们以聊天、早餐、午餐度日，火车则在阴暗而有雨的天空下快速前行。

苏州是一座真正的中国城市，由筑有雉堞的城墙围起来，没有和上海一样的整洁街道，我们不得不乘坐轿子。

尽管在火车上就可以看见有雉堞的城墙，但车站离市区仍有一段距离。

我们由八乘或十乘轿子组成的小队伍，包括主人与仆人，在瓢泼大雨中前行；坐在这些笨拙的箱子里，我们往外瞧见轿夫的后背在流水，他们穿着蓑衣以免湿身。

要避开所有通常是沼泽地的水坑绝对不是易事。道路环绕着摇摇欲坠的城墙，黏糊、泥泞、曲折，轿夫们在其上艰难前进，直到最后我们来到了城门口。

幸运的是天气变好了，我们得以在省议会举行会议的署邸前下轿。入口由士兵守卫。这个衙门以前有议会在此议事，现在是一位共和国将军的居住地了。没有其他人在，因为这是星期天。

革命者有改变一切的热情，采用了欧洲的星期制度，以前它在中国并不为人所知。人人都以中国人特有的缓慢而从容的方式，经年持续不断地工作。他们唯一的假期是在一年开始的时候，这时全国所有的商业和管理活动都中止，人们纵情地娱乐。

欧洲日历同样在中国被采用；时间不再依据皇帝的年代来推算，而是从中华民国元年算起，即始自 1912 年 1 月 1 日。

所以将军礼拜天未待在家里。一个面带微笑的军士愿意以两美元带领我们参观将军署邸。这座署邸在城墙外，由一系列平房组成，房顶翘檐，木质窗架上有纸窗格。

花园里的翠柳被太阳镀成了金色，太阳最终成功地刺透了云层。这似乎是一个和平的预兆。平静的水池，曲折的石径，以及一只用柔和惊奇的眼神盯着我们的笼中之鹿，这正是让学者坐下来写诗的地方。一座宽敞的大厅展示在我们面前，这里以前是会议室，大厅面对着一个池塘，有大量的椅子。

它并不是一座特别有趣的屋宇，与全中国上层阶级的屋宇相似。

我们发现苏州的鹅卵石路要有趣得多。我们在无数店铺中的一些买了几件东西。街道有意建得狭窄，目的是在炎热夏天的几个月里提供阴凉。

我们被迫在人群中步行。这对于我们这样身份的人来说有点儿不体面。路人好奇地盯着我们，尽管我们没有听到一句侮辱性的话。

我们爬上台阶，它通向横跨运河的桥，运河上挤满小船，两边是（仿佛）从浑水中升起来的房屋。有着简陋房屋的奇怪运河，有着粉红大理石宅邸和船夫的泄湖城，需要生动的想象才能看到两者间的一些相似之处。

革命者似乎未对苏州造成损害；我们没有见到任何损毁或是烧光的房子，政府的更迭看起来是和平进行的。11 月 5 日，早上 9 点，当局采用了共和政权的新印章，除了一个团的老兵，所有部队都宣布赞同新政府。民众已经被争取过来了。

当我们在街上经过时，商人们从店铺里往外饶有兴趣地看着我们，人们来来往往忙着自己的事情，包括，唉！那必不可少的衣衫褴褛的苦力，他们用扁担肩挑着两只桶，桶里散发出令人作呕的味道。当他经过去田地里施肥时，我们站在了一旁，在狭窄的街道里，我们不得不小心翼翼，以避免溅上那黄颜色的粪水。我们得怪自己，因为我们本来没有必要像普通人那样步行！

又开始下雨了，我们再次在轿子里避雨，在我们前面固定着一块窄板，以便在轿夫偶然跌倒时，防止我们滑落到他背上。轿夫用喉咙大声叫喊，以驱散街头流浪者，这些人中没有一个是穿西装的。我们返回车站，轿夫在深齐脚踝的淤泥里溅泼着蹚过水坑。尽管世世代代的人们和牲畜渐渐将其磨损，这些遍地辙痕的道路却从未修整过，以致在雨天，它们就成了泥渠。

这在全中国都一样，我从未在任何地方看见一条好路。中国所有的事情都以丢脸的方式管理着，这只是一个例子而已。但是应负责的满族人已经离开了，他们的继任者已经担负起修补现存缺陷的重担。我们将带着兴趣追踪其努力。

共和者胜利后，党的精英们在南京开会，以召集一个国会并选举共和国的首位总统。

要到南京，可以乘船沿长江而上，或是乘坐火车，火车经过的这条铁路是英国人修建的。我们选择了后一条线路，因为这样更快一些。

上海与南京之间的土地平平坦坦、精耕细作；在火车上，我们往外望见片片稻田，黑水牛在泥地里打滚，就像在印支三角洲一样。

我们决定坐二等车厢旅行，以便有更好的机会研究有趣的中国旅行者群体。我们的努力得到了很好的回报。

我们认识了一位穿着漂亮新制服的年轻工兵上校。听到我们用法语交谈，他告诉我们他懂法语，接下来我们就交上了朋友。我们不会遇上一位更有趣的同伴了，因为他是 1 月 15 日向现任总统袁世凯扔炸弹的革命者之一。

这个行动是在北京的主要街道之一进行的。炸弹杀死了一个军官、几个士兵、一匹马，以及一些路人，但是袁世凯没有受伤。

几个掷弹人被捕、入狱，并杀头，我们年轻的朋友，如果他不是北京——他恰好在此受雇于铁路——一个法国俱乐部的成员的话，也会有同样的命运。我们的一个同胞，听说他被捕，前往他作为死囚关押的监狱，口若悬河地向看守讲法语。后者完全搞不懂在对他说什么，在革命时代的混乱中，他猜想这个陌生人有权下令释放囚犯。所以我们的上校离开了，第二天早上他的同犯就被杀头了。

后来，承蒙我们的新相识，我们被介绍给南京的革命军官们。

南京，中文（发音为）Nan-King，即南方的首都，是一个周长 32 英里并且四面被高墙包围的大城市，构成了一个象征性的方形，这对中国城市来说是奇特的。

就在满族鞑靼人的王朝之前，明朝初期的皇帝统治时，南京是中国的首都。它稍稍朝向长江南岸，我们到达时，在这里看到了停泊着的日本军舰，他们准备好一旦时机到来就保护少数外国侨民。

这座极广大的城市只有 50 万居民，他们生活在南区；城市的其他部分被废弃了，在上个世纪太平军——他们扎根于此——内乱时期，就被抛荒了。街道上草木丛生，看起来像是围在城中的一片乡土。一些地方甚至可以打猎。如同在北京一样，在城墙内也有一个约 4000 名满人的鞑靼社区，以及一个红墙皇城。

鞑靼区没有留下一片立着的石头。我们在废墟间兜风，我们只看见烧焦和坍塌的墙壁，每座房子都被有计划地烧为平地。在所有属于这座死城的石堆里，只有两只露齿而笑的石狮还站在基座上，表明这里是某个古衙的地址。这就是鞑靼古城留下的所有东西；革命军将它点燃，围住燃烧中的建筑，向企图抢救出几件财产的每一个鞑靼人射击。那些空手逃走的人侥幸保全了自己的性命。中国人宣布，这些人自 1644 年起通过占用税收获得其全部的金钱，无权享有任何财产，并且在这里，如同他处一样，他们决心烧光一切，仿佛要抹去这个可恶民族的残余。

一堆一堆的石头，墙壁倒塌的碎片，落日将其照亮，并在地上投下奇异而无限长的阴影，见此会让人觉得压抑。

我们由两匹套上挽具的劣马拉着，花了一整天，在这些废墟和野地以及真正的市区徘徊。

我们看见一些共和国士兵在一个场地上踢足球，有军官进行监视，他们急于让自己的人忙忙碌碌，因为总是担心士兵们会联合起来叛乱和袭击外国人。集合在南京及其周围的士兵实数是多少，似乎没人有一个非常清晰的了解。我听到一个论断说，有10万士兵，于是我们当然常常碰见部队，一营一营的，甚至一团一团的士兵，他们身穿棉布紧身短上衣，裤子要么扎在靴子上，要么由护腿遮起来。一些人的军服是灰色的，其他人的是卡其色。这些人全都僵硬地行军，就像正在接受检阅；军官戴扁平的尖顶帽，用刺耳的音调喊着口令。

欧洲士兵可能更有纪律，但是看起来这些人都尽力在走过时保持队形一致，同时唱着在广州作的新“马赛曲”：

自由，上天最大之恩赐，
汝和平而坚定，
带给人类一万个新奇迹。
汝幽灵一般地黯然，
汝将巨臂擎向苍天。
云乃汝之战车，
风乃汝之骏马，
汝前来统治世界！
怜悯吾等受奴役之黑夜，
光照吾等之需求！

我们停下马车，以更好地观看这奇怪的景象。排成纵队从我们面前经过的是一列列士兵，他们的黄脸庞无精打采，黑色的杏眼小小的，其先辈或许加入阿提拉①的队列在欧洲平原飞驰过。他们肩扛步枪，一边行进，一边唱歌，拍子和曲调都很完美，这归功于他们对一种语言的熟悉，其词意随着声调而变化。

这的确是一个引人注目的画面！这些农民，这些身穿军装的中国脚夫，这些革命志愿军，全都一致欢呼那有魔力的字眼“自由”，他们的声音令人想起一系列激励人心的思想！

在过去20年里，一直尽最大努力推翻现存秩序的人真是深思熟虑，鼓励卑微而又不识字的追随者在歌曲中赞颂一个词语，这个词语语义含糊却威力巨大，推翻了欧洲的王权。

人人应如王一般，
可是人民在呻吟，
向着铁石心肠人，
在北京卑躬又屈膝！

这个诗句已经过时了，因为刚刚宣布建立共和国，但并不是说这会产生任何后果，因为重要的是一首歌曲的精神而不是歌曲本身。

让所有坚强的人一致
欢呼革命！

---

① 阿提拉（Attila，约406—453）匈奴帝国国王。434年与其弟白里达一起继其叔父路阿为王，共同执政。445年，白里达死，阿提拉成为唯一的统治者。在位时，率强悍的匈奴人进兵君士坦丁堡（拜占庭），迫拜占庭皇帝狄奥多西二世割地、纳贡求和。继而闯入罗马帝国西部，大军号称50万，攻占里海至波罗的海和莱茵河间广大地区，时称“上帝之鞭”。451年率大军越莱茵河，攻掠高卢，在沙隆战役中，被西罗马统帅埃提乌和西哥特王狄奥多里克一世联军打败。翌年越阿尔卑斯山攻取意大利北部，占阿奎利亚。453年返回其根据地班诺尼亚（今匈牙利），行军途中暴卒。（参考吴春秋主编：《外国军事人物辞典》，世界知识出版社1996年版，第22页。）——译者注

华盛顿！拿破仑！自由之子，

前来重生、拔剑！

“华—盛—顿！拿—破—仑！”中国人叫喊着，在一个普通的祈愿中将这两个西方文明之子混合在一起，分不清纯净无私的共和者与雄心勃勃的斗士。在黄种人生动的想象中，两个人都是光芒四射的自由化身，在召唤各国符合其标准的人。

因此，由士兵们设计出的这些歌曲让我们领悟到，革命——我们是对之感兴趣的观众——不只是一个地方性的短暂现象，而是民主之海中的一个波浪，它增大并席卷面前的每一个障碍物，在浪峰托起一个新理想。

声音在远处逐渐消失，我们动身又一次经过那废弃的城市，直到抵达盖恩神父的住所，他是南京唯一的法国传教士。

门开着，我们进入了一幢大楼，这是所有外地传教士聚集的中心。他们到此进行年度静修，天主教命令所有牧师都要静修，以便让他们在祈祷和静默中刷新灵魂。

盖恩神父是个胡子花白的长者，自革命开始从未离开南京，从其房屋较高的窗户，他看到了两次围城以及对城市的轰击。他好心地向我们详细解释挂在墙上的平面图。

“没有多少满人被杀，”他告诉我们，“但是，在房屋烧毁后，这些不幸者不知到何处寻求庇护。许多人被中国农民接受了，300 名妇女儿童在教会建筑里避难，我能够在此供养他们，要归功于革命当局的慷慨，它为此给了我 300 升的大米，以及 1000 皮阿斯特。”

一些人为报酬而参加了革命军。

到 10 月末，南京的部队中出现了反叛的迹象。相当比例的人已被争取到革命事业一边，总督认为军队已经不可靠，他拒绝向其分发弹药，他们索要弹药的借口是要抗御任何可能的袭击。

学生中的不满沸腾起来，因此张勋将军，一个典型的亚洲战士，精力充沛、残忍而无知，他下令毁掉学校，并建立了恐怖统治。每个剪掉辫子的人都要被处死，街头散落着男人、女人和小孩的尸体。

这是内战的开始。作为对这些屠杀的回答，由“敢死”队员组成的无政府主义团体派密使试图刺杀将军，他已经让自己成为这个城市专横的统治者。

11 月 1 日，满人认为不可信赖的 5000 军队，被派到乡下搞演习，他们步枪的弹药筒空空如也。

8 日，他们出现在城墙前并攻击帝制军队，但是由于没有充足的弹药，他们被击败并被迫撤退。张勋将军仍是南京的主人，拥有 1 万军队。

尽管有这场胜利，但无论总督还是鞑靼将军都没有任何安全感，他们意识到帝国的事业气数已尽。国家的这一部分一直在反对满族统治，于是这两位官员认真考量加入革命派的明智性。但鞑靼老战士张勋将军拒绝听到这样的事情，威胁要杀死任何投奔起义者的人。

8 日晨，城内的共和者升起作为起事信号的白旗，并奔向军事监狱，释放了 2000 名受到怀疑而被捕的军官和士兵。他们又继续到其他监狱释放囚犯。

张勋带着军队来到现场，驱散和屠杀起义者。

但是城外的革命军——其第一次努力受挫——现已成功获得弹药，返回来包围了城市。他们把大炮架在周围的高地上向城里轰击。

这次帝制分子被彻底击溃，张勋及其军队逃向北方，靠掠夺度日。

就这样，在 11 月 28 日，南京这个中国第二首都，落入共和者之手。

应征到革命阵营的 300 名女战士，参加了对南京的进攻。她们穿着普通的军装——紧身短上衣、裤子，戴着扁平帽——由中国军官指挥。她们以惊人的精力战斗，被杀者的人数有不同估算，在 30 到 100 之间。这些女志愿者中有的人还不能熟练操纵武器以致伤了自己，但她们的勇气对男子们是一种激励。

摄影师让这些忠诚的女英雄变得不朽，在上海我们购买了一些图片，它们旨在让后代回想起这些人的英勇行为，她们可以与圣女贞德和珍妮·哈切相匹敌。

对于革命者来说，南京是一个非常有价值的奖品。它曾经是中国的首都，在其近郊有旧明王朝的帝陵。

正是在这儿，起义者曾经梦想重续被外来统治者中断的国家历史脉络。但是最终他们的观点改变了，他们得出结论，没有一个王朝能够拯救中国。因此他们在南京宣告共和，将来要依照欧洲方式，由民众自己选举的代表来管理他们。

在这个古都召集了国民大会①；它由各省代表组成，反过来省代表又是由各省议会选举的。中国本土有 18 个省份，并且，当然，有 17 个省都分别向国民大会派出了三个代表。只有直隶省未派一人，北京就在直隶省，皇帝依然驻扎在北京。

到 1911 年 12 月 28 日，45 个代表已经抵达南京，接着他们选举林森②为议长。

第二天，通过各省投票，他们选举了共和国总统。17 省③赞同孙中山博士这个著名的广东革命者，湖北一个省为其朋友英勇的黄兴将军投了票，他常常指挥共和军战斗，并且最近一直在中国中部战斗。

这样，孙博士几乎是意见一致地被选为国家元首，让我们来回顾一下他的过去吧。

---

① 指“各省都督府代表联合会”。——译者注

② 音译。似指民国政要林森，他在 1912 年 1 月当选为南京临时参议院议长。——译者注

③ 原文如此。——译者注

他1868[①]年出生在广东省的香山县，父母是农民。直到13岁，孙都在家生活，并下田劳动。

他很早就显示出智慧卓越的迹象，当他的一个叔父在村子里办学时[②]，他非常渴望能从中受益。然而，父母太贫穷了，不能让他在白天腾出时间，所以这个男孩在夜间、在早晨，以及他能从繁重的劳动中挤出时间的时候去上学。

他的叔父来自中国南方，这里的人们在满族专制统治的束缚下呻吟。叔父是著名的洪秀全的崇拜者，洪秀全在宣布自己是上帝之子及耶稣之弟之后，在1851年领导了声势浩大的太平军起义，并于1853年占领了南京。

这位教师遗憾于这场伟大反抗的最终失败，这场运动席卷了帝国的很大一部分，并且持续了13年多。

他向学生教授太平军历史，对于他的侄子，勤奋好学的孙中山尤其费心。中国的传记作者陈述说，在乡村一起散步时，这是教师和学生间经常性的话题。

通过这种方式，这个男孩早早地激发出一种对统治王朝的仇恨。

他的兄长在国外谋生。兄长已经移民到夏威夷，在此管理一个兴旺的小农场。

---

① 作者有误，孙中山生于1866年。——译者注

② 此处作者谈及孙中山早年教育的情况似不准确。孙中山十岁时进村塾（址设冯氏宗祠内）读书，教书先生据说姓王，一说姓黄，且多被描述为保守的老学究。对其进行太平天国运动历史教育的则是诸多传记中都提及的同村一个叫冯爽观的太平天国老战士。但以上诸人与孙中山均没有亲缘关系。诸多传记中倒有一本周哲写的《孙中山》（三联书店，1938年）提及他有一个叔父，时常给他讲太平天国的故事，但没有说此人是教师，也没有说此人是谁，无从查考。孙中山有两个叔父，孙学成早年离家外出打工，1864年于上海逝世；孙观成则远离故土到美国加利福尼亚金矿做工，1867年客死他乡，而孙中山生于1866年，不可能受他们影响。（参见：李伯新：《孙中山的亲属和后裔（中山文史 第27辑）》，1993年版）。由目前传记中提及的孙中山的外祖父家的信息，只知道其外祖父叫杨胜辉，至于杨胜辉之子，很少有人提及，据说有一个叫杨文纳的是孙中山的舅父，但此人详细情况不清楚，只知道与孙眉远赴夏威夷有关。不管是叔父还是舅父，孙中山都没有作者描述的这样一个在村子里办学的亲属。——译者注

13岁时的一天，孙中山收到一封兄长的来信，要求他来与自己做伴，他就照办了。

异土的每件事都让这位年轻的中国人感到新鲜，他那开放的心灵总是渴望学习。

对知识的渴求促使他到一个由新教徒管理的学校就读，他很快就皈依了新教。孙以独特的热忱信奉基督教，他的皈依引发了与兄长持续不断的争执，兄长指责他背弃了自己的家庭信念。但没有什么能够动摇这位年轻改信者的决心，他决定离开而不是妥协，于是在16岁那年返回了中国。

多亏长子的援助，孙的父母至此家境好转，能够为他提供教育了。他成了广州医学堂①的一名学生，随后去了香港，在此跟着英国教授学习五年后，他通过终期考试成为一名医生。

他在靠近广东省的葡萄牙岛屿澳门②开业行医。他有一个使徒的热心，将所有才能和机会都用来宣传自己珍爱的理论。

叔父的教导给了他深刻印象，一到澳门，他就寻求影响同一倾向的其他年轻人。他是秘密团体流动的灵魂，这些团体大量存在于整个华南。

一开始，他上书朝廷，指出许多方面改革的必要性。他的要求得到了惯常的回应：一道敕令宣布孙和他的追随者为煽动者。因此他们唯一的希望在于积极反抗，并努力以武力推翻满族王朝。

乍看之下，这似乎是一个绝望的冒险，但是他们已决定在广州进行第一次尝试，广州对满人总是充满了敌意。

1895年孙奋力实施这个计划，但失败了，50个追随者被杀头。博士自己成功逃脱警察的监视，在短暂藏匿之后，逃到香港，在此登船前往美国及欧洲。失败使他领悟到，从事这种性质的事业，必须进行长期而细致的

---

① 指广州博济医院附属南华医学堂。——译者注

② 时澳门被葡萄牙殖民统治。——译者注

准备，因此他成为即将到来的革命的使徒，着手征集世界各地同胞的同情和资金支持。

中国当局认识到孙是一个可怕的敌手，竭尽全力抓捕他，有一次在伦敦几乎得手了。博士被出卖，并送到中国使馆，在此他将被关押到可以秘密送回中国为止。然而，庆幸的是，他成功地与一个英国朋友取得了联系，英国政府下令将其释放。

他重新开始工作，1900 年回到广东省，在此成功招募到一支人数 1 万、纪律良好的小型军队，他们让汉人将军刘永福遭受了一次挫败，刘永福从前是个海盗，曾经带领黑旗军①与法国人在东京作战。几天后，运气又一次背离孙中山，士兵散逸了，他被迫离开避难。

三年后，他又踏上战争之路，但计划过早泄露，以致不能执行。就在那时，他公布了注定要在 1911 年实现的革命计划。

1911 年 5 月，他的朋友进行了另一次不顾一切的尝试，却再次失败，残忍而毫不留情的政府对起义者实施报复。起义者大多数都是富有而受过良好教育的男青年，但也有几个年轻女孩，激情让她们加入了革命行列。

同时，孙在世界各地旅行，召集和激励追随者，并为军队开支征集捐款以确保最后的胜利，募捐对象是海外的上千万中国人，他们全心全意地赞同这项事业。

10 月和 11 月期间，革命在华中令人吃惊地成功了，得知消息时，他依然在旅行。他立即出发回国，12 月 25 日登陆上海前往南京。

这些就是在 20 年时间里孙中山那几乎令人难以置信的活跃生活。但不仅是他的活动、他对事业持久的忠诚，还有是他多年来持续处于危险之中的状态，使他比同事们更突出。许多其他的人也有类似努力，他们自己处

---

① 黑旗军是晚清抗法、抗日名将刘永福统率的一支民间地方武装，以黑底北斗七星旗作为自己所部的旗帜，因以得名。——译者注

于类似的危险之中。

他的许多朋友和追随者死在刽子手手中，或是死于战斗或叛变。一次失败之后，72 个学生被一次性杀了头。

但孙在思想广度上超越了他所有的同事。他是革命精神的化身，革命的指导原则，及其行动计划都归功于他。他的基督教情感鼓舞着他对人民，尤其是穷人的大爱，对哲学的学习使他浸染了政治平等和社会改革理论。新教，连同从卢梭那里学到的社会主义原则，让他成为富人权利及世袭政府的坚定反对者；经由科学训练获得的进化论，让他衍生出一个共和社会主义者的信念。他最终的抱负是要建立一个民主的社会主义的政府，它应将强者对弱者的压迫减少到最小。

另外，民族天性使得他审慎、保守、敏感及善于调和，并防止他倒退为一个不适合积极参与现实政治的纯粹思想家。

长期的海外旅行在一定程度上减弱了他作为中国人的自然特征，他的脸颧骨凸出、额头宽阔，让人想到这是东方人与欧洲人特征的结合。

从我与他的谈话中，我判断出他是这场以之为主要灵魂的伟大运动的典型代表；然而，要获得一次面谈绝不是件易事，因为他更喜欢做事而不是谈事。

保守、多疑，这中国人的特点，导致他被许多欧洲人极大地歪曲了，这些人也许一时见过他，或是根本就未见过，通过自己的政治偏见这个介质来评判他。

生活在中国的外国人常常讲孙中山只是个理想主义者，没有意志力，不适于任何严肃的工作，是一个无影响力可言的流浪阴谋家。

不过，就是这个不稳定的理想主义者在 1904 年拟定了一个精准的行动计划，7 年后导致王朝垮台，他还在休息时间勾勒了革命所有实际的细节；就是这个没有影响力的“阴谋者”，在踏足故土 4 天后，被中国各省代表几乎一致的声音，宣告为这个国家的元首。

◎ 第八章　宪法

朝廷的惶恐——袁世凯的生活与性格——双方代表的一次会议——临时宪法——皇帝逊位——袁，共和国总统——孙中山离职——唐绍仪，首任国务总理——财政部长——上海的状况

1911 年 10 月，北京的朝廷开始对革命者持续的胜利感到恐慌，并在 22 日召集了临时参议院①。

但即使在这里，共和派暗中的破坏性影响也显现了，朝廷意识到这个萌芽状态的国会不能加以信赖。参议院呼吁进行各种改革，包括建立君主立宪制度，以及保证在这一制度下皇族成员不再担任公职。

军队也不再可靠了，因为摄政王收到了海军和陆军军官的请愿书，恳求他批准一部宪法。

幼帝溥仪，根据古老的传统，被给予一个额外的名字——宣统，意思是“被授予的特权”②。然而，他周围的王公开始担心很快就会收到退位通知，所以决

① 即资政院。——译者注
② 疑作者有误，“宣统”，应是“大统”的意思。——译者注

定向袁世凯问计，这位遭贬总督的名字让他们联想起四川的铁路骚乱。

最初，摄政王和皇太后都极力反对向其寻求帮助的想法，这个人在1898年卑劣地背叛了皇帝的信任。但是，对他们而言，这代表着袁是一个聪明多智的人，他赢得了外国居民的欢心，他们的援助或许是需要的，他加强了中国军队的力量，并获得士兵们的信任。

年长的恭亲王最终成功克服了软弱的摄政王和懒散的隆裕的反对，尽管事实上，后者的女性直觉使其具有超人的洞察力。那个流放者被召回，并被委任为湖广总督，骚乱就是从这里开始的。10月27日，谕旨给予他统帅长江流域所有海陆军的最高权力，总督瑞澂已经逃走以避免被叛军屠杀。

然而，袁没有做出表示；他需要施压，他在家静静坐着，阅读了10月30日的诏书，根据国家遭难时中国皇帝久远的传统，男童皇帝发布了一份罪己诏，把麻烦归咎于自己。

11月9日，又一道谕旨任命不可替代的袁为帝国内阁总理。现在，他终于到达野心的巅峰，他迅速赶到北京掌管职权。

这个职位花掉他相当数额的钱财，他了解皇族成员的贪婪，为保险起见，他暗中向最具影响力的王公行贿，这依据的是所有中国官员，不论大小，在寻求职位时的惯例。这样，王朝注定要因为自己的腐败而倒台，因为很容易就可以猜到，这位前总督重掌政权不是为了拯救那些曾经希望杀死他的人。

摄政王和太后委以镇压革命任务的这个人，与六周后共和者选举为总统的那个人，在性格上是完全不同的。

孙中山博士是农民的儿子，是熟悉欧洲文明的基督教信徒，与这个前直隶总督毫无共同之处。有一道鸿沟将两人分开，他们每个人都是有着自己年纪和环境的特征。

袁世凯出生在北方省份河南的陈州府；他是父亲的第四个儿子。父亲那时是一个大臣的秘书，随后成为云贵两省的总督。①

因此这个男孩很小的时候就养育在一个高官家庭，并且接受了富人的教育。

但是他没有表现出学习的才能，他大胆而暴躁的性情以及不守纪律的本性与一个士人的职业是相反的。他早早地表现出非常坚定的性格，更倾向于命令而不是服从。

这个缺点有可能发展为一个优点，但在一个中国家庭，它总是遭受非难，教育少年的主要原则是要默默服从父母之命。

所以袁经常是父母焦虑的根源。在父亲死的时候，母亲强烈反对儿子当兵的愿望，该职业远比做官更符合这个年轻人的爱好。作为一个学者的遗孀，她认为当兵这个职业有伤品格，但是袁无法通过科举考试，他坚持要依循自己的喜好，并拒绝依从母亲的意愿。

中国的传记作者强烈谴责他的这种不孝行为，这对中国人来说是严重的错误。他们同样指责他抢劫了自己的兄弟，并将贪婪的手指伸进家庭库房。但是这些文献不能被信赖，因为它们或许已经被敌人不诚实的笔破坏了。

研究这个人不同寻常的生涯，我们认识到他生来就是要进行统治的，从孩提时代起就充满野心，总是渴望在一切领域领先。这是他主要的性格，并且，与一个腐败堕落社会的许多大人物不同，他并不因为喜爱金钱和欢娱而牺牲一切。他渴望财富，只是以之作为实现自己抱负的踏脚石。

他以引人注目的坚韧向着这个目标奋斗，他无论如何都要寻求的是最高权力。

为了通过常规渠道实现自己的抱负，他将不得不常年专心学习，致力

① 疑作者有误，袁世凯生父袁保中未出仕为官，嗣父袁保庆官至江宁盐法道，未担任过云贵总督。——译者注

于记住许多无用的习题，以便最后通过秀才、举人、进士等级考试，而进士等级只是打开了进入最高位的通道。

这种枯燥的劳动不符合他积极的智性。他是个聪明却不博学的年轻人，因此总被士大夫看不起，即使后来他们被迫屈服于他的权力。

他不懂外语，从未到国外旅行过，对欧洲文明全然无知。世界的很大一部分处在他才智范围之外，但其头脑从未被古老的学问扭曲，他能聚集自己所有的智能，所有天然的观察力，去影响进入他视界的人和事。

这将使他在一群士大夫中间发迹，大多毫无用处的知识阻断了他们的头脑。

袁绝不是一个理想主义者。那些有学问的同时代人也不是理想主义者：他们不过是学舌者，其学问有让人变得迟钝的效应，他们的智力价值同自己大脑对这种效应的抵制成比例。他们全部的知识由教条化的伦理准则构成，涉及人们在政治和家庭生活中的行为，只适于一个过时的社会。

袁世凯没有让理论和准则束缚自己的头脑，而且他已经掌握了起码的中文知识——足以通过读写和同僚交流。因此他头脑清楚、健康而聪慧。

谈及他的宗教信仰，他表面上是遵循古代传统的；他向祖先牌位鞠躬，但是对任何宗教理想都没概念，并且不信迷信。

有时他表现出一定的坦诚，这与他的刚毅性格有关，但只在圆滑对其计划的成功并不重要之时才会如此。当场合需要，他就和孙中山一样狡猾而不可信。

他外形健壮，有圆圆的头及明亮的眼睛；他的身体是非常强壮的，但是受不了约束；既然已经是一个重要人物了，他还动辄离开政务会议，目的是去和9个老婆中的一个聊天，但他很快就回来工作，因为他的另一个主要性格是孜孜不倦，努力不懈。

他当然有一种突出的个性，因为他在衰败堕落的环境中保持了清醒与活力，可是他用圆滑优雅的礼仪掩盖了自己的直率。

这就是与之近距离相识和谈话过程中，他给我们留下的印象。

他的生涯与性格是一致的。在父亲一位朋友①的帮助下，他开始往上爬。此人是驻朝军队的统帅，给了他一个军职。他开始勤奋地学习军务，并争取受益于外国人的科学，他对外国人在战争艺术上的优越性有充分认识。

回到中国后，通过巧妙地送礼，他赢得了荣禄的欢心，荣禄是慈禧太后的内侄②，统管北方各省军队。在天津，袁明智地努力改革军队。

然而，直到1898年他才开始出名，当时著名学者康有为、梁启超和他们的朋友，已经成功引起了皇帝的注意，正试图进行改革。袁世凯与他们结盟，给人以支持进步的印象。

他们力求废除各种弊政，而那些从弊政中受益的人，正在联合起来挫败他们的目标，一经意识到这一点，他们立即劝说光绪皇帝剥夺慈禧老太后长期享有的权力，并且，带着这个目的，下令处死她的内侄荣禄。

皇帝委托袁世凯执行这个计划。但后者认为现状对自己更有利，于是背叛了他的主人和朋友，将计划透露给荣禄，荣禄立即向太后发出警告。后者迅速在皇宫里发动了一场革命；皇帝的6个顾问没能成功逃脱，当晚就被杀害，皇帝本人被囚禁在皇宫附近的一个避暑地，他被迫放弃权力而让位于太后。

给她提供了这样有价值的服务，袁世凯觉得自己的命运有了保障。他很快成为直隶总督，军机大臣，以及国家最高位的人士之一。

与绝大多数同胞一样，袁是个准确的观察家，在履行行政职责的同时，他警惕地观察外国人的举动，努力博得他们的好感，希望一旦有需要，他们会支持他。出于同样的原因，他努力逢迎不同使馆的外交官，让他们明

---

① 指袁世凯嗣父好友吴长庆。——译者注

② 袁世凯家书中有载："荣相系慈禧内侄。"（见袁世凯著：《尺素江湖：袁世凯家书》，九州出版社2012年版，第119页。）——译者注

白，他是唯一有能力给予特权，或是以最有利于他们利益的方式改革中国的人。

每个中国人都是天生的外交家，而袁世凯是这项艺术的高手，他轻易就成功获得了所有人的信任，或许只有俄国人除外。后者自己是半个亚洲人，完全熟悉中国人的性格，很聪明不会受骗，尽管他们认识到袁有时可以证明为一个有价值的工具。

简言之，被召唤来援助朝廷一方的这个人，本质上是个狡猾而观察力敏锐的亚洲人，一个旧式的中国人，相当不赞同那些支配当今各国政治生活的高尚原则和现代方法。

教育、遗传和喜好，教导他将狡诈和武力作为达成既定目标的唯一手段。在任职期间，他确实没有运用过其他方法，他的指导原则是要有即刻的实效，而罔顾道德法则。他一般通过将冒犯者杀头这种简单的权宜措施，扫清自己道路上的任何障碍。

他以这种方式确保了北洋军队严格的纪律，这个业绩让他在外国人中赢得了高度评价。

至于他的管理方法，就是他为之服务的王朝的那一些，不太可能是其他的。

袁世凯是古代中国的代表，用贿赂和专横残忍的手段来统治，全然忽视西方文明以之赢得崇高地位的那些道德原则。

就是这样的人，被托付了向这种文明精神开战的任务，这种精神是获胜的共和者的动力。

当袁世凯取得权柄时，革命几乎已经完成了破坏工作。在整个帝国，脆弱的政府军已被摧毁，官员要么被杀，要么逃走，要不然就是连同全部财物加入了敌方。征税停止了，帝制一方手里只剩下北京，以及朝廷、禁卫军、北洋军队。

这位新国家首脑的第一个行动是试图向外国借款，外国借给王朝的款项已经超过30亿了。但国家处于现在这种情形，要获得进一步的贷款是不可能的，尽管北京的国库很快就会空了，没有现成的钱发放军饷。

然而，袁下令军队向已经夺取武昌和汉口的革命者进攻；接下来，他发布了相反的命令，显然急于避免触犯起义者。

他正用所有的技能来逐渐地赶走皇室，并将他自己以另一个名义置于其位，可怜的小皇帝仅仅是正在搏斗中的各省的一个斗争对象。只剩下两个怯弱者和几个无知而腐败的王公反对革命者，反对这个狡猾的大臣了，他那有力而残忍的手控制着国家的方向舵。王朝实际上已不复存在了。

毫无疑问，袁梦想让自己成为皇帝，但在南方，在中部，以及在北部中国的广大地区，人们加入了革命党并听命于它的领袖。他意识到有必要与之联合，因为他没钱来进行一场消灭他们的持久战。作为一个信奉武力效力的人，袁知道使用武力必须具备相应的条件。

谈判开始了，帝国与革命军队之间已达成一个停战协议，这样，两者被公认为交战方。

同时，起义者宣告成立共和国，选举总统，组建内阁，最著名的阁员是伍廷芳博士，一个杰出的广州人，现居于上海。

他们习惯了欧洲议会的程序，并认识到外在形式的重要性，它象征着道德的力量，因此他们的行动非常正规，目的是向世界表明他们是文明而现代的政治家。

他们无意建立一个最终要被废除的君主立宪制，他们准备做出重大牺牲，以便在北京宣告共和。尽管党内有些人反对，他们还是准备把最高权力交到袁世凯手中，而他们对其性格是完全了解的。

一个多么风趣和微妙的矛盾啊！一定没有欧洲外交人士运用过这样的手腕与技能！

袁唯一的目标是获得最高权力，为达到这个目的，他毫不吝惜自己的承诺，但是一旦成功，他将完全有能力击败反对他野心的任何人。

因此他派唐绍仪到上海谈判和平的预备事项。

按照中国人的风格，寻常的谈判断断续续谈了上百次，此后共和者依然坚持两点：皇帝退位，并公布一部共和国宪法，措辞由他们来定。

对于第一个条件没有真正的困难，因为皇帝及皇室在全权的袁手中，只要他乐意退位就会发生。他让皇室有种失势感，似乎每天都从中找到乐趣。他需要款项来支付军饷，深知无钱可用，他向那些贪婪的王公提议，他们应该毁家纾国。他明白得与他们打交道，暗示皇帝退位后，他们都将收到大量补贴。

关于宪法，对袁世凯这样一个没有任何道德感的人来说，不可能造成任何困难。

在他看来唯一重要的问题是他应成为国家首脑，在这个职位上，他将能够获得必要的金钱，把自己的政府建立在一个安全的基础之上。

法国的亨利四世珍爱巴黎而牺牲了一个弥撒①，而对袁世凯来说，一个四亿人口的国家的最高权力，当然值得上一纸空文。

因此，聚集在南京和上海的共和者，成功地劝导这位有野心的大臣同意一个民主宪法，它将成为中华民国的基石，从精神的角度看，它将民国与文明世界的其他部分统一起来。

他们花了一个多月时间谈判和平条件，最终在 2 月 15 日达成协议。皇帝要退位，并亲自宣布共和——一个非同寻常的举动；皇室将收到一笔 1400 万法郎的补贴，并受到优待。他将享有外国元首般的礼仪，他的卫队

---

① 亨利四世（1553—1610），法国国王，在位时间为 1589—1610 年。亨利四世是新教徒，继位后与反对他的天主教军队作战。他节节取胜，兵临巴黎城下，却未武力进攻。后宣布改信天主教，定天主教为国教，并充分尊重法国新教徒的信仰自由。亨利四世结束了多年的胡格诺宗教战争，是法国历史上一位伟大的君主。——译者注

将由共和国陆军部长指挥。

新政府将受到三种权力的限制：行政、立法和司法，如在法国一样，它们将严格区分。在北京将召开一个由各省代表组成的议会，人数126人，目的是逐步形成选举法及制定宪法。这个议会将享有自由国家国会的所有权力，并决定征税、预算和薪资，批准外债和任何已经缔结的条约。

中华民国总统将享有与法兰西共和国总统同样的权力，并受到同样的限制。

这个政府和宪法将是临时性的，但共和国本身不是，在皇帝退位时即成立。

总统由南京议会选举。如果袁世凯同意这些条件，他将成为首任总统，孙中山将为他而隐退。中国将就此完成统一。

南京的共和者充分认识到对手的性格与过去；他们了解袁无边的野心，知道将权柄交给他，将冒有他盗用权力去达成自己目标的风险。但是，他可以单独迫使皇帝退位，而不需要进行长期的斗争；他可以独自取得国外外交官的好感，并让共和国被承认为国家的合法政府。

创立一个宪法，保证公民权利，并限制国家权力，同时获得一种与世界上最文明的国家类似的政体，这构成了如此伟大的一个精神胜利，以致被一个人支配的风险似乎是相当值得的，对于这个人的野心，他们提议要以各种可能的方式加以控制。

宪法要在北京的《政府公报》上公布，在名为参议院的新议会制定好宪法后，这一点就相应地做到了。

下文是这部著名文件的一些条款，在1912年3月15日公布。

> 第一条，中华民国由中国人民组织。
>
> 第二条，中华民国的主权属于全体国民。
>
> 第三条，中华民国由二十二个行省、内外蒙古、西藏及青海组成。

第四条，中华民国的权力授予参议院、民国临时大总统、部长以及法院。

第五条，中华民国人人平等，无种族、阶级、宗教之差别。

总统有权宣战与媾和，但须征得参议院同意。

总统得接受9名法官组成的最高法院的传讯。

以上约法，依据第54条的规定，直到被永久宪法取代为止，都一直有效。

约法制定者显然受到法国宪法的启发，共和者认为它最符合从帝国灰烬上产生的新中国的需要。

这个伟大的国家，从前是绝对专制的君主制，现在是一个超现代的共和国，划定并保护公民的权利。有5000年历史的君主制，现在已经永远消逝了。

2月12日一道谕旨发布了帝国自己的死亡证明，这又成为共和国的出生证明。

孙中山总统刚正式答应让位于袁世凯，后者就通知太后退位的时候到了。皇室没有提出异议。

皇帝是个未成年人，决定命运的文件是由光绪的遗孀签署的，她是袁的老对手，以前曾试图杀掉这个不忠心的大臣。

诏书以惯常的夸大其词的方式写成，首先阐明了放弃皇权的缘由，并承认了革命的胜利。诏书说："当前，帝国所有的人都赞成共和。南方各省首先要求这种政体，北方的将军们追随之。由于上天和人民都要求共和政府，我们怎能如此顽固地保留帝位而拂臣民之愿望？鉴于现在的形势，并得到皇帝的同意，我们将统治权交还人民，宣布共和，以让全国满意，并效法古时的皇帝，他们宣布帝国是人民的财产。……我们将权力交给袁世凯，旨在让他联合共和派领袖组建一个临时政府……"

这正是南京议会想要的，这样新政府就可以被看成是已废君主制的合法继承者，并传承了古老的传统。

革命者不仅想得到占有权，还想得到由世袭统治者授予的权利。

这种情况或许史无前例。

同一天，作为共和国总统的孙博士拜谒了南京附近的明孝陵，在那里，在军队的围护下，他向先皇们的阴灵献上祭品。这符合每个要登基的皇帝的习惯，通过这种方式，共和国得到了民族宗教的认可。

袁世凯同时向议会通电如下："共和是一种理想的政体，这是人们的共识。由于你们多年的努力我们成功将专制政府变为共和，这将证明是对人民最大的恩惠。"

2月15日，南京议会推举袁世凯为民国总统。

3月10日下午，新总统在北京的外交部宣誓就职，到场的有南京议会议员、各都督代表、满蒙藏特别代表，以及回族代表。

下面是袁宣读的誓词：

"在民国初期，总统肩负重任。我，袁世凯，特此发誓，竭力传播民主精神，驱散专制邪恶，忠实遵守宪法，遵从人民愿望，以使国家安全、统一、强大、稳定，以让中华民族之五个部分同获福利与幸福。我坚决保证完成这项任务。一旦国会选出正式总统，我将向他让出自己的职位。我在中国人民面前的庄严宣誓，是非常真诚的。"

袁在一份誓词上签名并盖上印信，将其交给蔡元培，他是南京议会为此目的委派而来的。

南京议会向新总统发出一份贺电，它很快就传遍全国，下文是最重要的语句：

"你得到四亿中国人的信任，你对一个面积为4000平方里的国家①负有

① 原文如此。——译者注

责任。临时政府的三章五十六条，将被视作国家的宪法，要严格遵守。你不得罔顾舆论，也不得有专制或不公行为。如果你遵循这些原则，我们将叫天地来见证，中华民族的五大部分均给予你最深的感情、最大的尊重。我们现在送与你印玺，你用来为文件盖印，这样你的命令携有官印，可以得到忠实的执行。"

中国的统一完成，革命的第一幕落下了。

接下来的一个月用于筹备和谈判内阁的建立。4 月 3 日，我们到火车站去迎接火车，迎接凯旋的卸任总统。伟大革命领袖由忠实的朋友和前部长们陪同，其乘坐的火车装点着五色旗，象征着共和国五个民族的团结。

我们是在镇江，城里的卫兵靠近码头和马路布置，手拿武器。我们与到场的一两个其他外国人一起进入总统的包间，目的是祝贺这个就此为和平而自愿辞职的人。以持续斗争为代价，他很容易保留权力，但他事实上运用了自己对追随者的影响力，劝导他们接受袁做总统。最后他战胜了朋友们并不造作的不情愿。他们围绕着他站立，多数人身穿西装。这些没有胡须的、戴眼镜的脸庞，就是他从前从事武装斗争的同志的脸庞，每一个人都为这项事业多次冒生命危险。

他们的任务没有完成，他们面前仍有进一步的斗争。

我们走到站台上，火车在乐队奏响的国歌旋律中离开车站，同时，再次成为纯粹平民的孙博士，向包括军队在内的所有在场者致意。

在上海，我们又在他过夜的酒店见到了他那严肃而沉思的面庞，他完全被一群男女包围了，人人都渴望向他道贺并祝他一路平安。

共和者与袁世凯最终就组建新内阁达成了协议，内阁首脑是刚到上海的唐绍仪。聆听首位民国总理畅谈政治形势和其同僚的计划，这是我们无法抵挡的愿望，所以我们去拜访了他。

唐是一个年约 50 岁的人，戴一副学者眼镜，穿着惯常的大衣。由于在美国生活过，他能讲流利的英语。他是个广东人，因此思想或多或少有些进步，但他是一个娴熟的政治家，以及袁世凯的私人朋友。两派之间再没有比这更好的纽带了。

他以有节奏的语调阐释自己的观点，与云南执政者向我们表达的稍有不同。然而，他赞同在国家的现状之下普选还不成熟。许多事情都要立即展开，但是由于没有行政组织，没有可用的钱财，不能制订详细的计划。他宣称自己首先要投身于财政改革，并提到增加关税——一个有点儿敏感的问题，因为它牵涉外国的利益。他还提出要承担重组税收的巨大任务。总之，在我们面前的是一个典型的政治家，他刚刚组成内阁，并陈述了自己的愿望，在自己任期可能有多久的问题上毫无欺瞒。

唐绍仪给我的印象是精通财政问题，对一般问题，既不比我所知的众多欧洲内阁领导人聪明，也不比他们无知。

在与这位典型的议会政治家长谈后，我走下著名的客利饭店的楼梯，这时不由得在心里暗笑，我想起许多欧洲人足够愚蠢，他们把中国人想象成野蛮人，完全不适合共和政体。在这位总理的接待室，我和一群鼓吹女子参政的妇女相互致意，她们是来为妇女争取投票权的，甚至要求有权参加国会。

唐绍仪到上海目的在于获得一笔2500万的比利时财团的借款。北京的国库事实上几乎空了；军队没有发饷，要不惜一切代价弄到钱。

已经有一个四国银行团提出借给中国必需的资金，条件是中国给予它们某种担保，就好像他们是在应对一个要钱的富家子弟。这个财团甚至于要求垄断所有未来的借款，并规定不允许其他人与中国商议。

他们为唐展开了一张网，唐却已从网洞中溜了出来，财团成员知道后，将他的这种行为几乎看成是重罪，并大声愤怒地抗议。这个精明的中国人默默听着，并决定利用这些殷勤的外国人的借款热情，让其相互对立。已经有谣传说，没有参与财团的俄国急于染指这块蛋糕。

不管怎样，与总理做生意就要与一位灵巧的人打交道；无论何人，能吹嘘打败了这位机敏的中国人，就一定是个狡猾的高手。

新任财政部长同样如此，我也在上海访问了他，那时他是许多政治家求助的对象。

熊希龄，据说是苗族后裔，即来自于在汉族人出现前就居住在中国的土著，他高大、健壮、活跃，嘴唇上有黑黑的小胡子，有一双明亮的眼睛。他在大清银行的楼上接见了我们。后者与我们的大型金融机构之一非常类似，有大量文件分类架、铁丝网，以及钱币单调的叮当声。

这位新财长正在前往北京担负繁重职责的路途上。他从前是清政府的海关官员，因此是一个专家。他以与总理一样的节奏说话，提出在各省建立会计院，以便一劳永逸地消除任何欺诈企图。他面前有一个艰巨的任务，但部长们都用意良好，并下定决心完成大事。

我们和希龄先生告别，双方表示希望能在北京再会，北京看来有可能在不久的将来成为人们关注的焦点。因为老旧破败的建筑已被推倒，必须由新的替代，它将耗费建筑者所有的才能，因为几乎没有任何可用之材了，并且它被有兴趣阻止其建设的人们包围着。这的确是一项困难的大事业，一项可能证明为既有趣又有益的事业。

因此我们装好箱子告别朋友和熟人，准备离开上海。在到北京之前，我们打算溯长江而上游历一番，造访华中，旨在研究这个革命的发源地，革命在这里依然是一触即发。

旅行的乐趣之一是我们总是受到同胞的热烈欢迎。在离开中国的这部分——这里发生了许多趣事——之前，我们访问了自己的总领事德吉恩·德·拉·巴逊先生，我遇到的最具远见者之一。正是他在一个场合评论说，在他看来，中国人比法国人更适合于共和政体。

政治天空当然明朗了，领事再不用担心驻扎在附近的革命军抢掠租界了。都督陈其美曾经是个记者，他依然牢牢统治着这个城市。他刚刚被任命为商务部长，但没打算立即前往北京。他不大信任袁世凯，认为自己的存在对上海依然是必要的。

锡克族人不再手拿步枪在夜间巡城了，极度的平静占了上风，人人都照常处理自己的事情。在晚上，有头发光亮、面颊上妆的小女人们坐着人力车经过，观看南京停泊处军舰上的灯彩。外国军舰依然在那里，但不知怎么的，它们的枪炮看来没那么有威胁性了。

难道是上苍眷顾新共和国?

这个问题占据了领事馆一个中国老女仆的头脑。“会发生什么呢?”她问德·拉·巴迪夫人，“现在再没有皇帝在北京求雨了?收成会变成什么样子呢?”

这位善良的妇女无需焦虑：尽管皇帝退位了，太阳依然照耀，云朵将继续向地球供水。没有理由担心公正无私的自然；人类的激情，比如贪婪和野心，无论是国内还是国外的，才有可能在中华民国激起致命的斗争。

◎第九章　中国中部

长江——中国村民中的重要人员——长江两岸遍布进行抢掠的士兵——汉口的破坏——比赛——十里铺——保卫租界——焚烧汉口——战斗结束

长江由几家轮船公司通航，其中一家是中国的。

尽管有朋友的告诫，我们仍然决定乘坐属于后一公司的轮船。朋友向我们保证说，我们会有一次很不舒服的航行。他们坚持，没人坐过中国船旅行。这个信息照例证明不可信，因为我们发现大型江轮“江裕号”是一艘非常舒适的轮船。

仅有的其他欧洲乘客是几个俄国茶叶采购商，他们是令人愉快的绅商，讲英语、法语和德语。船长是英国人，船员则是中国人。

二等舱和统舱里挤满了中国乘客，革命似乎一点也没有到影响到旅客的数量。

上溯长江航行真是一项事业。我们不得不首先顺流而下到达与太平洋汇合的江口，再接着溯江而上700英里，直到抵达革命的起点。遗憾的是，情况不允许我们继续上行到江的源头，这将给我们的路线增加不算太长的2500英里。

从这些数字可以推算出这条大江的重要性。它将整个中国分为两个部分。它在入海处宽达60英里。

我好奇为何我们的地理学家将其称作蓝江。这看来是一个很不恰当的名字，因为整条江的水都是浑黄的。中国人叫它扬子江，意思是涨水的河流，因为在一年当中的某些时候，它有些地方上涨约50英尺，溢出江岸20多英里远。欧洲人难以理解这样巨量的水，它可以用流动的海洋来比较。

岸上的城镇坐落在岩石上，或是以某种方式抬高，超过正常的水面。

我们经过南京，在其前面依然有战舰抛锚，当我们继续上行时，两岸的景色变得越来越丰富多彩。

大型商船在上行下行，其中一些运载着商品，其他的从汉口这个中国的大型茶叶中心取得茶货。它们大多飘扬着英国旗帜，并且是从伦敦直接进入到中国的心脏。

长江的水流，像泛洪的尼罗河一样，滋养了这个国家，也给它带来了灾难，由长江浇灌的整个地区都青绿而富饶。可以见到农家在田地劳作，他们身穿蓝色衣服，与我们法国农业工人的类似。

所有这些在田野里移动的蓝色斑点组成了中国人口中的主要部分，根据最可靠的估计，中国有4.3亿人，他们在一个有法国17倍大的国家从事日常工作。

他们有同样的指导原则和同样的宗教，所有人都知道自己是中国人。即使在最小的村庄，也总是有某个老士人教给他们中国历史的概况，最卑微的农民都知道远古时代神圣而德高望重的皇帝——尧和舜——整个民族都宣称是其后裔。

人人都虔诚地保存着祖先牌位，每当新月来临时，将其置于家里的祭坛，以充当先人灵魂的安息处。他们从没忘记在牌位前放上他们收获的第一批水果以作为神秘的祭品，也从未忘记焚香，或是致敬，方法是跪拜并唤起那些顾念他们的已逝亲人的灵魂。

从伟大神秘的天神那里，他们期望为自己的田地求到必要的雨水和保护种子的瑞雪，并且向其他的神——地，天的配偶——乞求土地的肥沃。

许多世纪他们都在服从不同的皇帝，这些遥不可见的人，被传统所美化，纯粹是因为他们认为皇帝的介入对影响两位神是必要的，神的慷慨好施对人类的生存很重要。

这就是中国农民的信仰基础。佛教约在24个世纪前从国外引入，已经适应了这些朴实者的信仰，但是对他们的生活没有产生任何重大影响。无论如何，它的效应不能与基督教相比，基督教已经深刻改变了西方国家。

中国农民本质上是平和的人，完全沉浸于自己的工作，并且，这受到国家的尊重。农业劳动者从前在社会等级中位居第二，构成这个等级的有士、农、工，最后还有商。

他们主要的抱负是见到某个家族成员得到士人身份，目的在于可能从他那里得到荣誉、保护或利益。

一个农民家族的所有成员间有一个强有力的联系纽带，经常是30个或更多的伯父、叔父、侄子、侄女，以及同辈兄弟姐妹生活在同一个屋檐下，一道的有长房的父亲和儿子们。后者看管祠堂，家族敬拜活动由族长来主持。

家族聚集在村庄里。依据一年中的时间，他们居住在建筑简陋、茅草盖顶的竹屋里，或住在用泥土或砖头砌成的屋子里，并且有炕或石砌的烘箱，其作用是在冬天让屋子变得暖和。

村子由显要人物统治，即最富庶家庭的头头、前官员，以及赋闲的士人。

在古老的制度下，这些村里的显要人物充当了中间人角色，一边是民众，另一边是官员，知县或者知府，完全缺乏任何真正的管理制度，这常常导致严重的弊端。

这里没有我们所理解的那种自治市镇的法律，并且，因为存在于纸上的那些法律只是死文字而已，农民家庭不得不尽可能保护好自己，以免遭显要人物的暴政。事实上，后者中的许多人是好公民，乐于献身公共福利事业，并对村民有极佳的道德影响。

不管好坏，这个乡村政府与其自身的组织是同时存在的。

在过去的一段时间，村民们已经支持革命事业了，主要是因为他们仇恨满族人。

教育改革改变了人们的性情，他们也受到了士人们接受新知倾向的间接影响。舆论则完成了剩余的部分。

当朝廷决定进行宪政改革，并因此颁布诏书召集第一届省议会的时候，正是这些显要人物得到了选票，他们构成了代表250万自耕农的第一个选举团体。

当朝廷寻求撤回这些让步的时候，他们对这一行动表现出了反抗精神，正是他们在1913年选举了参议院议员，参议院主要由国民党或共和派的代表组成。

在一个没有大工业、没有大地产，仅仅有少数富人的国家，乡村社会不太可能像欧洲国家那样在社会事务上持保守态度。因此，他们没有被共和派领袖的社会主义①理论排斥，尤其是因为后者承诺，任何由国家经济发展引起的地价增长，都属于全体人民。

中国人的生命和家庭财产是共同的，中国人对社会主义信念尤其敏感，最具共和与社会主义倾向的，正是中国庞大的中间阶级。

这个阶级构成了对共和派政治家的主要支持，它统治市镇的地方政治，

---

① 社会主义，即孙中山提出的民生主义，其英文是socialism。——译者注

并对乡村有主要的影响。

此地与别处一样，劳动阶级的成员完全专注于日常生活的劳作和艰辛。他们需自我保护，以免遭无知而贪腐的政府的压迫；他们的公路很少，一切都不得不用背来扛，所以他们难以交换产品。

在饥荒时，这种缺乏任何交通手段的状况常常使他们处于饥饿的危险之中，并且在某些年份，他们当中的数百万人沦为卑鄙政府的受害者。

但农民们并不喜欢反抗；他们性格平和，行为温顺，通常将所有的不幸归因于上天。他们易于打交道，乐意殷勤招待任何激发他们信心的人，并且不接受任何回报。

在这个国家深处生活于中国农民中间，并熟悉其语言的不同传教士，都一致称赞他们友善、礼貌和耐心的性格，以及他们对老人或学者道德权威的尊重。

不幸的是，中国人敏感的心使得他动辄争吵并好诉讼，这个缺陷让他遭受许多苦难，并让官员及其僚属把他的最后一分钱剥削掉。

中国是一个如此巨大的国家，以至许多农民仅仅通过传闻了解满族人；然而，他们认识到，这些外来者凭借征税而来的钱财悠闲地生活，所以他们很容易被引导加入到“共和国万岁”的呼声中！

这许许多多的人，构成了世界人口的一个庞大部分，如果由灵巧的人来管控，将成为一种可怕的武器。他们具有创造一个伟大国家的精神品质——多产、严肃、耐心、勤劳，以及对当权者的服从精神。

任何人能够使一盘散沙的他们协调起来并使之听命的话，他所控制的将会是一股巨大的力量。

所以他们是双方都努力争取的游戏赌注，即使外国人也认识到了从他们有组织的劳动中所产生的巨大利益。

轮船昼夜不停地沿长江上行700英里，要花费几乎四天时间。

在这样一个广袤的国家，景色不会不是多彩多姿、引人入胜的。在上下旅客和商品的停泊处，我们以观看持续不断的人来人往而自娱自乐，因为在中国的现状之下，上岸并不总是安全的。

九江是一个拥有漂亮城墙的重要城镇，大量穿卡其服装的士兵在码头游荡，一些法国传教士居住在这儿，我们看见了他们的教堂和一幢大型的欧式建筑。

士兵们看起来很平静，但就是这些人登上了随后的一艘轮船，将小女孩们从父母那里夺走拿去卖掉。他们说自己必须要生活，却没有拿到军饷。双方的库房都同样耗尽了。军官们尽力恢复秩序，杀掉了几个首恶，但我再没能发现这些不幸的孩子变成了什么样子。

幸运的是，士兵们没有登上我们的轮船，唯一的来访者是几个卖假古董的小贩。还有许多卖报人，在每一个停泊处，我们都贮备了大量报纸，以之消磨航行中的单调乏味。

它们都是革命报纸，在最进步的几种报纸上，我们读到了对卡尔·马克思理论的详细论述。它们似乎稔熟世界大事，写作风格简单，任何只有一点知识的人都能理解，它们让这些遥远地区的居民了解到世界其他地方正在发生的一些事情。

关于整个世界的言论和事件，他们在这儿的确比在我们自己的省份消息更为灵通，因为在向外国新闻提供版面方面，这些地方报纸比法国国内的报纸更为大方。我们飞行员的成就被详细地描述，为了取悦中国读者，又对博诺－加尼尔帮派的历史做了详尽说明，正如后来，我们看到在神户，有电影放映机向日本观众描绘它一样。

尽管有这些有趣的报纸，我们还是不得不偶尔抬头看看正在越过的美景，或是青山迢迢，或是看山脚浸入江中。

我们注意到一座怪石山孤独地屹立在大水道中央，正好处于长江沿一个巨大弧形流动的地方。旅行者将其命名为“小孤儿”。它让我们想起阿隆湾的岩石。在怪石山的树林中我们瞥见了一座寺院。

天气晴朗，开始变热了。我们已经把太平洋的雾气抛在后面，离开上海时它裹住了我们。我们坐在躺椅或摇椅上度过了一个个夜晚。

在夜间我们偶尔听到远处的交火声。可以看到亮斑在动来动去，我们认为那是在行军的部队。

我们正在接近危险地带，就位于这尚未停止跳动的革命的心脏，因为人们还在公开进行反抗。一旦到达目的地汉口，我们应当比在船上更安全，因为这个城市有国际租界，是一个小上海。江上停泊着不同国家的 5 艘炮艇，其中一艘是“决心号”，飘扬着法国旗帜。它们在此保卫汉口的 1200 名外国人，包括英国人、法国人、德国人、俄国人，以及几个其他国籍的人。

在军舰旁的码头上，筑起了有孔的砖墙，目的是万一国际租界遭到袭击、轰炸和摧毁，可以方便欧洲人撤退，这种灾难随时都可能发生，因为没人能知道每天会发生什么事情。

在德国租界的大门口，一尊大炮架在沙袋砌成的路障后面，旁边有一个哨兵。

法租界令人想起西贡及其林荫人行道。安南警察，头戴饰有红流苏的尖顶帽，身穿卡其制服，在威严地巡逻街道，他们显然自以为了不起。在这里他们觉得自己是个人物，他们已经把印支安南人谦卑、顺从的态度放在一边了。

刚刚照例拜访了我们的领事——证实他是东方语言学校的一个老同学，我们就急忙去察看城市的中国部分的废墟。这的确是一派荒芜的景象。因为偌大的城市已被夷为平地。它被帝制军队轰炸并彻底焚毁了。

我们沿着一条条街道步行，只看见一堆堆被烟熏黑的砖头，这就是近百万居民的家园、屋宇和店铺剩下的所有东西。后者像勤劳的蚂蚁一样聚集在废墟中，匆忙重建他们的家园。到处都有泥瓦匠在工作，因为不幸的人们不能无家可归；然而，时人不赞成在旧址上如此迅速地重建，他们渴望建立一个街道宽阔的现代化城市。

接着我们来到江边去看一看汉阳，它是位于汉江与长江交汇处的三座城市中的第二座。汉阳是一个大约有50万居民的工业城；由去世不久的总督建造，他就是著名的张之洞，军机大臣，他那个时代的现代派。汉阳在靠近汉口的长江左岸，在此被一条小河分开。

京汉铁路所用的大部分材料，来自于汉阳铁厂，它有巨大的熔炉和铸造车间。汉阳还拥有一个由在华服务的德人管理的重要枪炮厂，以及纱厂与木材厂。但这些工厂都因为内战关闭了，它们高大的烟囱在蓝天下印出轮廓，不过已经没有冒烟了。

随后我们造访了长江另一边的武昌府城，在这里，即使从江口算起，长江也有3/4英里宽。

我们在汉口的街道上游逛，与人群混在一起，给挤在废墟里重建房屋的人们拍照；无人对我们讲粗话或侧目而视。

尽管南京议会和袁世凯之间的协议被认为文明地结束了革命，但斗争双方仍然静不下来，人人都担心那些不信任袁的军官有军事密谋，担心未发军饷的士兵哗变，担心抢掠的威胁。中国人和欧洲人同样处于不安的氛围中。不时有大炮或步枪的开火声，表明在暴力镇压某个军事叛乱。

我们开始好奇，战斗是否会再次爆发，武昌的碉堡是否会轰炸国际租界里欧洲人的房屋。发生这种事情的可能性总是有的，引起它的，要么是一阵狂热，要么是希望造成混乱的某些不满分子。

我们在夜间被炮火雷鸣般的声响惊醒了一两次；匆忙穿上衣服后，我们外出来到旅馆的走廊上——在此发现邻居们已经聚集在一起——仅得知附近没有炮弹爆炸。我们回去睡觉，一小时后又以同样的方式醒过来——一种讨厌的睡眠干扰，一个晚上重复了三四次。然而，我们被警示，万一有真正的警报，会有一个号手巡街以便让所有法国人都能集合。而且，我们确信，那五艘炮艇会迅速成功地压制中国的堡垒。这些就是四月下半月和五月初汉口的情况。然而，人们最后习惯了一切，几次假警报之后，欧洲人对每一个紧急情况都做好了准备。

在阅读革命和战争史的过程中，人们往往会猜想，在人类互相残杀的日子里，大自然正运行在不稳定的轨道上；人们乐于想象太阳正在隐藏它的面庞，当一个红月亮的暗光照亮漆黑的地球时，惊恐的观众就躲藏起来。

事实远非如此。在进行最血腥战斗的日子里，当尸横遍野的时候，自然经常是在微笑，阳光明媚，鲜花充满芬芳，整个地球都仿佛散发着对生命的热爱。

另外，男男女女一旦克服了最初的恐怖，将很快习惯于不安全和危险，他们便照常忙于日常工作了。法国革命期间，人们可以在这个区相互杀戮，又在那个区歌舞升平。

汉口的不稳定状态没有妨碍安格鲁－撒克逊人钟爱的年度赛马。所有欧洲代表团都到场了，女士们穿着夏装，热天已经开始了。

赛马场位于城外，有围栏、看台和赌注经纪人。要不是没有观众，人们几乎要认为自己是在一个美好夏日的英格兰或法兰西了。在这个一流聚会上主要讲英语，因为汉口的法国人太少不能够集聚起任何力量。

不过法国的威望让我们能够保有力量，当人们想起在30000外国居民中只有2000法国人，包括1000天主教传教士的时候，这就是一个了不起的事情了。①

道德影响有巨大的价值，它在这个国家得到了认可。

这场小型大奖赛的典礼结束了，穿着考究的女士们坐着马车和人力车沿着没有林荫的道路返回租界。在回家或是进入俱乐部之前，男人们在码

---

① 在华外国居民数量常常被说成是150000人，但是必须要想到，其中有120000人是生活在满洲的俄国人和日本人。——原注

头上转向以搜寻一个清爽的阴凉处。目光跨过长江他们可以看见武昌的城墙，这里是革命的堡垒。

1911 年 9 月 30 日，驻在武昌的总督瑞澂警告汉口各领事馆，一场骚乱临近，革命者就要带来麻烦。

接着是我已经描述过的偶然的爆炸，它造成两名起义者被处死，军队哗变和对武昌满人的屠杀。

10 月 10 日晚 10 点，法国领事被告知，武昌已在起义者手中，总督已逃走。

接下来的晚上，革命军跨过长江占领了汉阳城及其兵工厂和铁厂。他们没有遭遇抵抗，同谋者为他们打开了大门。

最后，在 13 日和 16 日间，他们同样占领了汉口，汉口居民非常乐于加入革命事业。三个毗邻的城市为起义军所控制，这样他们有了一个牢固的基地，他们希望由此扩大作战行动。

不幸的是，革命者打开所有的监狱大门，释放了所有的囚犯，以纪念他们的成功。后者不仅仅是作为暴政的牺牲品的政治犯；他们包括大量的抢劫犯和各类犯人，这些人一获得自由就重操旧业。他们很快横行于城市，偷盗、抢劫和焚烧。

一部分居民在恐惧中逃走，为了恢复秩序，革命者被迫将每个查到的窃贼就地处决。

起义军预见到会和帝国士兵斗争，在汉口外一两英里处沿着铁路线驻扎，在外国租界后面建立了几个炮台，尽管后者希望他们另选一个地址。

一支有三艘巡洋舰和两艘鱼雷艇的中国舰队，在一流海员萨司令的指挥下，沿江上行并开始轰击叛军炮台。后者回击他的炮火，但这个小小的炮战只持续了短暂的时间。

这只是一个预备性的小冲突，因为他们不能在离外国区如此近的地方激烈交战，双方都急于避免对它造成任何损害。与我们相处的不再是1900年野蛮的中国人，而是文明人。

主要的战斗发生在汉口以外三英里处，离长江并不远，在一个叫作“十里铺”的地点，此处有一个火车站。19日，帝制军队从陆地和江上向革命军发动了一次联合进攻。

起义军主要由未经训练的新兵构成，他们是革命的自愿者，但是不顾一切地战斗，以致最后他们让帝国士兵溃逃，这些帝国士兵没有预料到会遇到如此坚决的抵抗，匆忙撤退，丢掉了他们的贮存物、帐篷和弹药。

人们在远处观看了战斗，见到革命者在这天获胜，热情地欢呼，他们装满战利品，将获胜者抬在肩上得意洋洋地进入城市。

起义者占领了车站，留下一支200人的卫队。我们的领事侯耀先生，两天后去视察这些击溃了帝制军队的部队，他将其描述为没有训练的士兵，大多数只是武装起来的苦力。

革命获胜的消息像野火一样散播，可能在途中被极其夸大，产生了巨大的精神效应。革命秘密团体的大量成员散布在国家各个角落，他们将这个好消息传向四方：“革命胜利了；满族人的暴政结束了！”

新共和国的旗帜从它的藏身之地出现了，在不同城市升起。在长江以南的湖南省城长沙，宣布了共和，升起了新旗帜。一个将军和一些军官拒绝服从，因此被处死了。

22日共和国旗帜飘扬在湘潭上空；两天前，它已在更上游的宜昌取代帝国的龙旗，而在九江，旗帜也没有遭遇反对就升起来了。每个地方当局都逃走了。

消息在各省到处传播，各方都有起义的传言。

朝廷害怕了，着手惩办起义者。总督逃到了上海，不能再予信赖。朝廷决定从北方派遣一支军队去惩处起义军并迫使其顺从。冯国璋将军，军队的第二统帅，离开北京赴汉口以弄清真正的状况。陆军大臣荫昌，一位据说在德国学习过的优秀将军，以及总督段祺瑞被授予指挥权，但是几天后他们都被袁世凯取代了，袁不能容忍竞争者。

北方所有可用的士兵都通过铁路运到了汉口，他们是在27号到达的；同一天，他们在“十里铺”稍北的地方与起义者交战，并占据了上风。作战人员接近了欧洲租界，他们的炮火变得危险了。

帝制军队占领了汉口火车站，革命者决心努力赶走他们。人们加入斗争，投身于这场冲突，就同法国革命的历史性岁月一样。

我们的领事侯耀先生见证了这些悲惨的事件，向我们讲述，他是怎样地看见光着上身的人们，视死如归地挥舞红旗投身战斗而不顾枪林弹雨，同时敦促人群猛攻车站。

进攻是如此突然和激烈以至正规兵在人们的猛攻下放弃了，退入乡村，在国际赛马场重新编队。他们返回发动攻击，却又一次被击败。

但革命军只有几门山炮，很快就被帝制军队的上等大炮打哑，帝制军队再次占领了车站。

战斗期间，法租界街道上有几个中国人被流弹杀死了。在我们的旅店一个男子遭受重伤，现代武器具有如此惊人的穿透力。

一颗子弹进入总领事的房间，穿透两道墙，并且在侯耀先生的头上呼啸而过——他正好站在浴室里——埋入墙壁。在这种情况下，我们的同胞没有受伤看来几乎是个奇迹。

外国居民自然担心作战人员会在属于租界的土地上继续作战。因此在每条街的尽头都竖起沙包路障，在其后面，在法租界，安南警察、“决心号”的水兵以及义勇兵持枪蹲伏着或跪着，或是俯卧着。

28号的战斗持续了一整天，革命者逐渐撤退到外围的房屋，一直都在战斗；帝制军队有条不紊地作战，挨门逐户地夺取房屋，并放火烧房以驱逐敌人，这些敌人只有在用火焰驱赶时才逐一放弃房屋。

起义军争夺每一英尺土地，直到最后撤退到汉口的中国部分及汉阳避难。

29日帝制军队的大炮轰击这两座城市。武昌的大炮从长江对岸还击，这让外国居民感到惊骇，他们就此暴露在并不以他们为目标的炮火下。

汉阳的大炮架在龟山上，也回击帝制军队的炮火。

有许多人受伤，且自从战斗爆发，起义者的死尸被扔下，败坏了他们倒下处的空气；帝制军队将己方死者殓入棺材送往北方。

31日，帝制军队纵火焚烧一个城区，所有居民都逃跑了。大火蔓延直至下午两点，整个城市都在燃烧；到晚上它成了一个巨大的熔炉，火焰穿过火光染红的厚厚烟云，冲入云霄。

我们的同胞观望着这壮观但惊人的城市景象，一座足以容纳近100万人的城市，变成了一座巨大的火炉。

这场骇人的大火，将与古罗马大火一道，作为已见的最惊人大火之一载入史册，它持续到11月2日的整个昼夜。三天足以将整个城市化为灰烬，大火在吞噬了一切之后才停止。

从战略的观点来看，没有更无用的大火了。革命者不是在汉口，而是在汉阳和武昌进行的抵抗，所以焚烧汉口纯粹是恣意肆虐。指挥革命军的黎元洪将军恳求领事们干预，但是帝制军队统帅冯国璋将军回答说，是起义者自己放火焚城以掩护撤退。这与可靠的目击者的证明不一致。革命者拒绝承认被击败，激烈的战斗在“十里铺”周围不断持续。帝制军队几乎被赶走了，因为革命军的炮台置于河对岸的青山之侧，成功地用其2000码的精确炮火压制了帝国的大炮。在11月4日和5日期间，仍然有弹壳落到租界内。

6日，据说袁世凯亲临前线，就在距汉口15英里之内。这位伟大的外交家是来努力与革命者展开谈判的，他向黎将军提出建立君主立宪制度，将满族王公排除于国家所有的重要职位之外，同时大赦所有起义者。

但是中国人从来不会立即接受一项提议。袁已经提出建议这个事实让他的对手认为，可以得到更好的条件，他因此拒绝了袁的提议。

战斗在继续，因为起义者决心建立一个只由汉人管理的共和国，而不是一个有满族统治者的君主立宪政体，他们认为袁最终将向他们的愿望让步。

在接下来的日子里，欧洲人听到炮战震耳欲聋的轰鸣声；帝制军队从北方调来了攻城炮，双方的炮火都昼夜不停地猛烈轰击。双方都尽力避免击中外国租界，但是每天都有几个流弹落入某个或其他租界，位于英租界的意大利医院就落入了19个流弹。

革命军的数量在增长，从四川和湖南来了近6万新兵，人人都渴望与“满人的奴隶”较量。

另外，帝制军队从北方得到了增援部队。

似乎无人知道各方投入了多少战斗人员，但看来是人数众多。

战斗持续了几乎一个月，双方都损失巨大；帝制军队似乎更有组织，补给更丰，纪律更好。16日他们成功攻占了汉阳附近的“龟山”，这是一个有重大价值的战略地点，敌人过去由此不断向他们炮击。帝国的旗帜在山顶升起。

所有落入帝国士兵手中的起义者都被处死；大量革命逃亡者奋力乘坐舢板跨过长江，希望到武昌避难，但是舢板被机枪开火击沉，由于起义者已经发誓在战斗中不成功则成仁，他们在武昌的兄弟拒绝让其登岸，把枪口对准了他们；这些可怜的逃犯因此被两边开火击中，浑浊的江水冲走了大量带有可怕伤口的死尸。

双方部队似乎都精疲力竭了。帝制军队占据江的左岸，他们在废城里前行，城市被他们极其愚蠢地破坏掉，再不能为之提供任何掩护了。他们还占据着汉阳，以及汉阳空空如也的军工厂。但它们对胜利有什么用处呢？

为了强攻武昌和压制武昌的炮火，他们将不得不越过大江汹涌的水流。

但是物资不足，又要暴露在敌人炮火下，他们如何能尝试这样一个艰难的任务而又有些胜算呢？

尽管如此，在 11 月的最后日子里，他们从北方接收了大量枪炮和弹药。

帝制军队的参谋人员告知领事们，他们打算轰炸武昌，但总督段祺瑞的这个计划并非注定会实现。

双方军队隔江对峙。

一个错误的步骤可能会导致中国的分裂，整个南部宣布自己是个独立的共和国，给总理大臣袁世凯在北方留下了一个即将终止的王朝。他或许确实要让自己成为最高统治者，但他发现列阵反对他的是国家更富庶与更聪明的那一半。

他因此与起义者进行谈判，并着手争取黎将军和黄兴将军。后者以勇气和不屈不挠的意志而尤其出名，他在过去的一个月像头狮子一样战斗。

总之，帝制军队阻止了起义军向北京进发，但是绝没有击溃它。人人都预计，帝制军队将持续战斗直到长江以南的所有地区被重新征服。

但袁世凯根本不急于着手这项艰巨的事业，他决定拖延。而且 10 月与 11 月进行的战斗在整个帝国产生了反响，让每个人都认识到革命的巨大力量，因为它已经能够阻止帝制军队迫近。在任何帝制军队占少数的地方，起义都沸腾起来，大量反朝廷的秘密团体在各处煽动不满。

12 月 2 日，在得到革命者拿下南京的消息后，华中的战斗双方都放下了武器，并在 3 日缔结了一项停战协定。

◎第十章　革命将军

武昌——黎元洪将军——黄兴将军的事业——他的斗争——秘密团体——跨过长江——士兵乘火车——黄风——北京

我们觉得，我们不能没有造访武昌就离开汉口，武昌将因其在近来的事件中扮演的角色永远在中国历史上留下盛名。

一个早晨，在《日报》记者查尔斯·佩蒂特先生的陪同下，我们登上了往来于两岸间的小轮船。

船上挤满了中国人——士兵、农民和工人以最惊人的方式挤在一起。武昌的城墙矗立在水边，中国特有的柔和的蓝天将其映衬得十分夺目。

城里约有50万居民，它从前是两省总督以及其他省级官员的驻在地。

最近才去世的张之洞生活在武昌；他是汉阳铁厂的创建者，汉阳铁厂的烟囱高耸入云，屹立在长江对岸。

武昌人比汉口人在举止方面更为独立，他们显然憎恶外国游客的出现。

也许是他们将我们错认为德国人，后者从战斗爆发以来就声名狼藉；他们被怀疑帮助了帝制军队，被怀疑向其提供武器和备用物品，甚至中国人间有传言说，德国军官指挥了攻击，或者至少向北京军队的指挥官提供了建议。

无论如何，民众敌对的态度警示我们要自己小心。

我们雇佣了必需的人力车。人力车随处可见，车夫争论该由谁从我们的习惯中受益。

我们在无止境的街道迷宫里穿越，这与其他中国城市没有任何不同，街道两侧店铺鳞次栉比，镀金的招牌在路人头上迎风摆动。狭窄的街道分出诸多昏暗的小巷，每条街都充斥着通常是味道难闻的人群。

在到达由部队守卫的衙门入口时，我们得知它从前是布政使的住所，但现在由著名的黎元洪将军居住，他是革命军的指挥，南京议会将其推举为共和国副总统。

对于我来说，我本没有打算未经预约就拜访他，但是同伴查尔斯·佩蒂特先生拉着我们同来，并穿过这座宅邸的庭院。所有的门都有哨兵把守。

尽管革命被认为应该结束了，但情况依然不稳定，军队有很多的不满。不时有士兵因为军饷被拖延而哗变。

革命者不相信黎元洪，担心他会背叛。因此他们自相争吵，时常有枪声惊动外国居民。那些不守纪律的人被处决，在我们经过的那个庭院，有一个军官在前一天被杀头，当场处决频频发生。

在等待告知将军我们到访的时候，我们仔细观察了住所内部，不久被告知他不能接见我们。

他是个要近距离研究的有趣人物，但他不信任陌生人，在查清身份之前，他拒绝接见这些人。我们花了整整一个小时与他的秘书们辩论这个事情。

黎元洪将军值得一提，因为尽管他不是像袁世凯或孙中山那样突出的人，但战争的时运将他推上一个显眼的位置，使他在革命中扮演了一个引人注目的角色。他有46岁，出生在湖北省，我正在描写的这段时间，我们就在该省旅行。与袁世凯一样，他生来就不是一个成为士大夫的人。

当进入当时在中国享有盛誉的北洋水师学堂时，他还很年轻。但他不得不遭受地域原因的偏私之苦，他因为来自一个中部省份而被搁置一边，那些天资逊色的同伴则先他受宠。他痛恨一个能容忍这种情状的制度正是起源于此。

被任命为军官后，他在一个德国军官的陪伴下，全心全意学习海军军事。

中日甲午战争爆发后，黎被任命指挥一艘巡洋舰上的炮手，在证明是中国舰队灾难的那场海战中战斗；战斗结束后，他决心蹈海自尽，但被救起，陪同长官丁汝昌的灵柩来到了芝罘。

在这里他受雇于总督张之洞，张正在努力建立一支军队，他的军事才能很快引起了这位老士人的注意，这使他得以快速提升。但黎与总司令张彪关系不睦，张是一个跋扈而无能的军人，黎寻求挫败他的计划，这样就使自己成为上司的仇敌。

张彪——一个上升为将军的“男仆”——的憎恨绝没有因为这个事实所减少：张之洞乐意听从黎的建议，并经他提议派遣了几个学生前往欧洲和日本。随后，这些年轻人返回来嘲笑张彪这样老一套的中国人。然而，张彪由于出了名的忠心，受到朝廷的宠爱。

革命给黎提供了他长期渴望的机会，起义一爆发，他就充当了首领。

这些就是这位成为共和国副总统的军事首领的经历。

驱动他（参加起义）的情绪与大多数其他革命领导人不同。他没有受到欧洲文明任何程度的影响，他对此没有任何体验，但他心怀怨恨，对他遭受的不公正对待充满正当的愤怒，而且对统治权一无所知。在帝制军队有一个传统，最好的职位全部留给满族军官，因此黎常常见到自己在升职上被忽略。因为这个原因他厌恶朝廷。

总之，从精神方面来看，这位革命将军是一个旧式中国人，就是说，作为革命基础的所有哲理对之都是空文。正确与错误、正义、自由、对生命的关怀，这一切对他而言都是如此众多的毫无意义的词语，他鹦鹉学舌般地加以重复，只是因为他听到周围人在使用它们。

袁世凯应当能与这种人达成协议。满族人消失了，黎掌握权位，他的军队与敌军以江相隔。革命让他实现了自己所有的愿望，就他所关心的来看，已经到了终点。

那么，看起来华中的共和力量掌握在并不可靠的人手中，这个大伪君子，在与黎谈判和平条件时，或许知道他身上的东西，并且预见到一旦自己得到了最高权力，就可以在将来利用他。

黎将倾听这位引诱者的声音，他随后将与袁联合起来，当时后者为了自己的利益而破坏革命工作。

英勇的黄兴将军，他是汉口和汉阳附近作战部队的第二指挥，是一个不同类型的人。他是个彻底的军人，但是接受了新的学说。

他在汉阳附近的“龟山”上激战，在汉口鼓舞军队不顾一切地抵抗，必要时亲自指挥他们。他是一个肩膀宽阔、中等身材、体格十分强健的人；尽管不过40岁，但他是一个老军人了，经年不断的战事让他保持了激情。

和黎一样，他是华中地区的人；他出生于长沙府，湖南省首府就位于这里，湖南以其居民独立的性格而著称。

让父亲恼火的是，即使在孩提时代，他也深深蔑视旧式学习方法，其兴趣倾向于精确的科学。

在最近才去世的张之洞总督创办的一所学校里，黄兴开始接受教育。他以渴求知识著称，但他需要一个更广阔的圈子，以及更好的老师，他们要优于在傲称“两湖书院”的地方讲课的那几个外国人。

他因此来到日本，鉴于并不昂贵的旅程花费和较低的生活开支，那里有许多中国学生。而且，日语对中国人来说不会造成很大困难，因为汉语和日语使用同样的表意文字来书写。

这些为数几千的学生全都在探讨祖国的时事。他们注意到日本的重要性，一个与中国相比是如此微小的国家，其人口附着在火山岛贫瘠的山坡上，只有她庞大邻居居住人数的1/10。他们羡慕日本海军的舰船，它们带着骄傲将日本的太阳旗——一个胜利就要到来的征兆—带向世界上所有的国家。他们熟悉了东京华丽宏伟的建筑，被告知，这些建筑是仿造欧洲大城市修建的；他们欣赏日本首都的秩序和安康，这要归功于极好的组织管理。他们阅读各种书籍，将其译成自己的语言，这就开启了思维新天地，打开了进步曙光、辉煌和知识力量的新前景。

他们也在这里遇到所有反对朝廷及其官员的中国避难者。康有为、梁启超，以及不幸被囚的皇帝的其他顾问，他们与其他成功逃脱刽子手大刀的人士一道，都生活在日本，免遭慈禧老太后的间谍们的伤害。

所有这些人都悲叹满族的腐败行径，王公的无助，悲叹他们伟大国家统治者的无能，以及随之而来的外人的羞辱。这些羞辱是由当权者助长的，他们寻求借到越来越多钱的办法，以便偿还他们所挥霍掉的钱财。

俄国和日本正在满洲推进，他们的间谍无处不在。俄国是个特别令人恐惧的近邻，有可能危及中国的前途。

黄兴在有远见而又坚定的同学心中煽起爱国火焰；他炽热的灵魂让他成为一个热心的宣传家，以及影响大众的人物。在留学日本的中国人中间，他创立了一个拒俄团体，其宣称的目标是，如果有必要，反对俄国对满洲的侵占。

接着他返回中国，在他的家乡湖南省创立了一所学校，目的是在年轻人中间传播革命理论。

在日本的学习让他彻底相信，只要继续被满族统治，国家就没有希望，满族越来越顺从外国人的控制，每天都在给中国带来损害。

建立学校非常好，但其结果一定是缓慢而乏味的；因此这位密谋者致力于组织和增加反清秘密团体。他建立的一个新团体叫作华兴会，或是“中国重生会”，他注定要成为它的倡导者。

这个团体被证明是一种非常有价值的武器，在整个华中及广大的长江流域都扩展了分支机构，激起反满仇恨，传播现代自由平等理论。

当不知疲倦的黄兴在南部省份广东和广西工作的时候，孙正在从事类似的工作，表现出类似的激情。这两个人彼此陌生，但同样的罪恶激发他们做出同样的爱国努力。

接下来有一天，他们为了宣传而到日本旅行时相遇了。从这时起他们将力量汇聚在一起。与其他几个密谋者一道——其中一个是有名的汪兆铭，他后来企图用炸弹炸毁摄政王的宅邸——他们草拟了革命计划。其目标是不仅要推翻无能的王朝，还要以共和国代之，权力赋予人民代表，就像伟大的欧洲共和国一样。不要忽视有实用价值的知识宣传方法，要在国内外出版书籍和报纸。要特别努力争取军队，由于许多军官都在日本学习过，这些种子不可能落在贫瘠的土地上。

后来，这些军官的合作被证明是革命者最有价值的资产之一。

在确定了行动计划后，密谋者们回国担负起革新工作。

黄兴是湖南省爆发的一场起义的发起者；然而，起义失败了，他被迫到日本避难。在慈禧太后的万寿庆典之际，他回国发动了一次新的起义，但再次失败，逃到了上海。他随后被捕，一经释放就赴日本。他再次渡海，在南方组织了一场针对满族官员的袭击，所有密谋者都认他为领袖，并对其不屈不挠的热情充满钦佩。在 1911 年 4 月对粤督府的一次进攻中，他一只手受了重伤，只有等死，但他再次成功逃脱并逃到了香港。

然而，中国政府从英国当局那里获得了引渡权，黄兴被迫逃离香港；

他最初在澳门避难，接着到了菲律宾，最终到了日本。在短暂休息后，这位不知疲惫的密谋者回到祖国，煽动“哥老会”、“三点会”以及“三合会”等秘密团体，在各处传播革命理论，他自己是活动的中心。

他的儿子一欧，尽管年轻，却追随着父亲的脚步，在胡汉民领导下在广州战斗，后来，在革命取胜后，我们在省都督任上见到了胡汉民。正是在广州起义这个场合，72 名密谋者被杀头。

黄兴领导起义者进攻武昌；他用自己不顾一切的勇气鼓舞追随者，激励他们进行拼命的斗争，他自己在左岸战斗到了最后一刻。在不能指挥军队获胜的绝望中，他最后做出了让步。

凭借着自我牺牲的精神、不可征服的勇气，以及对革命事业的忠诚，黄兴得到了共和者的尊重和信赖，唯有孙中山才能与之比肩。

当南方省份就要宣布独立于北京政府时，他因此被举荐为共和国总统；然而，他坚决拒绝接受这个职位，并尽量运用其影响力来支持黎元洪当选。

南京议会任命他为新政府的陆军部长，但这个职务被证明只是短期的，因为在与袁世凯达成协议后，南京政府就被一个北京的内阁取代了，而黄兴拒绝加入该内阁。

这位英勇的战士进行过如此众多的战斗，同伴们相信袁世凯可能会尊重宪法，而他并不全然相信。他认为保持警惕更为明智，他完全不相信革命工作完成了。在其他潜在的困难中，他预见到一个可能的专制统治，这会造成共和国的灭亡，甚至是中国独立的丧失。

因此他谢绝到北京与袁世凯联手。同样持有这一审慎态度的是孙中山，两人都充分意识到，新总统在除掉令他为难的同事时，将不会有所顾忌。

然而，袁继续示好，加倍努力争取他们。为此目的，他任命孙中山为全国铁路督办，薪酬丰厚，并任命黄兴为矿务总办。

两人预见到这些职位可能让他们有用于国家，就接受了，但内心有所保留。

袁通过贿赂争取支持者总体上是成功的，但这次他犯了个错误；他阅人的技术出了错，因为这两个共和领袖从不为个人利益而牺牲他们认为对国家有利的东西。

由于他亚洲人的倾向，袁并没有认识到，这些已经为事业放弃多年生活的人，不可能像他们众多的同胞一样容易贿赂。因此当随后的事情表明他已经犯错的时候，他将惊奇不已。

总之，黄兴在革命中扮演了一个高尚的角色，他的名字将永远流传。

他的整个训练都与孙中山不同；与后者不一样的是，他不是一个基督徒，尽管在儿时他是圣母小昆仲会的一个学生。黄兴是个人和公民权利的热情支持者，他渴望见证中国接受欧洲共和国的精神原则。

这就是这个人的性格，并且，在上千次危险中，他都对手上的工作坚定不移。

在中国，他的传记与其他伟大革命领袖的传记一道，已经被人们广为传诵了。作者们月下列奇妙的句子来概括对他和孙中山的看法："孙是革命的华盛顿，黄兴是革命的拿破仑。"

在我们到访时，黄兴不在武昌；黎将军是军队的唯一指挥，并且已经成为许多下属怀疑的目标，他们开始不相信他的共和主义。我们后来注定要在北京见到黄兴，我们现在打算转身到那里去。

因此我们或许是永远离开了武昌这个革命的堡垒。

经过一番讨价还价，我们成功雇到一艘小艇载我们渡江返回汉口。天气阴沉，狂风暴雨，尽管船夫和他儿子像有经验的海员一样操控风帆和船舵，但当大江的激流卷着小艇向前时，小艇在风下以一种危险的方式转弯，它不时碰上漩涡，漩涡的水流就像是在一个暗藏的漏斗里打旋。

总是担心有不同派别之间的斗争，我们刚上船枪声就响起了。我们怀疑停泊在租界前面的外国战舰会开始射击，但情况并非如此，枪声似乎有些距离，在围绕武昌的群山中间。因此我们安全地斜向渡过了长江，登上一种由不固定的木条做成的围桩，我们不得不像走钢丝的布朗丁①那样沿着它前进，直到最后到达陆地。

我们两个同伴出发去攀登汉阳附近的龟山，帝制军队由此遭到轰炸，其枪炮依然威胁着我们的江岸。他们在墓穴间游荡，他们因辛劳而全身湿透。全天都危险的风暴全力爆发在他们身上，他们在夜间返回时情况真是悲惨！

我们愿意在汉口继续逗留，但我们得考虑动身去北京，国会就要在那里召开了，主要的政治利益都集中于此。通往首都的被毁铁路和桥梁至此已经修好了，火车又在奔跑了，这就方便了我们的旅行。

在中国的这一部分，我们最后一次访谈本来应当是与共和国副总统进行的，因为黎将军通过一个秘书——顺便说一下，他的法文讲得很好——传话，他将很高兴认识我，并期盼次日见到我。

我应当是很乐意与这位绅士会面的，以便将其肖像收入我的文献集。我的文献集收集了这个奇特时代的杰出人物，与他们进行会谈总是一件趣事。

然而，我们领事有些重要文件，他希望立即传送给在北京的法国公使，他委托我们将其安全送达。因此，我们有责任立即出发，在约定拜见黎将军的那个时间，我们正在向北京飞奔。一大早，侯耀先生就已在车站迎接我们，目的是送来他为之工作了整晚的急件让我们保管。我们热诚地握手，并回敬一个极有教养而和蔼可亲的绅士的问候，他是铁路的中国监督，身穿一件绸袍，头戴一顶时新的巴拿马帽子，他与秘书前来与我们道别："一路平安！"

---

① 19世纪法国著名的杂技家，1859年走钢丝跨越尼亚加拉大瀑布，从此成名。——译者注

直到抵达河南省，我们才没有见到新式人物。到目前为止，我们在车站和火车上遇到的所有中国人都剪掉了辫子，士兵的穿着与我们已经熟悉的相同：身穿卡其布制服，头戴扁平的尖顶帽。

士兵们在火车上进进出出，手拿步枪，好奇地盯着坐在包间里的两个外国人。

在一些车站，他们没有车票或通行证就挤上火车。站长与高级职员都不敢反对，因为对于武装到牙齿，又为最近的胜利得意洋洋的人，他们能说些什么呢?

我们看着他们来来去去，听到一些军官威吓公司服务员，他们立马就逃走了。

整个旅程中我们都在一处，小心翼翼地不让旅行皮包和包裹脱离视线，因为我们已被警告，军队里有许多从前的土匪。晚上我们把所有的商品和实件收在一起，担心一些流氓乘我们睡觉时帮我们解除照看行李的麻烦!

我们的确是装备了左轮手枪，但即使是威胁要使用它们也是愚蠢的做法。

尊重外国人的命令一定极其严格，因为在整个旅途中，我们从未遭到这些人中任何人任何形式的骚扰，尽管许多路匪就列于其中，而且他们要驱赶我们，或者利用我们一时的疏忽，抢走我们的包裹并跳上铁轨是一件很容易的事情。

我们在接近北京时辫子又出现了，帝制军队的士兵，戴着头巾，身穿脏兮兮的蓝棉袍，在车站上站岗。他们是身材高大、体格结实的男子，显然我们不再处于南方人中间。

我们穿过点缀着树木的山丘和平原，树木标明了村庄的所在，村庄总是建在一小块葱郁之地上。

房屋是用黏土，或夯土，或砖修筑的，砖是在太阳下或是在原始的炉子里烘烤的。黏土在太阳下被染红了，因此环绕房屋和村庄的墙壁呈现为一种漂亮的胭红色，这在绿草和蓝天的映衬下十分醒目。

在靠近北京时，我们穿过了巨大的含沙平原，其上刮着可怕的“黄风”。这风来自蒙古沙漠，带有让天空昏暗的细小无形的尘土。它像雾一样不时包裹着我们，以至我们看不到前面20码之外。

一切都被封得严严实实，在这恐怖的尘土中我们感到窒息，它无处不往，甚至进入了我们的眼睛、耳朵和嘴巴，渗入我们的食物和行李。

当风减弱时，天空呈现为清澈的浅蓝色，空气显然非常干燥，因为我们能够看见远处的物体，清楚得令人吃惊。

一个又一个小时，我们的火车在暴风和旋尘中喷着气前进，然而，在我们靠近首都时，这些都减弱了。

我们晚点到达，因为前一天晚上一节火车车厢着火，极大地耽误了我们。然而，我们最终看到了北京高高的雉堞墙，它那历史性的城门上有屋顶，旧时的武士在此放哨，以防范意外情况。

铁路穿过包围城市的一道城墙，横穿一些菜园，沿着鞑靼城区设防的高墙前行，最后在一座欧式车站的南大门旁终止，车站粗陋，与其东方式的周边环境不相协调。这是前门车站，距离同名的大门很近，许多世纪以来，在重大的宗教节日里，皇帝在庄严的队伍中经过前门前往天坛。现在，它供世俗使用了，允许欧洲旅行者进入，他们带来了西方文明的精神。

◎第十一章　北京国会

北京四城——鞑靼城——我们的中国房屋——使馆区及其国际卫队——士兵哗变、抢劫与焚烧——国会开会——部长的陈述——天坛及其祭祀仪式——六强对华提供借款——中国爱国主义者起来武装反抗

一离开车站，旅客立即会被他即将经过的前门的壮观吸引住。

这个具有历史意义的入口位于南城墙正中，本质上是一个要塞，由一个宽阔的半圆形建筑护卫，留有射击孔。这个半圆形与城墙同一高度，配置有正阳门（面向太阳），此门专供皇帝前往天坛之用，其余时间从不开启。在半圆形的旁边是两道拱券式大门洞。

三个入口处站立着没有胡子的警察，身穿必不可少的卡其服，宽松的鞋子里有一双脏兮兮的白袜，头戴扁平的尖顶帽。附于入口两边墙壁的，是黄釉砖做顶的小神殿，里面立着保护神的神像，信徒们习惯在其面前焚烧香柱。

拱门正上方的墙上立有一个城楼，三十英尺高，

三十英尺宽，三重檐，由大红柱子支撑着。以前它被中国哨兵占据着，但现在穿卡其服的欧洲士兵在那里站岗，肩扛步枪，戴着过耳呢帽。他们是美国人，布岗在此是因为无处不在的受袭危险，是因为拱门可以俯瞰外国使馆区，俯瞰入口就在附近的皇宫以及城市本身。

我们在有巨大双门的拱门下经过，在人力车（这里广泛使用它）、各类小车和匆忙的步行客的骚动中，我们出现在皇宫的入口处，由此可进入到一个被护栏包围的大广场。

我们是在鞑靼区；北京实际由四城组成，第一个是汉人城，在前门以南，被有雉堞的城墙包围，城墙类似于我们到达时穿过的那一道。后者沿一个正方形展开，约有十五英里长，因此两个城的总面积约等于巴黎。

鞑靼城长期以来只有统治民族的成员居住，其内是皇城，四面被二十英尺高涂成红色的城墙环绕，周长约有六英里。

在皇城内是第四城，事实上就是皇帝居住的宫殿，有卫兵以及无数的朝廷成员。这又由另一道墙和壕沟来保护。

我们打算在鞑靼城入住，以便处于中国人生活的正中心，我们期盼这会证明比参观使馆区要有趣得多。

我们的住房完全在底楼，曾经由一个中国家庭居住。屋顶是弧形的，窗格是纸糊的。它位于一条胡同，就是说，在一条支路上，不在1900年以来修建的那七条宽阔大道上。

北京是皇帝的居住之处，根据天文律规划，天文律要求所有城市都坐北朝南。因此街道与一个大棋盘上的线条相似。

胡同只有几码宽，被光秃秃的灰砖墙包围起来。看不见窗户，因为所有房屋都是面向内部庭院，也没有商店，后者局限于新大街上。只有一道道门打断灰墙的单调乏味，门通常是闭上的，但提醒我们这些房屋有人居住。它们同样提醒了我们居住者的宗教观，因为它们大都装饰着门神画，门神装备了长矛，眼睛睁得很大以驱除恶鬼。有时，就时新的中国人而言，这些画被红纸对联取代了，它们阐明在日常生活中对诚实与真诚的追求，我们推断居住者实践了这些美德。

因此鞑靼域是隐蔽而昏暗的。数不清的胡同偶尔有狭窄的人行道，几英寸宽，但路面从来没有铺过，天气干燥时覆上厚厚的尘土，雨天又变成泥流，不用讲，路旁没有排水沟。

尽管有这样阴沉的外表，在其院落里面，许多房屋都有树木，或甚至是漂亮的花园，因此鸟瞰北京给人以葱郁之海的印象。

我们的住房在一条面向皇城东墙的小街上，这条城墙附近的长街交通繁忙。多年来，车子已使其下陷，靠近房屋的地面现在上升成了一种人行道，到处塞满垃圾和大石块，没有人费力将其清除。

我们中国房屋的主院里有一个小花园，以前是女子的住所，遮住屋顶一角的是一棵有大乌鸦栖息的大树。它们以及野狗，是城里主要的食腐动物。

我们打算在这里与两个同胞过上大半年；我们有三个仆人：一个“男仆”总管、一个厨司和一个苦力，还有一个年轻的洗碗人，厨司很快就教会他如何巧妙地牺牲四个外国傻瓜的利益以中饱私囊！

在北京，过时的过去与时新的现在有一种有趣的混合。我们的房子实际上是用电照明！城里安装了电报和电话，可以在街道的电线杆上看见用于电灯照明的电线。据说电灯公司非常兴盛。

我们注定要在新居度过一段愉快的日子，尽管我们听到射击声时，也会有焦急的瞬间。

我们的房子离使馆区约需步行十分钟，我们一到达，就赶往那里，以便将受托的珍贵包裹交给法国公使。

义和团骚乱中那场难忘的围攻行动，让所有欧洲人都处于可怕的死亡危险之中，从那时起后者就生活在一个严密保护起来的片区，在这里，如果有必要的话，他们可以抵挡一次围攻。

在鞑靼城墙之内及其下，有一小群欧洲侨民居住在一个约 3/4 英里长、700 码宽的地方。

在没有受到鞑靼城墙保护的那三面，它通过一道有射击孔的墙来防护，墙底有一道沟，远处有一道斜堤。因此欧洲人可以镇定地等待一次攻击，不会再有与 1900 年自卫时相同的困难了。

五道大门由各国士兵守卫。我们第一次造访时，意大利水兵在站岗，他们肩挎着步枪，站在一座以沙袋阻断的桥旁。当对准鞑靼城的时候，铜枪口透过射击孔在太阳下闪烁。再往前些，我们看到奥地利人和日本人在邻近哈德门的入口处站岗，身穿黄制服头戴三角帽的德国人，则监视城墙的安全，城墙上建立了一个城楼，摆好了几尊大炮，它们与意大利人的枪一道，准备好轰击北京的制高点。在中国城墙内，他们甚至修筑了一道有护栏的斜坡，让他们能够把弹药运送到顶部。毋庸赘言，整个堡垒对中国人来讲是禁地。

从中央的前门到哈德门的城墙上长出了灌木，对于在北京的欧洲居民来说这是一段他们最喜欢的步行道。他们在那里觉得自由自在，日落后的夜晚他们前去寻求微风，并在预备好的凳子上落座。无论是市区，西山日落，还是清晨的天坛日出，这些壮观的景象都可以从墙上看到。

城墙一端由德国人防守，另一端是美国人。在 2 月 28 日骚乱期间，当一颗炸弹落入前门附近的美国军营时，美国士兵占领了这个有价值的三重檐堡垒，并用枪立足于此。

约有 2500 名士兵保卫外国公使及其家庭，以及几家欧洲银行与商铺；法国军队有 350 人，英国、俄国，以及奥地利士兵数量大体相当，一道还有 25 名比利时人，他们身穿黄边绿色制服，很容易辨认。

约有 300 名欧洲居民，其中约有 40 人，和我们一样，生活在鞑靼区。他们看起来都和谐地生活在一起。

属于使馆区的街道整洁却少有使用；人们几乎要想象自己是在一个有着大量花园围墙的安静的法国省会城市。只有作为使馆区大街而出名的主大街，才真正具有生气。大多数外国公使的房屋都朝向它，同样地，东方汇理银行面向俄国使馆，英国银行在日本使馆对面；教堂也在这条街道上。

法国使馆在沿街而下约一半的地方；它是个十分怡人的建筑，有花园和绿草坪。侍从是穿蓝长袍、辫子完好的中国男童，在前室我注意到有大型景泰蓝瓷瓶，这是北京的一个特色。

马士理先生，法国公使，是个礼貌的绅士，头发花白，有双温和的蓝眼睛；他在远东生活了如此长的时间，对本地的行为和习惯都很熟悉。他以前在暹罗，不久前还为一项特别任务返回过那里。我们把从汉口带来的文件交给他，接着继续和这位杰出的外交家交换看法，他受到北京公使们的高度尊重，不仅是因为法国在中国的威望，也是因为他的能力以及处理棘手问题的技巧。显然不能让笨蛋与中国人谈判，他们或许是世界上最狡猾的人，并且常常在外交冲突中战胜欧洲人。

我们告别使馆，告别在入口处站岗的两头石狮，前去查看 Wagons-Lits 饭店，或称六国饭店，中国人叫它 Lou Kouo fantien。这个军营一样的建筑，位于使馆区大街街角，对着一条小渠，小渠来自皇城，横穿整个欧洲城。饭店常有造访北京的欧洲人居住：英国女士——她们是如此坚定执着的旅行者，刮光胡子的美国人，以及几个胆敢离家如此遥远的法国人。英国和法国食品都有提供，由中国人烹饪。

离开使馆区，我们向自己狭窄、肮脏的小街方向进发，这里一定比那个在东方城市中的小小西方人侨居地更浪漫、更有趣。我们出来时，观察到意大利哨兵正在仔细检查一个要求进入的中国人的证件，因为让当地人自由进入仍然被认为是不安全的，即使他们在为那个国际要塞跑腿。

恰好是星期日，所有外国居民的房屋都挂着旗帜；我们看到斜堤那一边，在鞑靼城的外围，法国三色旗在风中飘扬，问询其主人后，我们得知那里有两户由法国保护的希腊人或黎凡特人①，尽管如果他们选择了其他旗帜，法国会更为乐意。

天气非常不错，我们放松地靠在躺椅上，自离开马赛以来躺椅就在我们最珍爱的行李之中，我们在中国房屋的院子里聊天，头顶蓝天，坐在大树提供的舒适的阴凉里。我们的一个客人，莫内斯蒂埃先生，以前是《中法新汇报》经理，现在是《北京日报》编辑，向我们讲述了他在2月28日反叛中的经历，整个革命期间，首都就只有这么一个真正危险的时候。

在北京，古老中国的剧变比各省，尤其是南方各省具有更温和的性质，一切都和平地布置了，朝廷顺乎自然，在2月12日宣布赞成共和而退位。

没有明显的不安，外国人作为有兴致的观众在旁观着。他们没有感到焦虑，照常忙于自己的事务，2月28日晚8点，他们突然听到了鞑靼城里的枪声。

为中国区几个欧洲人服务的男仆们跑来宣布说，革命爆发了，人们在街头自相杀戮。枪声变得更多，天空被房屋燃烧的火光映红了。

会发生什么呢？外国人就要被屠杀吗？骚乱的原因是什么？欧洲人对1900年的恐惧记忆犹新，生活在鞑靼区的人不敢冒险出来，因为枪声在持续，门被破门而入，街坊上可以听到哭声，房屋燃烧的火光似乎在蔓延。他们想弄明白在使馆区避难是否明智，但街道上充满随意开枪的疯狂的中国人，他们怎样才能穿过这些街道呢？欧洲女士们倒是心态良好，泰然处之。

然而帮助就在近旁。外国公使和国际部队赶来拯救欧洲人，他们的房屋散布全城。一支军队被派去保护北堂，即在城市西北的那个天主教堂。在1900年，它抵抗了一次难忘的围攻，这将在北京的记录上永久留下痛苦

---

① 音译，即东方诸国人，或称地中海东部沿岸诸国人，地中海东部地区人。——译者注

和血腥的记忆。

但这一次，没有针对外国人的伤害，骚乱爆发的原因与义和团全然不同。在这期间，中国人的性格完全变了。

是那些没有得到军饷的士兵在哗变，他们用武力从市民那里取得拖欠的军饷。他们开始是在街上放枪，以迫使人们待在屋里，接着就破门，毁坏商店的隔板，使他们能够带走任何想要的东西。袁世凯对这些部队负责，他们应该是非常有纪律的！

在雨儿胡同，即细雨街，靠近《北京日报》的办公地，有一个美国女传教士管理的盲女孤儿院。这些可怜的孩子相互手搭肩头被带走，日报的法国职员陪同她们，意大利水兵护送她们。他们穿过挤满哗变者的街道，到达欧洲区，每个国籍的人都在此寻求相应使馆的保护。法国人紧紧挤在一起，因为几个中国皇室的王公，他们是极其重要的人物，担心大屠杀，在外国人中寻求庇护。

于是城市完全受抢掠者支配了，几个中国人在混乱中被杀死，他们流血的尸体第二天在街上被发现。主要商家害怕了，请求外交团在国际部队的帮助下恢复秩序。但是公使们明智地拒绝偏离严格中立的路线，将其力量限制在保护欧洲人，他们任何时候都可能受到爆发“排外”运动的威胁。

一切渐渐平静下来；袁世凯用慷慨的承诺安抚部队，生活很快又恢复了正常。

我非常怀疑这场叛乱的真正原因是否会为人所知。已有人暗示，它由袁世凯本人制造，作为对南方要求的反应，以之作为不南下的借口，也是为了使他从欧洲银行勒索到资金，支付军饷并维持秩序。

无论如何，尽管没人敢惩处哗变者，袁世凯还是通过下令处死几个可怜的苦力挽回了面子，苦力们被发现拥有失窃的商品，或是在废墟中游荡，而袁的部队才是这废墟的起因。

事实依然是没有一个外国人受到袭扰。北方的士兵，同南方的一样，对欧洲人的看法与12年前在整个中国所表现出来的，并不相同。

从这以后，事情平静了，政府逐渐再次占据上风。警察在街上巡逻，陪同的是配备三角大刀的刽子手，他们将所有可疑人员带到一旁并立即处决。

不时听到枪声，表明哗变者在受到惩罚，但没有进一步的骚乱。这样五月到来了，临时国会就要第一次开会了。

1912年5月13日，内阁部长们首次在一个中华民国议会面前宣布了他们的政策。

它发生在早晨，所以我们早早出发，沿着皇城的红墙在尘土中前行，旨在出席中国国会开幕式。我们不得不顺着整个南宫墙行走，直到中央的前门；这是一条绕行的道，因为议会将在城西的法院召开。我们的人力车在好奇的人群中穿行，人们似乎对即将发生的大事非常冷漠。他们包括步行者，一些人有辫子，一些人没有，但都穿着长袍；包括坐在颠簸的人力车里的男男女女，人力车的铁轮在地上咯咯直响；包括北京无弹簧的马车，坐车人蹲伏在蓝棉布车篷下；还包括肮脏的长鬃小马驹上的骑手。所有这些人都照样忙于自己的事情，任何不熟悉中国人冷漠本性的人，会认为他们对正在发生的事情一无所知。

议会所在的建筑，面向城市高墙旁边布满灰尘的道路，当我们接近目的地时，遇见一队蒙古骆驼，每只骆驼与前面一只以绳相系，由一个男孩带领。他们或许已经走了长长的路程，沿着尘土覆盖的道路，缓慢艰难地行走，脚步无声无息。我们在它们身上仿佛看见一个古老的中国，缓慢而耐心地运动，很快就要成为过去的事物，而且同我们就要见证的一幕形成了鲜明的对照。

建筑外有一些属于外国人的马车，哨兵把守着入口。我们出示请柬，请柬被仔细检查，之后，我们被允许进入国会大厅，旁听席已经预留给公众及报界。

在一个长方形大厅的尽头是议长位，座位后的墙壁上挂着两面共和国旗帜；给126名议员安排的小桌子呈半圆形摆设。

公众旁听席在大厅的三面，配有简易灰色扶手、丝绒、镀金和雕刻，无人入座时惹人注目。公众的代表在场，旁听席上所有的椅子都满座。我们注意到一群引人注目的鼓吹女子参政的妇女，包括一个戴金边眼镜的矮胖女士，以及一些年轻漂亮的姑娘，她们身穿好看的蓝色或淡紫色绸装，绸装带有黑色或白色的刺绣，所有人看起来都机敏而充满活力。那里大约只有六个外国人在座。

大厅里几乎所有的议员都已经入座了，靠在他们的桌子上，或是把玩自己的毛笔。

议程由议长吴景濂开始，他是一个高额头和身穿西装的人。一切都以公认的西方方式展开，他带着德沙内尔①的信心摇晃自己的钟。要不是多数议员都穿着绸袍，我们几乎要幻想身处某个欧洲议会的会议上。只看见一两条辫子，它们属于蒙古王公。

部长们在议院礼貌的欢呼声中进入，在大厅尽头落座，位于议长两边，面向与会者。和议员们不同，他们全部穿着欧式大衣，陆军部长和海军部长例外，他们身着军服。

总理是唐绍仪，我们在上海遇见并面谈过。

他从前是袁世凯的朋友和同事，但在国外有过大量的旅行，深受西方思想影响，尽管他对袁世凯公开友好，革命者，更确切地说，共和派默默地信任他，他们对袁没有很大的信任。内阁的挑选是南京议会妥协的结果，南京议会自愿解散了。

总理起立发言，站在议长前面阐述自己的纲领。他讲话轻声细语，手

① 德沙内尔（1855—1922），法国政治家，时任法国参议院议长。——译者注

势极少，指出一致行动、行政和财政改革的必要性。他解释了后者的难处，对此人人都已认识到，他还表达了政府与外国人友好相处的愿望。总之，总理的第一次发言，与我们熟悉的国内发言区别很小。

他坐下时被致以热烈的掌声，接着每个部长依次说明自己部门的计划。这些花了一长段时间，接下来由议员们提问。其中一个询问使用比利时借款的细节。他说话时克制住激情，听众被他的雄辩说服，正像教育部长蔡元培已经做到的那样。

此后午餐时间又过了很久，临时国会的第一次会议直到两点才结束，此时我们急忙乘汽车回家，吃了一顿冷饭。

总之，尽管有两三个议员在起立提问时有些激烈，国会的态度仍是完美的。然而，任何熟知中国人热爱礼节礼貌的人都不会对此感到惊讶。我们自己的国会或许可以在这方面效仿中国人，但法国人的脾性是如此不同！

临时国会，或被称作参议院，被赋予了立法权，挑选部长时必须与之协商。参议院结合了新共和国所有的精神力量。

相当自然的是，许多外国人几乎一年都不能理解在那儿进行的发言，并依然较少能阅读书面报告，认为这些中国人是在非常大胆地模仿西方并投身于这场国会闹剧。但是其他人，像我们自己，能够懂得他们的工作，无需从报纸上寻求信息，这些信息公开发布以支持某些利益，因此歪曲了真实的情况和某些措施的价值。他们认识到，在 5 月 13 日第一次开会的国会，即将以最满意的方式完成任务，并且尽力保卫国家的真正利益，与广大的敌对势力做斗争。

当以如此新颖的方式讨论影响人民福祉的事情时，朝廷正在为其无能悲恸。皇帝，小宣统，在皇宫里仍然享有他的名号，隆裕太后，他的伯母和养母，负责他的教育。在宫门口站岗的卫士是满人，尽管身穿西式军服，却留着辫子。皇帝的男性长辈和同辈兄弟姐妹，以及其他皇族王公，主要忙于变卖他们的财产，并将其收益交给外国银行托管。君主的祭司功能是过去的事情了，追溯到1911年冬至，皇帝和他大量的随从就省掉了穿过前门的神圣传统，以及在天坛的宏大祭祀仪式。这项回溯到史前时代的中国古老仪式，已经停止存在了。

参观北京的每一位外国人都会去看看壮观的天坛，它位于汉人城。它绝对不符合西方的宗教建筑理念。

它是一个巨大的、有围墙的围建物，周长三英里半，呈方形，北面是圆形。它有在中国少见的美丽的树木，是一个非常完美的宁静处所。除了皇帝、他的随从，以及天坛卫兵，没有中国人获准进入它神圣的院落，敬拜伟大的皇天是皇帝的特权；作为皇天神秘的儿子，皇帝才被准许向其祈祷。

现在，游客赏给脚夫小费，就能轻松地进入了。

在青翠的草木中央有两座祭坛，以及其他次要的建筑，我们到达那儿时，有些奶牛在安静地吃草。

主祭坛让大多数陌生人感到困惑，包含一个三层的圆形白色大理石平台，平台为360根小柱子所环绕；平台最高的部分以楼梯通达，每个楼梯都位于四个方位基点中的一个。

在广阔的苍穹下，平台中央的神座上安放着一个神牌，皇天上帝的灵魂在祭祀时将降临于此。在它旁边，是其他的神位，是为列祖列宗和在位君主的父亲保留的，他们构成了一个神院。在环绕第一层的第二层平台上，为日、月、星辰，以及风、雷、雨、山、河之神灵，设立不同的神龛。每种自然力量都有所代表，在牌位前的基座上，有无数瓶子和杯子，用来容纳献祭的食物：肉、蔬菜和水果。

两千多名官员陪伴着皇帝。他从前一天起就在天坛院内一个特别的阁里斋戒，并在拂晓主持祭祀仪式。

祭祀仪式包括开始的三次献礼，此前有一个类似于天主教洒圣水的洗净仪式，接下来就是献祭，以及两种圣餐，首先是作为祭司的皇帝，他在类似于我们教堂执事和副执事的官员的帮助下享用圣餐，然后再轮到其他祭拜者。

在黎明的薄光中，当星星变得暗淡时，圣歌的音乐声，随着焚烧祭品的香味和烟雾，上升到天堂。

这一祭祀形式可以追溯到远古时代，因为它至少可以回溯到公元前2500年。但是当我们用世俗的脚步踏在这座高坛纯净的大理石上时，它已经是过去的事情了。壮观的仪式再不会发生了，天坛将成为一个纯粹的观光景点，它对观光者来说仍然几乎是个谜。

他们会赞赏第二座祭坛，皇帝跪在它前面祈雨，他们或许会认为它是主祭坛，因为它顶部有一个远远可见的遮篷。而且，就线条与建筑美而言它是一件艺术珍品；它那鎏金宝顶蓝瓦在太阳下闪光，一条林荫大道布满大旗，这些给它带来了奇妙的效果。我们的导游，与他的多数同仁一样，艺术感觉迟钝，他在开闭各种围建物那数量众多的大门时，似乎对周围环境的美好毫无兴趣，每一次都伸出手来要小费！

我们希望中国破坏者不要想到去毁坏这座坛。这种渎圣行为与革命精神相当一致。

抛开这些悲观的担忧，我们跨过起自前门的道路，走到先农坛，每一年，皇帝本人都在此犁上几下。

这里不可能详细描述我所有的朝圣活动，在研究这个古老宗教的过程中，我到过地坛、日坛、月坛，以及许多其他地方去朝圣，包括孔庙，它与北京所有的旧秩序一样，已经坍塌毁坏了。

让我们告别东方过去的荣耀、辉煌和壮丽吧，它们此后都属于历史了；让我们生活在当前吧，与所有困难和焦虑在一起，它们是新纪元开端必不可少的伴随物。

当晚，凡·列尔贝尔克先生，友好的《北京日报》编辑，邀请我们共进晚餐，在晚餐结束时，我们就要感受到那样一些焦虑。

尽管事实上我们生活在鞑靼城的雨儿胡同，我们赴宴时仍然仔细装扮，就像在巴黎一样。与我们一道的客人中有外国外交人员，各种出类拔萃的俄国人和中国人，后者包括新议会的议长以及参议院的秘书。他们都穿着洁净的晚礼服。与旧时肥胖的官员相比，这是个多么大的变化啊！并非他们真正地年老了，而是在这电气时代，事情在快速变化！

中国客人不是恺撒鄙视的那种“圆滑、肥胖”的类型，而是“精瘦与饥饿的人”，和那些他惧怕其密谋的人一样。

晚餐过程中及其后的谈话是非常活跃的，主要话题是有趣的借款问题。这是一个引发最严重焦虑的问题，下层阶级正充满怒火，对所有外国人侧目而视。过去的几天，我们的几个同胞已经在街头受辱，有谣传说，在一个偏远省份，欧洲人的头颅已经遭到悬赏。在上海，欧洲人被迫囚禁了一个激起公众内心怒火的煽动性记者，他们仍有其他麻烦将至的严重警告。

这笔致命的借款，的确是整个1912年中国人与外国人关系紧张的主要原因。

麻烦在旧政府下就开始了，在最后的年月中，朝廷发现自己处于拮据状态，同时又因官员无能和腐败，无力通过征税获得资金。

在过去长长的一段时间，中国政府靠高利贷维持，像一个靠祖产生活的挥霍子弟。这个国家欠债1.6亿英镑，尽管实际并未收到接近这个数目的资金。各类佣金和红利，与委托商品一道，使得各国的承包商都发财致富了，有些类似于寓言中吃撑的鳄鱼。在上海时，我们看到一个借款人被迫购买的1400尊生锈而过时的大炮。由于这项令人惊讶的财政政策，政府陷入了困境。

为了得到资金，朝廷已经逐渐抵押了所有可利用的收入来源，因为这个政府的稳定性几乎和环绕着月亮的云彩一样，欧洲金融家拒绝以单一的政府担保来借款。海关由欧洲人诚实而能干地管理着，其收入为七项不同的借款作保，就像如此多的担保借款是以政府库房作保一样。

接着革命到来了，与欧洲财团的谈判搁置了一段时间，财团由法国、英国、德国和美国的机构组成，由各自的使馆代理交易。

中国存在的这个政府在动荡中被一扫而空，征税变得尤其不可能。新政府最初分为两个敌对的派别，它甚至比前任的财政状况更糟，尽管后者曾经无可奈何。无论北京的袁世凯，还是南京政府，都没有足够的资金支付军饷，或认真努力维护秩序；他们更鲜能组织一个名副其实的政府，让中国在财政上站立起来，并能够支付债务的利息。

假设中国已经破产了：欧洲金融家的利益将会严重受累，他们一定丧失了客户的信任和尊重，客户们不会不想起热情的招股章程，在第一次发行股票让公众认购时，这些章程曾经被广为散播。

另外，在投机者，尤其是军火制造商看来，中国是一片乐土。在这里可以积累大量财富，条件当然是要有用以支付所订武器的资金，这些武器用于装备预料中会招募的庞大的现代军队。

而且，外交家们习惯将这个巨大、混乱的国家，连同其无能的政府，当作一个老人来看待，他进入第二个幼年时期，必须无限期用牵引绳来维护。

因此，发生的情况是，金融家们决定发行一笔大借款，明确用于重组中国，数额为6000万英镑。法国和英国这两个全球债主，将提供巨款的大部分，交易将证明对充当中介的人是极其有利的。

俄国和日本，最不愿帮助中国充分恢复过来，在蒙古和满洲反对它们，最先拒绝参与。然而，当向他们指出，考虑中的数额不足以让中国恢复到给它们自己造成危险的程度时，俄日放弃了反对，最终加入其他四个列强以提供必要的资金。这样就组成了所谓的六国财团，其代表注定要花整整一年的时间与狡猾的中国人谈判。

一般来说，金融家比外交家更熟悉任何一个既定国家的资源，因此更有能力评估其信用。就当前这个案例而言，他们非常愿意发行要求中的借款，他们将为此获得惯常的佣金和折扣，但他们在向易于轻信的客户们推荐投资这个国家时有些谨慎，其仅有的真正担保品都已抵押。剩下的是国家信用，它依赖于一个能够娴熟地量入为出，并征集税收的可靠的政府。

这样一个政府已长期在中国不复存在，这里由腐败和无能支配。即使在革命后，中国也是混乱状态占统治地位，没有做出收税的努力。一个绝不能让如此大规模的债权人心安的情况！

幸运的是，那群小投资者对此事蒙在鼓里；以前借款的息票按期兑现，原因在于，当其到期时，银行向政府提供必需的资金，以便保护中国的信用。这是一个必要的预防措施。因为，在大型欧洲金融机构分理处购买了政府债券的公众如果惊恐了，将会造成致命的金融恐慌，尽管先前借款有真正的担保，新借款却是不可能了。

因此，关于中国真正的财政状况，欧洲是断然保持沉默的。

但是这还不够。为了发行债券，必须激起公众的信心。这信心建立在某个没有那么虚无缥缈的基础之上，不是仅仅有望某天看到出现一个诚实能干的中国政府，这样的中国政府以前从不为人所知。

还留有盐税；一部分无疑已经做了担保，但通过管理改革，可能会产生更多盐税。并且，债权人将坚持对中国政府的财政管理实行某种控制，务必让自己提供的资金不被浪费。因此，公众知道他们的利益受到欧洲人保护，时机出现时，可在枪炮和军队支持下把自己的意志强加于人，他们就会觉得有足够的信心，就可引导他们认购重组中国的必要资金。这个巨大的国家，已经由有能力的人掌权，将能够开发矿藏这样的庞大潜在资源，修建大量铁路，以及在总体上利用一种进步文明的好处，同时让外国人获得可观的利益。这种暂时的监护将对每个人都有益处，至少在外国人眼中是这样，他们等着从中获利。

不幸的是，这个好方案的发起人忘记了两件事：首先，尽管做了相反的郑重声明，合伙组织——在这里外交支配着金融——中的不同成员，由于政治利益的不同，在目标上难以保持一致；其次，中国人的爱国精神绝不会答应把国家的管理权交到外国人手中。

在整个1912年，上面两种因素结合起来，让借款事宜停滞不前，并在每一个地方引发最严重焦虑。

在晚宴上，那些是重要政治人物的中国客人，毫不隐瞒自己这样的观点：外国控制中国财政，人们会认为是要屈从于外国的统治，这个消息很容易在一阵绝望中激起对所有在华白人的大屠杀。

我依然能幻听到一个杰出的、通常是冷漠的中国外交家重重的语调，我能看见他那炽热的眼睛，这时他在客厅里对我谈论说："这当然是愚蠢的，因为尽管我们不是更强大的国家，但是没有什么能阻止人民，毕竟，遭枪杀比被扼死要好！"

这些就是在北京雨儿胡同的那个晚上，我们甚为有趣却有些不同寻常的话题。

◎第十二章　　中国人的态度

夜间的焦虑时刻——警察罢工——革命者的反俄情绪——神秘主义者，以及八誓社——守卫城墙守护神的神学家——知府那可以治病的灵魂——和尚——总理出走，外国顾问——参观皇宫

在接近子夜时，我们告别主人及一同做客的人；明亮的天空下星星在头顶闪耀，这时我们沿着宽阔的王府井大街——近年来修建的主要大街之一——向使馆区方向进发。我们充当一位法国女士的护卫，一道有她的丈夫和女儿。这是一个如此美好、温暖的夜晚，我们决定步行，除了北京市政府提供的有些稀少的电灯，还有月光在照亮街道。

我们心里满是现在的形势，我们这个6人小团体的谈话，本能地转向晚餐期间一直在讨论的话题。

我们会再遭遇一次义和团骚乱吗？中国暴民同棉火药一样令人生畏和一触即发！最小的事情都会成为点燃他们激情的火花！一个人只要在街头叫喊：“打倒洋鬼子，他们企图统治中国！”这就足以把我们日

常交往中平和的人们变成杀人狂，冲去屠杀白人。中国人这种特别的易激动性是一个众所周知的事实，在许多外国居民看来，每个中国人都可能是疯子。

北京的外国人将能够在使馆区抵御一次围攻。他们有2500名士兵，但中国人有120门大炮，如果操控得法，会在8000人的国际部队从驻地天津赶来之前，把使馆区炸个粉碎。他们不可能支援散布在中国内地的外国人——商人、传教士，等等。他们随后将派遣一支远征军为其死亡报仇，如果这样会让他们满意一点的话。

“就我来讲，”那位法国女士抓住我的手臂议论说，“我的丈夫和女儿在这里，我们会被一同杀死，但我想再见到我儿子。他在法国。”

在谈论这些的时候，我们抵达了欧洲人城区，他们此时或许已经睡着了。我们走进宁静的街道，护送朋友到门口的时候，两个日本哨兵站在桥上。

已经敲过午夜钟了，莫内斯蒂埃先生，我的侄子和我走在回鞑靼房屋的路上，我们的“男仆”正在熬夜以让我进门，中国的门是没有闩锁钥匙的。

突然，我们遇到几分钟前一直在守桥的那两个日本兵；他们肩扛步枪，全速跑向营房。会发生什么事，让这些纪律严格的士兵抛弃岗哨呢？不可能询问他们；一则他们不懂我们的话，另外，他们瞬间就离开了我们的视线。

道路就在那儿有一个转弯，所以我们不能望过那道斜堤，但是转过角落后，我们看见了红色的火光；火焰与烟雾从离我们并不远的一座房屋喷出来，就在我们不久前经过的那条街上。

我们好奇这是否是又一场哗变，就像2月28日的一样。就在那时，我们听到一个像是开枪的声音，我们决定弄清正在发生什么事，以便必要时返回向我们的使馆告警。因此我们排成一个纵队靠街边前进，直到抵达火灾现场。

结果证明的确是一座正在燃烧的房屋，但是没有射击、没有哗变，也没有抢劫。

一些站岗的意大利水兵看见了火焰，穿过斜堤，用枪托砰砰撞击着火房屋的门。这在远处听起来正像枪声。中国居住者担心抢劫者，拒绝开门，尽管火焰正在向天空升腾。最后，邻居来到现场，引导他们打开门；他们没有遭到抢劫，人们开始灭火，因此我们走上了回家的路途。

紧张不安的欧洲居民，一直处于警觉状态，此类事件增强了 2 月 28 日哗变引起的担忧，他们害怕再来一次。

看起来的确在任何地方都没有安全可言。接下来的一周我们获悉警察罢工了。

北京警察非常有效率，在所有主要的十字路口，总有一两个警察在管理交通。他们也三四人一组，由警官带领在城里巡逻。其中一个人是刽子手，带着一把刀，这种武器有类似于斧头的三角刀身，并且通常装在皮鞘里。

警察现在罢工是因为政府缺钱。已经在商谈要剪掉他们纤细的辫子，辫子使他们黑色黄边短上衣的后背变得油污，很自然的是，他们要求为这项牺牲取得补偿；而且，热天开始了，他们需要亚麻的夏季制服。

能做什么呢？像北京这样的城市总是有大量罪犯，他们通常由警察遏制，如果警察的监督撤销，他们肯定要做坏事。

因此政府赶忙设法取得一小笔款项，后来我们在街上遇到警察，他们带着装有自己宝贵辫子的小包，口袋里几块延迟支付的硬币叮叮作响。他们看来相当满意，因为他们的威胁成功了，罢工仅仅持续了一个早晨。他们回归自己在街头与警卫室的岗位，而居民们到处竖起稻草做的遮蔽物来保护自己的平房，以抵挡北京太阳的热度，在夏天的数个月中，它让人无法忍受。

警察罢工只是民国政府不得不对付的众多困难之一。政府依然不能够付款给革命军队或是北京的帝制军队残余。后者要求他们的军饷，前者要求许诺的解散补偿金。中央政府应该满足这个国家所有军队的需要，并以一个现代、新式的制度取代革命前腐败的管理，但部长们对于着手这样一个可怕的任务踌躇不决。首先，一笔巨大的款项是必不可少的，尽管银行同意发行一项债券，但是它们强加办不到的条件，到目前为止，外交谈判尚未取得成果。

126 个省代表不会同意放弃蒙古，俄国如此热切地觊觎它；也不会允许外国人控制国家财政，尤其是当中一个将是俄国人的时候。然而，这些是外国财团强加的条件。

在中国爱国者眼中，这等同于把绳子套在他们脖子上，并且，用我中国外交官朋友的话说，他们更宁愿被射杀。

而且，共和领袖们在情感上是反俄的，许多在欧洲各国首都学习过的人与俄国无政府主义者联合起来，从他们那儿学到了宣传方法，包括使用炸弹，同时接受了他们对专制政府的仇恨。

自那以后，已经过了许多时间，曾经的学生现在是临时国会的议员了，或是有权党派的领导人，或是共和国的激进分子。一起反对他们的是一群外交家，他们发誓要取消借款，除非首先满足俄国的要求。

在保证外蒙独立的借口下，俄国想要合并中国的一块土地。国会对此绝不答应。

提议中的外国控制中国财政，乍看似乎是个足够合理的要求，也遭到了反对。然而，它难道不只是一个接管国家管理权，破坏国家独立的巧妙方法吗？

通过报纸，这些讨论在全国各地不断重复，并有人断言，中国未来的命运和埃及相似，英国已经让自己成了这个国家的主人。过去曾经与清朝官员做斗争的恐怖主义者，开始回到北京以监视事态。

公众领导人，无论部长、副部长，胆敢软弱而背叛祖国的利益，灾祸就降临在他们身上！

那么，这就是政府拒绝考虑金融家建议的原因。

一个投弹者有一天来看我们。他是我们在南京认识的年轻上校，他因为参与了谋杀袁世凯的计划要被处决，但勉强逃脱了。

“你是怎样到这里来的?”我问道，“你不怕总统发怒吗?”

“哦，不!”他回答，“因为革命是既成事实了，我们又重新开始了，我到此当局是知道的。”

他当然是到处游逛而无须躲藏，甚至与我的侄子一道在乡村骑马。我多次见过他，警察不可能不知道他出现了。

袁世凯一定真正是个宽宏大量的人，他不会记仇。

我们邀请上校吃晚饭，想要听他讲投炸弹的事情。他对此详加描述：他是如何离家和告别年轻妻子的，妻子对他的意图一无所知，他从没期待重新见到她，料想他要么被自己的炸弹炸死，要么被刽子手杀死。

他是个高瘦的年轻人，有肺病患者般凹陷的脸颊，他以实事求是的语气讲述自己的故事，尽管神秘主义的火焰不时让他热切的面庞放出光彩。

在远东旅行时，我们经常遇见这类人，他们冷漠的表情掩盖了绝不迟疑的狂热灵魂！

我们的客人是位正德会①，或美德传播会成员，该会另外称作八誓会，与我们非神职的天主会类似，天主会隶属于一个圣会，被称为第三教团。

然而，八誓会绝不是宗教性质的。成员宣誓全部遵守，或是在某些情

① 音译。——译者注

况下部分遵守为其行为制定的八条规定。这些规定分成三个部分，第一部分适用于所有成员，其组成如下：禁止（1）赌博；（2）嫖娼；（3）多妻。

第二部分禁止成员（4）做官；（5）成为议员；（6）抽烟。

第三部分包括两条规定，禁止（7）饮酒；（8）食肉。

每个成员都配发一个心形徽章，上有他要遵守的那部分规定的数字。

第二部分中有禁止成员担任公职的规定，其原因在于八誓会希望拥有对政治没有个人兴趣的成员，这样他们可以致力于公共福祉，而不会被怀疑有任何别有用心的动机。

八誓会没有主席以及社会名望，当前有数千名成员。

最狂热者八条誓言全都接受了，相应地，我们的几个熟人是严格的素食主义者。

当然，所有成员都是共和者，他们当中的许多人是革命激进分子。

“渴望改造国家者，”这个奇特团体的一个主要领导成员说，“必须遵循孔子和各地圣贤订下的那些原则，先要修心，再改造自己的行为。以此为目的，我们聚集在一起。”

八誓会的原则的确同儒教和佛教的高度一致，中国人常常宣称信奉这两大教。

这个八誓会的存在是中国人宗教感情在发生变化的标志，尽管作者们数次予以否认，但这种改变是真实存在的。作者们只是考虑到知识阶层，在他们中间怀疑主义和现实的实利主义非常盛行。

除了在中国普遍存在的祖先崇拜，信奉自然半神力量的宗教与佛教联合起来，在中低层——在每一个国家他们都是最具宗教倾向的——当中存留了下来。

我在无数次参访寺庙、宝塔和修道院时反复确认了这一事实，在这些地方我重视与守卫及和尚交谈，目的是弄清他们的宗教信仰。

我常常自娱自乐，方法是与前门两个小庙宇的守卫聊天，这时我与北京的其他居民一道，黄昏时刻在环绕使馆区的城墙上散步。

其中一个庙宇供奉边疆和城市的保护神关帝，另一个供奉慈悲女神观音。

这些庙宇是不大的建筑，周长只有几码，首先是一个小院落，里面有一两个古老的铭碑，两间充满灰尘的小室，最后是正殿，保护神本身的居处。

关帝是个描画的灰泥人，他那灼热的眼睛将恶鬼吓退。在城市入口处的这两个庙宇中，他位居左边，被灰泥做的随从和一匹灰泥马环绕。

在这里，我经常看见那个看守人，他是一位俗家人，留着辫子，身穿绸袍。由于我戴着眼镜，他将我当成了德国人。

他过去时常询问我西方不同教派的教义，对所有神学问题都有极大的兴趣。他熟悉天主教、东正教和新教的教义，其中的每一种在北京都有代表，但是他希望听到一个非传教士的欧洲人对于其基本教义的看法。

或许在这道大城门进进出出的欧洲人，丝毫没有察觉到，在其中的一个偏庙里，守卫一个描画之神的，是一个智慧的中国人，对于圣父和圣子，以及圣父和圣灵间关系的三位一体说、佛提乌的分裂，以及教皇的惩戒和教诲权，他都有强烈的兴趣。

他与所有同胞一样善于调和，他过去常常以这样的评论来结束自己的论争：毕竟，现实中人们没有他们以为的那般分裂，他们都有一个神圣的起源，因此就无足轻重的琐事争吵是非常愚蠢的。

在站着与他谈话时，我经常看到路人在门边小店买上一炷香，拜倒在殿前，再将香插进香炉。

有如此多的宝塔供奉的圣人，通常是真实存在过的人，以其美德而闻名的圣人，他的灵魂仍被认为有影响力。他们受到膜拜，正如在欧洲一样，人们希望能够得到神的恩赐。

在城墙附近，靠近路易十六时期耶稣会会士建立的天文台，有一个供奉卢秋①的庙宇，他以前是山东的一个知府，其灵魂可以治病。

这个庙宇的庭院远端，是这位圣人及其几个弟子真人大小的雕像，墙上悬挂着大量纸张，上书所有疾病的疗法。有些是给男人的，其他是给女人和小孩的。

我们看见一个年轻妇女前来祈求卢秋治愈她母亲的病。她经过精心装扮，身穿漂亮的绸装，黑发梳理过并涂有发油。她向盘子里献上几分钱，烧了一炷香，合手鞠躬跪下祈祷。接着，她从一个盒子里随机拿出一块金属片，上面的数字对应于墙上纸张的数字。但是，唉！那纸提醒她母亲不会好转了。

可怜的老妇人在外院等着女儿。她也穿上了最好的衣服，尽管她行路艰难，要靠在虔诚的女儿的手臂上。她看起来显然是病入膏肓。

这一幕让我想起了从前见过的布列塔尼妇女，她们一路跪着爬上欧赖的圣·安尼圣梯，以此来还愿。

事实上，人类在每个地方都有同样高尚的愿望。伤心事的神秘将他们拉在一起，他们本能地请求超自然的援助，这给他们带来了安慰和希望。

为什么我们要遭受痛苦、生和死？逝去的时光不是无意义的错觉吗？追求这个邪恶世界上无价值的东西有何好处？那个大轮子总是在旋转，在此过程中将一切事物都卷走，让人的灵魂被它吸入不是更好吗？

北京的佛教喇嘛回答了这个问题，其方式与天主教特拉普会相同，该会人士不论中外，都远在山区过着修道士生活。

约有800名喇嘛居住在北京城东北方的一个大寺院里。他们穿着一种奇

① 音译。——译者注

特的红色或黄色服装，类似于罗马人的宽外袍，它那优雅的褶层覆盖住一件褐色束腰外衣；当在院子里列队行走时，以及在礼拜仪式中的某些部分，他们戴上一种饰有松绒线的大型毛毡头饰，它与罗马人的头盔非常相像。僧长手里拿着一根棍棒，这完全是一柄罗马剑的仿造品。

我们看见他们走过回廊，在礼拜堂集合，在这里跪唱藏语赞美诗。其中一个立于读经台后，开始唱赞美诗，每一边的僧人轮番吟唱其词句。我们可以想象自己身处在某个天主教修道院的礼拜堂。我站在门边细看礼拜者的脸庞；我注意到一个特别的人，他以奇妙神秘的热忱歌唱，如此专注于礼拜以至没有察觉我们的存在。一位老人在照管会众中的年轻人，他上下走动，用木棒敲打不专心致志者的脑袋。

后者不过是孩童，小和尚，其头脑还没训练到可以执行这种机械祈祷的程度。他们中的一些人偷偷向我们做鬼脸取乐，接着匆忙把注意力转向藏语或蒙语卷轴，上面可能有题诗颂扬那“在奇光中的转动的灯”——这里引述的是礼拜堂门口上方的汉语题词。

在一个广大的区域散布着众多建筑物，礼拜堂构成其中一个部分；建筑物中包括四合院，四合院有成荫的树木，被住宅围绕起来，这些住宅有典型的中式屋顶，顶角上翘。我们查看了僧人的单人小房间：灰墙小包间，这些剃光头的人就在里面睡觉，他们已经发誓禁欲，并将生命献给祈祷。他们的洁净度有些令人生疑，我可以想象，他们的生活方式很大程度上就是我们中世纪修道士的生活方式。

我没有时间问询僧长所坚持的教义，因为这是礼拜时间，但我在其他场合下在其他修道院经常这样做。这些僧侣形而上学的教义，几乎没有欧洲神学家的那么教条，神学家们对无限性有一个狭隘的概念。喇嘛向其祈祷的菩萨，是一种神人，并非与我们的耶稣不同。他有时与老天爷混淆；老天爷，年老的神爷爷，虔诚的中国大众的神；中国大众不会苦恼于他们难以理解的哲学或神学概念的细节。

从与红袍或黄袍僧人的谈话中，我得出结论，他们相信一个神，他从天国的住所观察人们的行动，并扬善惩恶。他们不费心去确认他的身份，并与其基督教教友相同，拒绝探讨常识问题，认为这是不敬的，当被追问时就给予托辞。

中国士人的头脑，同我们那些反神职人员者类似，倾向于讲些不利于僧侣及其习惯的话。不带偏见地讲，从个人所了解的来看，我必须说他们给我的印象很好。他们身上有种平和安宁的氛围，他们的目光专注于无限的神秘，极少关心革命事件。

然而，这些政府补助的修道士，公众的捐献不足以满足其需求，他们对未来充满焦虑。他们怎样在新形势下过活呢?

混乱状态依然占据统治地位，在总统袁世凯和临时国会之间正进行着一场沉闷的较量。

后者尽管只开了几天会，却已经开始意识到总统有些专权了。共和派领袖不信任他；许多部长都是著名人士，但没有进展可言。袁世凯总是让他们面对局势中的主要问题，正如他过去常常对废王朝官员所做的那样。

“要做任何事情，”他反复向部长们讲，“钱是必不可少的，而我们没有钱。外国人是唯一愿意提供钱的人，我们必须答应他们的条件。”

争论在继续，政府将这些建议传达给国会议员，议员们愤怒地否决了。

同时，由于未给军队发饷，常常在各省重新出现新麻烦。张勋将军，这个带着一万帝国士兵逃离南京的顽固君主制主义者，现在在山东省，在浦口线上。他生活在一辆征来的火车里，从周围地区抢夺供给。没有人去干涉他；共和者监视着他，袁世凯则置之不理。

在北京，皇室卫戍部队不被认为靠得住，据说他们在拥护新政府方面并不热情。

一个满族教师在给我上汉语口语课，他从前是户部尚书的秘书；革命剥夺了他的职位，他处于如此贫困的境地，非常高兴找到了一个学生。可怜的绅士只懂得自己的语言，他每天来与我会话四小时。他悲痛于中国陷入的不幸日子，以及导致满族遭到厄运的王公们的愚蠢。他对王朝复辟的可能性没有信心，预言中国将以被外国统治而告终。对于自己，他打算隐退到妻家的一个小农场，尽管是个士人，他将不得不作为一个农人死去。非常奇怪的是，他认为，就其自身而言，共和国是一种极佳的政体，但是它不适合今天的中国。

他在6月10日预言有一场新的哗变，哗变预计在15日，朔日，除非皇室卫队在这一天前得到饷银。士兵将开始抢劫，就像他们在2月28日所做的那样，王公们将利用这场混乱努力重掌权力。共和者将遭到攻击，也许还有外国人，因为他们支持袁世凯。

城里充斥着麻烦将至的传言，人人都满怀焦急。所有住在六国饭店和北京饭店的中国人都突然离开了，就好像他们在遵从秘密的命令。会是什么原因呢？中国士兵想袭击使馆区吗？

局势正变得相当严峻。据说袁世凯正打算接受财团的条件，这可能会导致人们起来反对他及反对我们。

我们做好了逃离自己房屋的预防措施，房屋在一条隐蔽的胡同里，万一有危险，可通过房顶和花园到使馆区。假如主要道路被士兵开火控制住，这将是必要的。如果是这样，我们当爬墙进入一个法国人——鲁斯·拉科代尔先生，一位邮局官员——的花园，从那里进入京汉铁路公司办公室，这里有更多的法国人，我们再一起越过斜堤，在欧洲区设防的城墙下受到庇护。我们已经能听到远处的枪炮声，但是没有可靠的消息。

最终，我们从自己的公使那里听说，袁世凯已收银300万两，因此可以在本月最后一天支付军饷。财团的银行已经从许诺的借款中放款。6月15日平静地过去。北京驻军发饷了，传言说借款就要签字了；伦敦和巴黎的银行正在仔细斟酌，但事情差不多定了。

17日突然出现一个晴天霹雳。唐绍仪不见了。他会在哪儿呢？最终，消失几天后，他被确认藏在了天津，他隐退在此，以逃避与借款有关的所有责任。总统派信使来召回这个逃跑者，但失败了；唐拒绝服从。他认为，签署接受外国控制的合同将是对中国的背叛。另一方面，革命党成员愤怒而危险。他们要求向比利时借款，警告总理如果在新合同上签字，他将是在签署自己的死亡令。

非常可疑的是，唐是否曾经打算签署它。无论如何，他不愿暴露在威胁他的危险之下，并且，他即将出发去上海。但就在他登船时，一个革命者用手枪对准他的脑袋，逼迫他留下。他因此待在了天津。

6月在从未实现的期待中过去了。总理出逃当然中断了谈判，并且有了任命另一位总理来取代他的讨论。然而，要找到一位袁世凯接受的——袁仍然不相信共和者——同时有能力应对当前局势中难题的政治家并非易事。

同时中国政治在原地踏步。国会制定了几项管理措施，但不可能永远没有资金地继续下去。共和者回应了总统的不信任感，后者依然没有任何行政组织；为此目的，他需要款项和参谋官，两者无一存在。

他的政策是获得支持者，因此他任命了顾问或参谋人员，首先从温和共和者的行列中挑选，以得到他们的忠心。随后，他挑选了某些前政府官员，他们在革命风暴面前被迫折腰，最后，为了取悦列强，他任命了几个外国人。

不用说，这些顾问没有机会提建议，袁世凯没有寻求建议的习惯。但是他赋予恭维性头衔的那80或100个人，将获得可以保证他们忠诚的薪金。

我的朋友孙宝琦，以前是中国驻巴黎公使，短暂担任过山东共和政权的都督，有一天到北京来拜访我。我曾以为他被暗杀了，因为我在云南时被告知，一个革命军官被派去将他作为叛徒处死。因此，当他身穿西装，头戴巴拿马帽进入房间时，我祝贺他平安。刘，另一个大使，也来到北京查看风向。这些人以前都是帝国政府的官员，前来向袁效命。

莫里逊博士，他长期是《泰晤士报》驻北京的通讯记者，被任命为政治顾问之一，后来，一个法国人，指挥官白里索·戴马耶被择定为军事顾问。

这些绅士有可观的薪水，一个是2600英镑，另一个是2400英镑，但在当前国库空虚的状况下，他们会否得到这笔钱是可疑的。

同时，出于节约，每位中国官员的薪水，包括大使们，每月统一减少到50先令。这些官员艳羡受到青睐的外国人是合情合理的，他们的工作是一个闲职，因为，即使他们不怕麻烦写报告，后者都会被嫉妒的部长们扔进废纸篓，审阅报告是部长们的职责。

由太后和孩童皇帝组成的皇族仍然住在宫里。

当然，已不可能全部支付许下的每月四万镑津贴。共和国政府先向太后支付了小额资金，同时恳请她分担国家的贫困，为了国家的利益节约度日。

年轻的皇帝大概不了解情况。他放飞乐鸽自娱自乐；后者是有生命的鸟儿，它的羽毛里绑上风琴管，因此在飞行时，空气流过风琴管，发出一种奇特的乐声。这些皇家的鸽子偶尔飞到我们房子的上空，在以前，杀死它们中的一只将被处以死刑。

没有总统的特许，无人可以参观皇宫，而特许是很少授予的。然而，有一天，一个对北京进行正式访问的德国亲王，表示想参观宫殿。大门因此为他、他的随从，以及几个法国同胞打开，我们被允许加入这个团体。

这样我们得以乘皇家小舟穿过莲池，得以在留作皇帝、亲王及太监专用的大理石桥上行走，得以穿过金色、红色的柱子进入皇家建筑。当然，我们未被允许参观太后和年少的宣统帝居住的那一边，但是我们兴致勃勃地仔细观察了光绪自 1898 年被囚直到死亡所居住的寓所。他死前居住的那间屋子，其家具绝不是富丽堂皇的，有一张黄色的丝床，一把平常的椅子，一些欧洲时钟，和墙上的几幅字。在被囚皇帝的屋子里远远没有我们梦想的亚洲人的华丽！

慈禧的小宫殿就在附近：一座与周边中式环境相冲突的欧式建筑，据说由某个德国建筑师建造。一座大厅里有可怕的慈禧的宝座，在此我们看见了饰品、一件件家具、珠宝，等等，它们是欧洲不同的君主赠送给中国皇帝的，全部保存在玻璃箱里。还有这样一批时钟藏品！这些难看的物件令我们想起集市来，在查看它们时，我们无法相信这些东西是路易十四、英国国王，或其他欧洲君主的礼物的说法，我们不得不相信中国人的这个说法是正确的，即有价值的东西随着时间的推移被不忠的太监偷出来，秘密卖给外国商人了。这不过是进一步证明了满族社会的腐败状况。

在皇宫的这一部分，有一座巍峨的佛寺，从其最高点往下望，我们见到这样一幅景象，宫殿群金色或有时是紫色的屋顶掩映在北京葱郁的草木中。这是一幅迷人的景色，且整个地方在夏日美妙的阳光中闪烁！

陪同我们的是几个太监：相当矮胖、身穿朴素蓝棉袍的人。这些人在中国没剩下多少了，他们这样的人，已经丧失了其古老的能力。

而且，“宫殿”一词误导了欧洲人，他们立即自己想象出一座有些规模的建筑，然而，皇宫实际上是一种有围墙的城，由无数的建筑、花园，以及一片片装饰性的水域构成。围绕它的是被称作红墙皇城的东西，朝廷的所有成员及其仆从都居住在里面。

真正的中国房屋是非常有魅力的，它们有红色的柱子，它们金黄色的瓦片在阳光下熠熠生辉。草坪，连同其池塘，以中国特色的造园艺术设计，非常的悦目。从艺术的观点来看，它们甚至对房屋内部的改善大有帮助，大多数房屋尽管稀奇古怪，却没有美感。总而言之，北京所有的建筑美都包含在纯净的中国风格里，这可以追溯到过去许多世纪；在这个方面，与在所有其他方面一样，满族王朝显示出无能和积极性的缺乏。可以将其比作那些昆虫，它们把螯针刺入其他昆虫的身体，目的是使其瘫痪而不死掉，这样它们就成为侵犯者后代未来的食物来源。然而，这已是过去的事情了，现在王朝自己已经灭亡了。

因此，尽管一长串皇帝们最后的后裔就生活在离我们很近的地方，但在这些围墙的后面，他不过是一个历史记忆而已，是一个野心勃勃的人手中的工具，这个人正在静悄悄地、不张扬地沿着通向最高权力的道路前行。

◎第十三章　北京的生活

北堂——中国爱国主义——颐和园——在法国公使馆庆祝 7 月 14 日——预示“独裁者”到来的征兆——共和者的失望及其计划——与新任国务总理会谈

北京有个法国人不会不去参观的地方，这是那些远离家乡死在这里的人最后的安息之地。这个不大的墓地位于城西，在北堂或天主堂北面。士兵们的坟墓都是一样的，一个挨一个；这里躺着的是义和团骚乱期间使馆和北堂勇敢的保卫者，以及驻扎在这儿病死的法国子弟，尽管华北的天气足够有益于健康。这个小小的墓地，与其成荫的树木一道，被深情地护理，因此绝不是一个阴沉之地；鸟儿在枝头歌唱，死者在此静静地安息。

大多数人也去参观法国天主教堂，或叫北堂，它在 1900 年经受了一次难忘的围攻，它的地区主教阁下总是乐意热烈地欢迎同胞。

在我们到访时，北堂由法国士兵守卫，二月最后一天士兵哗变的时候，作为一种预防措施，一个军官及三十名士兵被派到了那儿。

北堂的建筑包括一座双塔大教堂，一座女校、一座女孤儿院，以及一个印刷所，印刷所的目的是满足牧师及其教区居民的需要，但在必要时也为外面的欧洲人工作。

女校由圣文森德保罗教堂的修女管理；校长不是法国人，但她是一个开朗、友好的淑女，法语讲得很棒，手下有几个法国和中国修女。她告诉我们她已经在中国待了多年，并好心地带我们参观学校，在这里我们看到1900年北墙下一个地雷爆炸造成的巨洞。对于身处中国小姑娘中的这种生活，她感到幸福，她更喜欢她们而不是世上的浮华和虚荣。并非她没有经历过后者，因为这位镇定、欢乐、眼睛明亮的女士生下来就是一位奥地利公主。她身穿粗布衣服，头戴白帽在我们前面行走，拿着一串钥匙开门。她向我们展示了工作间、大厅，以及孩子们做的刺绣，她把他们叫来了。

我们对印刷所也非常感兴趣，复杂的中国字在这里铸模，模字以电板术制成；每个活字可以使用10万次才磨坏。

一位年轻的北京绅士余先生陪同我，他来代替我的满族教师给我上口语课；义和团骚乱时他12岁，与一部分家人在此避难，并度过了难忘的围攻，当时使馆区也正在坚持抵抗。

余先生带我参观各道墙，向我解说他能够记起的所有围攻的细节。他就站在亨利中尉，一个布列塔尼天主教徒旁边，当时后者身受重伤，将自己置于圣母玛利亚塑像旁边以死在这儿。这位勇士的画像，以及几个保护北堂居民时死去的水兵的画像，被展示给我们看；它们被小心翼翼地保存在学校的墙壁上。它们勾起了多么悲伤的回忆啊！

教堂后面的漂亮花园树荫成林，曾经一派荒芜和死亡景象，现在变成了一个迷人而宁静的地方。

北堂围攻将在法国的英勇记录上留下光荣一页，我的导游讲述了一些保卫者辉煌的功绩，钦佩之情没有随着时间的流逝而消减。

主教的花园也是葱绿清新的，看起来像一小片法国之地，在城市布满灰尘的街道后面，很是令人心神爽快。

林懋德阁下，这个主教辖区的主教，是一个小个子，有一张有点儿红的脸庞，须发花白，他张开双臂欢迎我们。与大多数传教士一样，他在这里已经很多年了，并且要长久待下去。他在自己的房间里接待我们，房间尽管家具简朴，却让我们想起家来，我们坐在沙发上，胳膊肘靠在桌上，准备好做一次长谈。

林懋德阁下评论了中国人正在迅速发生变化的心态。他说，从前被作为公理的是，中国人完全缺乏爱国主义，愿意为了几块钱牺牲自己的国家。传教士自己曾经帮助传播这种观点。这证明是错误的，中国人已经表明他们与任何人一样爱国。在其他例子当中，他援引了对美货的抵制，许多中国人以此倾尽所有而从容不迫。

“中国人，”主教议论道，“天生热爱正义，这是革命的主要原因之一，尽管基督教也扮演了重要角色。基督教友爱和平等的训诫发挥了自己的作用，基督徒和中国牧师同样深受当今共和思想的影响。中国目前有总共超过100万的基督徒，在这个省他们增长迅速以至不得不设立一个新的主教职位。本土的教士取得了同样的进步，尽管中国人总体上被认为缺乏积极性和组织才能，但教区教士们，让他们自由管理自己事务的时候，其工作表现通常值得称赞，并显示出极佳的效果。在许多情况下，他们与欧洲人工作得一样好，本地人当中天主教徒的数量大增，主要归功于他们的活动。

“这一增长在新政府下有可能继续，新政府承认宗教自由，并压制了满人。满人过去常常抢掠人民，对教士总体上怀有敌意，因为后者见证了他们的敲诈勒索。关于民众，总体上与传教士相处良好，经常有本地人请求天主教教士仲裁他们的争端。”

“你是什么看法，”我问道，“关于非基督徒的品行，就一般而言？”

“民众，”主教回答说，“是平和而真诚的，正如清政府官吏是腐败的一样。当然，本地人缺乏基督教的美德，只有天主的慈悲才能提供这些美德，但是他们拥有优异的自然品质。我与许多不信教的家庭熟识，他们在日常生活中显示出高标准的品德，引发我毫不吝惜的钦佩。”

我于是问主教是否认为共和国可能持久，并且，在他看来，中国人是否适合这一政体。

“毋庸置疑，临时国会的选举是方向正确的一步。改革将持续，尽管将来有党争，在新制度最初的数年党争必定会发生。”

我惊讶地听着这些话，它们与我听到的其他欧洲人表达的观点形成了对照，种族歧视让这些欧洲人变得盲目。

我欣赏了漂亮的门廊雕刻，中国人耐心的手指在上面用竹子编织了一个复杂的图案。我阅读了慈禧太后亲笔书写的汉文题词，题词希望教堂长存，在主教的住所里，它被置于一个彰显尊敬之处。

内阁仍然不存在，自唐绍仪逃走后，还没发现有人愿意承担总理职责，也没有人被国会批准，后者的同意对组成内阁是必不可少的。军队中有哗变的传言，营房里不时听到枪声，但中国人对时事缄默不语，政府不愿向外国人透露事情的实况。原来的皇室卫队也正在证明是一个焦虑的来源。

我打算和一些朋友一道去参观颐和园，当我乘坐汽车去接他们的时候，我看见一个满身鲜血，由人力车拉着前行的人，注意力就被吸引了。这是在皇城附近，他穿着皇家的制服，眼睛紧闭，脑袋无力地下垂着，胸部的一个伤口正在大量流血。我想弄明白，他是否是被刺了，如果是这样，是谁刺的，又是什么原因？

我发现我的朋友心情焦虑；他在中国铁路上有一个重要职位，他正开始纳闷是否应当把家人送到使馆区附近更安全的地方。他的住房远离所有可能的帮助，到前门要整整步行一个小时。

然而，我们决定按预先的安排参观颐和园。到颐和园的路极好，皇帝在上面行车时，也许认为帝国所有的道路都同样整洁。它有我们的主要道路那么宽，两边铺有石板，树荫下车子在路上进进出出，树木令道路有些类似于法国的林荫大道。我们经常用到它，因为当夏天的炎热将我们赶到西山，或是赶到玉泉的洞室寻找新鲜空气的时候，它是出北京的唯一一条便利的道路。

乞丐们总是沿着这条路躺着等待外国人，赤身裸体的孩子在尘土中跟着我们跑，接住我们扔给他们的铜钱。

我们从一个身穿漂亮蓝色绸装的年轻女子身边经过，她正沿着路边行走，身后跟着一个老年男子。每隔五六步，她就双手合十，弯腰，接下来跪拜直至额头触地。她在为一个亲人的康复还愿，可能要持续屈膝大约六英里或更长。

颐和园有士兵守卫，只有出示我们使馆从中国政府那里取得的许可证，参观者才会被允许进入。这座皇家住所是空着的，因为尽管皇帝常常与随从在此消夏，他仍然住在城里的冬宫。太后拒绝退出北京，因为根据某些说法，她担心再不会回来，失去那些她没有时间去变现的珍宝。

我们与士兵们攀谈，政府显然不信任他们，因为他们被夺去了子弹。

颐和园无疑是个迷人的居所，是一座壮观的中式建筑；就是说，它含有众多凉亭，凉亭用绘画和镀金装饰，散置着红色的柱子。它位于一座山边，山脚建有一座人工湖，由白色大理石栏杆围绕着。一座长台阶通向山顶，天气晴朗时从这里可以望见整个颐和园、周边地方及城市的美景，再加上远处巨大的城门。它构成了中国人珍爱的美景之一。穿过花园和露台再下山，我们发现自己身处一个小公园，一座长廊穿过它与主入口相通。长廊的天花板和柱子装饰华丽，皇帝和随从雨天可以在此散步，如同在修道院的回廊里一样。在湖上我们欣赏了一种以大理石帆船为外形的奇妙构想，事实上它是一个船形凉亭，里面供应茶水。

管理人不知道皇帝这个夏天是否打算来；因为他们还没有接到这样的命令。然而，整个住所看起来管理良好，没有显示出在别处可见的毁损和破败。皇帝的住所，和通向它的道路一样，在我看来具有象征性，皇帝及其朝臣是这个国家中唯一的利益受到考量的人。人民根本算不了什么。这种情况与中国古书的教诲很不一致，教诲嘱咐作为臣民父亲的天子，必须专门献身于子民的福祉。这是孔孟及其他圣贤的教诲，但是在普遍堕落中，他们的话没有效用了。

返程时我们的汽车在满是灰尘的道路上飞驰，途中在圆明园前经过。几道红墙和一座旧门依然在路旁矗立，在丛生的绿草中，随处可见一堆堆坍塌的断壁残垣。正是欧洲人烧毁了这座宫殿，破坏了它的宝物，以此作为对法英传教士、官员和外交官在1860年被杀害的报复。

我们不费力地再次进城，因为门是开着的，没有叛乱的迹象。

但我们愉快而有益的远足结束了，因为雨季来临了。在中国，按照惯例，一年中只有约两周时间降雨；然而，1912年碰巧有不同寻常的降雨，一个月二十几天都是雨天。

况且，北京下雨时不可能外出。一整天倾盆大雨下个不停。我们住房的院子变成了水塘，如果出门，水将浸至我们的脚踝。所以面向院子的门配上了升高的石梯，以防止水流进屋子。街道变成了泥流，不论是马车还是人力车，都不能在上面通行，新大街除外，但即使在那儿，也是困难重重。

我们的仆人把长袍束在腰间，尽量到商店去买食物；他们带着油纸伞，回来时却落汤鸡一个。在皇城墙边流动并穿过使馆区的小渠，淹没了两岸，盖住了难闻的泥泞，泥泞中央通常淌着一股脏水；小渠让初次见到“玉渠”而没有料想到的参观者很失望，“玉渠”是它诗化但不恰当的名称！

这些突然而至的具有破坏性的雨水是由砍伐森林引发的，许多世纪以来，中国政府都忽略在这一方面的责任，如同在其他方面一样。

“雨过天晴”在中国尤其真实，在这干燥的气候里，街道很快就在烈日下重返以前满是灰尘的状态。我们有个好天气来庆祝7月14日。

在法国，这个国庆节已经变得有些平凡了。但在国外并非如此。生活在北京的几个法国人为了这个时刻聚在一起，并且无一缺位。即使是远远生活在外地的人，无论受雇于铁路、邮局，还是海关，都要造访法国使馆。

在这些场合，每个法国人都在房屋上挂起一面旗帜，在这遥远的远东城市舞动的红、白、蓝三色旗是一个静默的象征，只有那些远离家乡身处异域的同胞看见它飘扬，才会完全理解这一点。

庆祝活动以在瓦尤军营的比赛和一个体操表演开始。士兵们在阳光和煦的大庭院里组织比赛和各类竞赛——套袋赛、绕桶赛、剪刀赛，以及其他类似的娱乐活动。法国军官俱乐部招待客人们午餐，其热忱我们不会很快就忘记。然而，当天主要的宴会是在使馆进行的。

所有北京法国居民都受到公使邀请，一些人被请来吃午宴，其他人被邀请进晚宴，之后有一个晚会。午宴的客人包括年长者，以及住处太远夜深不能出去的人。

一开始，每个法国人都向法国代表致敬。他碰巧是乔治·皮科特先生，一等秘书，一个修会会员的儿子；他是大使的替代者，大使自己外出度假了。皮科特先生向我们发表了一次讲话，这绝不是人们平常听到的普通演说。他间接提到了法国以及在华法国人对当前形势的态度；他那简单、合理及鼓舞人心的评论，具有严肃而活泼的趣味，没人不加以欣赏；我们在实际上是法国一个小部分的大宴会厅里，手拿香槟杯子，安静地聆听着。

我们位于午宴的客人当中，他们包括主教及其教士——圣母小昆仲会的视察者——他在整个中国巡回视察，包括各种各样的绅士，一道的还有几位女士，坐在我旁边的是个身着欧洲服装的中国女士，她是一个法国同胞的妻子。

晚上有几个身穿低领晚礼服的漂亮女士，她们是北京的潮流引导者。不幸的是，她们数量很少，因为在北京的60个法国居民中大多数都是难看的男性！

晚宴后，庭院通过一排排电灯来照明，树上悬挂着中国纸灯笼，照亮了即使是最黑暗的幽深之处。

这个难忘的夜晚，在一张由氢氧光拍摄的照片中成为永恒。

也许只有我们几个人在思考夺取巴士底狱及其他法国大革命事件，它们偕同大量的流血牺牲，保证了我们今天的自由。这些事情已经成为古老的历史，我们无意识地享受自己的权利，认为它们理所当然。在这里，政治分歧被抛在一边；我们国会的争执和报纸的争吵，在传给我们的时候就已过时。它们在人们心里挑起某种怀疑，而且除非努力记住生活、进步，以及国家的衰微起因于看待人类冲突的不同方式，人们会渐渐认为专制统治，它以强有力的手腕调和各种国家力量，是理想的政体。一点点地，人们忘记了自由的原则，它似乎削弱了国家对外敌的抵抗，对等待着我们的潜在敌人的抵抗。

这是一个突出的心理现象，这在很大程度上解释了我已经暗示过的那些偏见。

这些偏见导致外国人对中国国会有一种非常普遍的蔑视，国会里有无止无休的无结果的辩论。外国人自然倾向于同情袁世凯，他看起来是党派中唯一的强人。如果他解散所有这些闲谈者，人人将为其行为鼓掌喝彩。一个议会，它坚持干预公共事务，它窥探总理职位的秘密，它拒绝批准一项总统似乎愿意接受其条件的借款，它有什么好呢？

一些朋友建议他除掉这帮律师和学者，并效仿他们引以为榜样的拿破仑。但袁世凯是一个精明的政治家，没有听从引诱者的话。他是个中国人，作为中国人，他将不愿运用暴力手段，除了作为最后的办法。而且，议会是一个有用的工具，他可以利用它对财团说："我怎能同意你们的建议？议会反对它们。"他又急忙补充说："借款要进行到底，但是我的部队处于叛乱边缘，外国居民将陷入危险。这会在欧洲进行报道，中国的信用将遭受损害，一道还有你们作为银行的利益，因为我们已经欠你们上亿元了。所以，为了和平，以及你们自己的利益，再借些钱给我。"

这个办法奏效了，这位狡猾的中国人没有付出任何回报就有所收获。

如此获得的金额让他能够收买盟友，让自己的支持者掌管军队，并且给一支可靠的卫队发饷。他的政策是要获得军队的忠诚。

在七月他第一次使用了自己的士兵。仍然没有内阁，因为尽管自唐绍仪逃走已过去了一个月，国会还是拒绝接受任何袁提议的部长。事实上，他们是属于旧秩序的倒退的政客，更适合于做一个专制君主而不是一个共和国总统的部长。他们中的一些人实际上在帝国担任过职务，并不热爱共和国。

组建内阁的讨论没有成果，因为在这样一个重要问题上，袁拒绝妥协，他认为重要的是部长们甘愿做他的工具。

于是政府宣布，总理缺如，不可能给军队发饷，因为银行拒绝借款直到已经建立内阁。军官们立即发表宣言，抗议议会对此事的态度使一切瘫痪，让军队陷入饥馑。这是藐视议会的有意威胁，一把剑悬在了共和国头上。

那126个省代表，以及聚集在北京及他处的、带着极大兴趣观察事情进程的各类委员会成员们，他们会怎样回答呢？

他们充分认识到了情势的严峻性，意识到与之对抗的是一个想让自己成为独裁者的人。在局势的压力下，他们不得不试着把袁世凯选为总统，他在创立共和国过程中的价值是无法衡量的：他导致皇帝退位；他在武昌与黎元洪达成协议，如此结束了帝制与共和军队间的战斗。他还成功地彻底哄骗住外国公使。

那些曾经希望控制他的共和主义者，犯了一个严重的判断错误；只有黄兴，和几个与他相同的其他人，有正确的预感。共和国远远没有牢固确立，必须从受到威胁的专制统治中拯救出来。

法国在相似情况下，会立即揭竿起义，但中国人是黄色人种的成员，他们火一般的力量被非常完美的自制力扼制了。

于是，议会决定让步；袁世凯必须被允许任命非共和派部长，因为不可能武力抵制他。没有钱什么都做不了，而袁世凯可以依靠银行，依靠由他付饷的北方军队的支持。他同样争取了副总统黎元洪，黎掌控着中国中部的军队。后者是一位心怀怨愤的旧式中国人，暗中反对革命；他相当无原则，既然个人抱负已经实现，袁世凯可以安全地获得他的支持。

因此，议会不可能武装反抗他的意志。

尽管有法定权力和成文宪法，正如其名字所暗指，它只是一个临时国会，因此更有必要赢得时间。大选以后，带着人民的授权，它将更能够行使其权力，表达国家的意志。

我清晰记得参议院前副议长的话，当时在我九台街①的家里，他与我共进晚餐，向我说明他的政治观点。

“我去，”他说，“为将来做准备，在南方和沿海那些理智、自由的省份，争取居民的同情；我所有的朋友都将做同样的事。”

他们一个接一个地消失了：国民党（字面上，人民的政党）的领导人，身为首届内阁成员的人，以及其他实干家，都渴望为共和国事业工作。同时，议会的议员们让步，接受了袁世凯提名的人，尽管他们坚持拒绝财团的建议；考虑到永久国会，他们着手工作以通过选举法。

---

① 音译。——译者注

新总理很有可能被认为同属于旧秩序和新秩序。陆征祥已经在外交部门工作二十年，大多数时候在俄国。他没有遭遇任何一方的敌视。

我在一座大型的灰色砖砌建筑里拜访他，这里以前是陆军部，他就住在这里。一位和蔼的绅士接待了我，他的法语既流利又准确。

“我是被召唤到这个位置上的，”他说，“在当前的困局下，因为长期在国外，我在中国没有私敌。然而，我在这里很不自在；一切对我来说都是新的，我必须努力去习惯新环境。很长一段时间我都拒绝这个任命，是为了我自己虚弱的健康，以及陆夫人的健康，我担心，她会觉得北京夏天的炎热难以忍受。但是，尽管不够格，我最终不得不答应。在现在的情况下我还能做什么呢?”

我们与这个欧化的中国人交谈了一会儿，在一个不熟悉的社会中，他并不适合政治生活这趟浑水。他不适宜成为一个总理，他的谦逊绝不是假装的。从天性上讲，陆注定要在和平安宁中担任外交或官员职务，同时享受理想婚姻生活的洪福；陆夫人是位迷人的比利时女士，是个热诚的天主教徒，据说对丈夫有巨大的影响。

这位温和、腼腆、虚弱的绅士只能是顽固的袁世凯手中一个驯服的工具。在新总理的国会生涯开始的时候，一些议会议员总是开他的玩笑，尤其是，他在第一次现身做开场演说的时候，脚被地毯绊住摔倒在地，他们认为这个事故具有象征性。

他受到欢迎，尤其在外国人中间，但他很快就生病了，到法国医院治疗神经衰弱症。随后，他辞去总理职务，成为外交部长。在这个职位上，精通法语和俄语使他真正如鱼得水。

新内阁另一个重要成员是闻名的段祺瑞将军，前帝国总督，现为陆军部长。他习惯于未经阅读，就将军事顾问——我们的同胞，指挥官白里索·戴马耶——的报告扔进篓子。依据充分的评价，他是我们最出色的军官之一，能够组织一支令人生畏的中国军队。

然而，从整体上看，或许对远东欧洲人有好处的是，段祺瑞竟然是如此愚钝和猜忌的一个人。

但这位陆军部长，尽管不能欣赏才智远超过自己的人才，却仍然是袁忠实的支持者，准备好有必要的话，帮助他实施所有的巧妙行动，袁需要用它们来加强自己的地位。他无疑是一个理想的陆军部长！

◎第十四章 中国人的习惯；借款

天津——走向独裁的血腥一步——一个奇特的保守主义者——克利司浦借款与垄断——中国宴会，以及歌女——长城——明朝的皇陵

北京的夏天非常炎热，温度计常常升到104华氏度。从五月底到九月底，我们穿亚麻衣服，戴帽盔，上层中国人则穿着夏袍，这是一种用极薄的棉料制成的长袍。然而，幸运的是，在这干燥的气候下夜晚凉爽而怡人。

太阳火热的光线在这里的效果，与在欧洲相同，它们减少了人类的活动，使人们倾向于在阴凉的地方享受长长的午睡，或是寻求海边清新的微风。

政治家们也去度假。外国公使及其家庭在太平洋海岸上享受海水浴，时新和富裕的中国人则到青岛去，青岛在胶州湾的德国殖民地上，在这儿，日耳曼人以其一贯有条不紊的管理，安排好了一切。

袁世凯留在官邸里工作，他从不休假。新总理重新开始与银行代表谈判，让球在他们与议会之间滚来

滚去。各省代表们保持了同样的敌对态度，担心接受提议中的条件会将国家置于外国人的控制之下。不幸的陆征祥从事的是一项吃力不讨好的任务。

中国当然需要钱；通过建立某种税收制度，中国有可能没有外国借款也可应付，但是她确定不能支付债息。

暂时破产可能会证明是解决困难的办法。中国媒体指出，对中国解决问题的可能性，外国比中国自己有更大的兴趣，因为它们是她的债权人，所有借款都已在国外发行。

当然，银行对事情不这么看，它们渴望在优惠条件下发行新借款。然而，俄国绝不急于让中国政府有能力向法国、英国及德国的工厂送出大笔枪炮订单；它们可能用来在蒙古反对她，她充分认识到，成立财团主要是为了推进法国和英国买卖枪炮的利益。因此，发现俄国金融家常常提出中国人不可能接受的建议，就不再让人惊讶了。综合来看，谈判似乎有可能无限期拖延，由于将没有什么值得叙述的事情，我们打算离开北京炙热的街道去日本参观，在这里，天皇行将死去。

因此我们往天津方向进发，穿过洪水淹没并遭到破坏的平原。沿线有国际部队巡逻，来自印度缠着头巾的锡克人，身穿卡其制服瘦削、健壮的英国人，以及俄国巨人，他们手持步枪，守卫铁路和车站，目的是维持北京与驻津部队之间的交通。

天津是一座漂亮的欧化城市，让人想起汉口，街道两边是树木，树荫怡人。在 2 月 28 日反叛的时候，天津的中国区有些骚乱，发生了几次枪击，但是多达八千人的部队遏制了叛乱，防止它呈现出危险的一面。唯一的伤亡是一个德国医生死了，叛乱期间他与一个士兵争吵，被该士兵杀死。

在这北方，与在南方一样，作为革命前兆的事件在革命实际爆发很久以前就发生了，我们的领事甘司东先生提前七个月就预告了革命。我们拜访他，他告诉我们，在其看来，中国正在发生重大变化。他在中国待了许多年，见证了人们行为和习惯的惊人演变。

在天津，他与许多社会最上层的著名中国人关系密切，因此他很熟悉他们的观点。在一个衰竭的王朝之后，共和国是唯一可能的政体，他认为革命绝没有结束，现在的形势虽然表面上平静，却不能持续。重建整个政治制度的任务必将引发激烈的斗争。

在天津租界的避难者中有我们的朋友孙宝琦，他是山东巡抚，并当过几天山东共和政权的都督。我们重新认识他的孩子们，包括他的儿子，我们几年前认识，现在成了一个 15 岁的年轻人。教育发生了如此大的变化，要给他找一个好中文教师都不可能了。我们许诺返回时再看望他们，并与共同的朋友——副领事迈达先生，最优秀的在华欧洲汉学家之一——一起，到时新的利顺德饭店品尝德国菜。用餐时我们讨论了当下的热点问题，但了解到迈达先生的父亲已不在人世，我们很悲伤。他在福州的军事学院做了 45 年的数学教授，死亡让他失去了家人的爱，以及他进行过科学培训的许多代年轻中国人的爱。这位友好、好客，且谦虚的老绅士是科学的倡导者，他做了许多工作来让法国人在中国受到喜爱。

他为数众多的孩子，儿子与女儿，一些在此生活，一些在欧洲，都追随他的脚步，为了国家的利益扎实苦干。他们与上层阶级的中国人交往。这些中国人知道自己处于一个友好的环境，无需担心一些不得体措辞的羞辱或是轻蔑的扫视，便表现出自己真实的性格，并觉得为人所理解，他们能够体会到法国人的同情天性。

一个早晨，“永州号”，一艘下白河到太平洋的小江轮，运送我们踏上平坦富饶的河岸之间的下一段旅程，许多赤身的人，不顾礼貌法则，从岸边到河里洗澡。我们穿过由中国北方常见的土屋构成的村庄。在这些地方，冬天极其严酷，因此房屋的墙壁要很厚实。最后我们登上“相模丸”号的甲板，它在大海上等着我们，接着我们向菊花之国进发，这个国家神圣的天皇就要去世了。在这样一个国难中，所有的日本人都拜倒，额头触地，处于祈祷的姿态。

而且在这个国家，我们注定要遇到一种新精神强有力的气息，同时也遇到一种程度惊人的精神活力与爱国热忱。当我们再次踏足中国，我们难以忘记法布尔神父的话语：“日本人正朝着社会主义和一个共和国迅速前进，这场运动被皇帝的死亡加速。多少年会取得这个结果呢？我不能讲，但我相信最终一定会产生一个日本共和国！”

当我们不在中国时，袁世凯采取了通向专制权力的第二个步骤，这一次他蹚着鲜血前进。

两个著名的共和派将军，张振武和方维，到北京向袁世凯抗议黎元洪的态度，他们认为其对共和国不利。总统派人接见他们，在使馆饭店以友好的精神与他们进餐。但是在离开欧洲区时，两位将军被逮捕，接着就消失了。第二天，人们得知他们已经在夜里被处决，没有经过审判，只是出于黎元洪一封电报的力量，电报指控他们密谋反对政府。

这是在恢复古老的司法办法，袁世凯常常使用它们，他不习惯现代原则。公民的自由权，以及被告必须由法官审判这一写入宪法的权利，往往是不便利的，简单得多的是，毫不费劲就杀死你的敌人，或甚至是你怀疑为敌人的人，或是反对你计划的人。

所有革命领导人都感到一阵愤怒，一种不共戴天的仇恨在他们心里升腾，他们仇恨的人是黎元洪这位副总统及成为野心之奴隶的伪共和者，也仇恨袁世凯，他显然对专制有越来越显著的兴趣。

会做些什么呢？

在南方有震动。黄兴和孙中山要求解释，一场风暴似乎在酝酿中。各方进行协商，而欧洲开始好奇总统与革命领袖之间是否会宣战。

然而，看起来征求意见的人中大多数赞成和平。开战被认为是对共和国过于危险的事情，因为选举尚未进行，甚至没有制定选举法。事态又一次平息下来，共和者重新戴上他们无表情的面具；政府给予张振武和方维死后的荣誉，他们的遗体被送回武昌，在此进行了盛大的军葬。

从后来与逝者朋友的谈话中，我了解到，在那时向一个看来对国家福祉有必要的人开战是不得当的，主要是考虑到他在国外的影响。

尽管被共和派深深地仇恨，他的领导仍被认为对国家非常重要。

然而，袁世凯为自己的安全加强了预防措施，他充分意识到个人复仇者可能寻求要他的命，因为他激起了难以和解的仇敌，这些亚洲仇敌伪装的技能只有其强烈的仇恨才能与之相等。袁从不外出，而是留在宅墙之内。

他继续把革命领袖召集到这里，时常高声向他们声明自己动机的忠心，以及他渴望以铁腕手段支配不同派别而为国家谋利。国家福祉是他唯一的法则。

谋杀两位将军的后果之一是延迟了黄兴的到来，他将访问北京，目的是与孙中山和袁世凯商讨共和国未来的命运。

共和国！这个词语，如其所示，暗指人民对现有权力的同意，确实只在理论上运用于中国。

缺少资金，没有负责任的领导人，共和者普遍的怀疑态度会持续到大选为止，持续到最终面临选举总统的艰巨任务时为止，所有这些让组织国家变得没有可能性。因此，人们生活在一种轻微的无政府状态中，偶尔被匪徒和其他煽动者困扰。从行政的角度来看，国家当然不比在帝国统治时要好，难以看到如何补救这种情况。

但是新政府的敌人与坚定的保守人士——这些人在每个国家都可以发现，利用这种形势来谩骂共和派。

我们遇到了几个保守者的例子，但或许无人比一个人更古怪，他是经常去我们九台街①小屋的人员之一，他就是一个叫作辜鸿铭的著名学者。

---

① 音译。——译者注

作为一个受过良好教育的中国人，他是已废君主的忠实支持者，常在北京街头夸示自己的辫子和绸袍，不向现代方式妥协，强烈反对任何革新。

辜鸿铭年约50，讲一口流利的法语、英语和德语；他在欧洲待过，与这位儒家学者交谈是一种真正的乐趣，他如此喜欢引述我们的哲学家和经典作家。他尤其喜爱约伯特和圣佩韦，他们无疑对其思想的转变有所启发。

他从前是进步的张之洞总督的秘书，后来被任命为保护上海附近的黄浦江的主管，一个光彩的肥缺。他丢掉了这个职位，因为他公开坦率地谴责政府的弊病，他是真诚地依恋这个政府的。

革命爆发时他不愿意向共和生手让步，不得不离开上海。剪掉辫子，戴上劣质呢帽，承认人人平等，不可能！

“平等，我亲爱的朋友，”他过去常常对我说，“并不存在。所有的共和理论都建立在错误的前提之上，民主会直接导致无政府主义和普遍混乱！它们将破坏中国！短期内人人都想领导，将没有人服从！孔夫子（孔子）教导的顺从和尊重原则促进家庭团结，以及社会安宁。人人都被教导对于国君的责任，从不谈论民权，不像今天这样。孙中山及其一帮人总是把这些词语挂在嘴上。他们是骗子和马屁精，”这个优秀的人在这里变得更活跃，强调与重复他看来是如此恰当的那个词语，“是的，马屁精。当他们说他们想要国家好的时候不要相信！不，他们一点也不希望这样的东西，他们只是追求权力以让自己发财致富。参议院的议员们怎样打发时间呢？晚上可以见到他们在中国区，经常出入娱乐场所。他们出卖议会的投票，从袁世凯那里得到金钱。过去人们常常抱怨从前的官员，但这些暴发户是比前任更糟糕的贼！哦！他们坏得多！我们的共和者正在全力破坏中国！”

在聆听我的中国朋友以这种方式滔滔不绝地讲话时，他让我想起了国内熟人中的某些极端保守主义者，他们最近40年来一直在预言法兰西共和国的垮台！

像辜鸿铭这样的保守中国人，健谈而好辩，是非常有趣的。共和者认为他是个怪人，同时因为他的坦诚而尊重他，坦诚是旧式官员中间一个稀有的品质。

他的确古怪，同时又另类，因为极少有中国人像我们朋友这样纵情于明确而讥讽的断言。中国人本质上是意在和解的，他的对手总是希望达成协议。

有许多这样的人在我们的饭桌上用过宴，我们从满族客人那里了解到，他们向袁世凯效命过，尽管，他们实际上与共和者一样对他深恶痛绝。

这些亲密的宴会是一个有所收获的消息来源，因为我们的客人放开了舌头，在用餐时谈话变得活跃，尤其是宴会结束，我们坐下来抽烟，品尝法国酒的时候，中国人非常喜欢法国酒。我们认识了许多不同而有趣的人，从谈话成癖的王宠惠①——他在新疆有一个重要职位，并在北京建立了一个革命博物馆，到可怕的“敢死”恐怖分子团体严肃而沉默的主席，他由于手残而笨拙地操控着餐叉，他的手在反对专制运动期间因扔一颗炸弹受了伤。

我能回想起许多不同的脸庞！我们在餐桌上谈话时用三种语言——法语、英语和汉语——中的一种或另一种，有时我们的各类客人同时使用三种语言，这些是多么有趣的谈话啊！一种完美的哄闹，我们坐着以最浓厚的兴趣聆听它，但极少参与进去。对这些午宴和晚宴，我有最愉快的回忆，从中我理想地得到了信息，因为中国人多数都是健谈者。我们的主人莫内斯蒂埃先生在上海生活了许多年，有无数持有各类观点的朋友。他是个敦厚友好的绅士，同时又是个敏锐的观察家，尤其工于将最不同的、最典型的各类中国人聚合在一起。

在整个1912年，北京都是政治生活的中心。自从与袁世凯结盟后，所有南方政治家都来到了北京，也有商人，以及将要投资商业企业，或是建

① 音译。——译者注

立银行与工业企业的官员。8月，正当两个革命领袖孙中山和黄兴预计要到来的时候，两位将军被谋杀的事件为人所知了。

另一个惊人的政治事件在9月初宣布了，即克利司浦借款签字了。北京所有的欧洲人都激动了，在国际俱乐部，从晚上7点至9点，人们在此打网球、喝鸡尾酒，以及读报，唯一谈及的就是这个新竞争者，它是如此突然地出现在名单上，并已赢得了对最强大的外交金融联盟的初步的胜利。

后者的目的是至少要在5年内垄断中国需要的所有借款。中国政府必须签订一个合同，承诺不向财团以外的任何人借款。从议会的观点来看，这个垄断条款是签订合同的障碍之一，因为中国人认为它是一种在外国锁链下的经济奴役。

最初，在财团只由法国、英国、德国和美国银行构成的时候，它就非常气恼地发现，唐绍仪已经成功地从比利时金融家那里得到一笔百万磅的小额借款；中国政府被致以强烈的抗议。财团成员们猜想，在此次借款中，他们遭到了俄国外交的打击。作为这件事情的结果，俄国和日本金融家被邀参加财团。这样中国就被一个可怕的圈围住，这个圈在政治上比在金融上更为强大。

财团的顶端是英国，有全能的汇丰银行；接着是法国，有东方汇理银行，代表里昂信贷银行、法国兴业银行、法兰西银行、法国工商信贷银行等。德国由德华银行及其他几个银行代表，美国由摩根公司、昆勒贝公司、第一国立银行、国立城市银行代表，俄国和日本则分别由华俄道胜银行和横滨正金银行代表。

就是这些主要的金融力量一起反对混乱的中国政府，中国政府的欠款已超过1.6亿镑。

在这些力量背后，旁观者可以想象到六强的军舰、枪炮和士兵的危险幽灵。

不管金融和外交各自在这笔交易中扮演了什么角色，看起来确定的是，法国金融界对真实情况比外交部消息更灵通，非常不愿意加入财团。

4000 万英镑中的很大一部分，分派给法国作为借款份额，在承诺对其负责之前，我们最大和最具影响的企业之一的经理亲自来到北京做调查。他在六国饭店与我讨论了这个问题，并非常明显地表达了他的意见：

“这个国家没有提供真正的担保；它只有将来走向繁荣的希望，这依赖于一个人的生命，他随时会被刺杀。没有地方政府，没有税收，而每一种可用的担保品都用来作保了。我们怎样才能引导法国公众中间庞大的客户群对这样冒险的事情进行风险投资？我们是有荣耀的人，如果这样做，在回想起创立我们企业的伟大金融天才时，我们将感到羞愧！”

这个重要人物离开后，在北京，财团被认为已经走到了尽头。然而，掌控了这笔交易的外交官们拒绝放弃借款的想法，他们诱使银行继续与中国人谈判条件。总额被减少到 2500 万英镑，比最初提议的少了 4000 万英镑。

未来将表明金融家是否比外交家聪明。

至于国际政治，事情几乎没有进展，极度贫困的中国面临着欧洲、美国和日本的联盟。

我们已经暗示了中国人是理想的外交家这一事实。他们对人及其弱点有深入的了解，他们通过经验知道金钱利益在造成冲突方面富于成效。中国政治家密切注意德国集团，在他们看来，德国集团在富裕的财团成员中扮演了一个穷亲戚角色，因此当中国人寻求突破包围自己的网眼时，它有望愿意听从他们的建议。

正是在英国，中国人第一次努力获得自由。在这里，克利司浦先生，一个大胆的金融家，极为秘密地与几家银行建立了一个联盟，银行们对财团垄断在华未来利益的蛮横行径感到气恼。麦加利银行、伦敦西南银行、鲁意特银行、京郡银行联合发行了一笔 1000 万英镑的借款，不借助任何外交干预，由于只有金融利益处于风险中，他们的条件比财团更为通融。

当这一消息电传到北京的时候，大家都非常惊讶。真的有金融家足够大胆以致同外交与金融的联合力量作对吗？如果是这样，中国人与欧洲银行家直接打交道，无需冒险进入国际政治流沙的梦想，就要实现了。

这是对英国外交部、法国外交部，以及其他官署的断然拒绝。伦敦舆论界对这一问题进行了激烈辩论。

斗争重新开始了，独立的英国金融家受到可怕对手的威胁。在北京，就其欺骗向中国政府提出了抗议，这些抗议以惯常的微笑礼仪接受了。

在伦敦和大陆，财团的所有力量联合起来努力破坏由独立银行团发行的借款，就像贸易联合会的工人联合起来反对“工贼”一样。

“工贼”通常最终被击败，这也发生在克利司浦集团上。敌对行动成功地在公众中造成恐慌，因此只有39%的借款被认购，银行必须承担剩下的重负。最后财团登场，于是较弱的一方与较强的一方携起手来。

这样，中国人最终没能成功突破难以对付的包围圈，被迫与六国财团重开谈判。但是他们坚持反对控制自己事务的提议，这在他们看来是对国家独立的一种危险的侵害。

尽管缺乏资金，事情却照常进行；政府不时从私人那里得到小额借款，通过向警察、部队、袁世凯卫队，以及北京的士兵付饷，足以赶走最严重的困难。各省不得不尽自己最大努力。他们不是惯于独立的吗？

首都非常平静，暑假过后，生命以更新的活力恢复了正常的进程。年幼的皇帝没有到颐和园来，而是留下来蛰居在冬宫里。这给了我们与他的导师共同进餐的机会，这次不是在我们自己的屋子，而是在一个餐厅里。有大约30个其他客人，都是著名的中国人；我们的主人，一个中国银行家，以前是个知府，现在由于革命，有了大量的空闲。

我们坐在小桌旁，每一张容纳十个或十二个人。与我们一起做客的人穿着发亮的中国长袍，戴着有特殊纽扣的帽子。这是一个保守者的聚会，包括很多旧式官员，年轻的年老的都有。

这是一次真正的中国宴会，我们有时与几个法国朋友一起，在城北一家面向莲池，位处皇城北面的餐厅里享用这种宴会。我们使用传统的木筷或象牙筷，并供有一支有两条长铜叉的叉子以备某些菜肴使用。每个客人面前都有一个放在薄纸上的小碟。桌上放着数不清的菜品，包括各式各样的糖果，我们开始咀嚼糖果，因为在中国糖是第一道菜。那儿有烤西瓜籽、杏仁、小块香火腿，以及真正可口的鸭肉片；接下来有皮蛋、各种汤，等等。要描述长长的菜单是不可能的。

宴会结束时，最重要的菜品被放在了桌子中间。每位客人自己动手，他们就像是抓着钳子一样用筷子把肉放在自己碟子里。在这过程中，笨拙的欧洲人偶尔掉下一些菜片来。将特别开胃的一小口食物放进邻座的碟子里被认为是有礼貌的，而这个动作是用人们自己一直在使用的筷子来完成的。礼貌要求邻座优雅地接受它。邻座不得过分挑剔，如果一个黄牙老官员给以他荣幸，用自己正在使用的筷子，从中央的菜肴中夹起一块精挑细选的鱼翅，微笑着放入他的碟子，后者必须礼貌地表示感谢并且马上品尝那多汁的一口。正是在这些场合，人们完全理解了现代书籍的教导，它们提倡使用牙刷。

在宴会当中，“男仆们”分发蒸制的小圆面卷，此后宴会以粥结束。这样，菜肴的顺序与我们自己的正好相反，以甜食开始，以汤结束。食物清淡而易于消化。

端上桌的肉类总是切好的，因此不需要刀子。有丰富的谷类、水果与蔬菜；糖煮的坚果很可口，鸭蛋汤则制作精良。不用说，昂贵的燕窝汤出现在每场时新的宴会上。鸟喙分泌一种用于筑巢的黏液，它在汤里类似于发白的通心粉，精心烹制后味道可口。中国人非常喜欢它，并为得到它而支付高价钱。鱼翅也很昂贵，并极受欢迎。

我们喝一种米制的白酒，使用的小杯与我们的酒杯大小几乎相同；偶尔有邻座邀请我们与他一道为健康干杯。在用餐时，人人都抽烟和玩“划拳”游戏，游戏在于猜测邻座向你举起的手指数。在对手松开手的瞬间，你必须碰运气地高喊一个数字，整个屋子里都回响着阵阵哄笑。

这些宴会非常昂贵，我们已描述过的这次宴会一定花掉了主人数百皮阿斯特。中国人乐于在这种情况下显摆。而且，我们应当称之为豪华宴会，邀请了贵客，包括废清的官员，以及重要的官员；他们中的许多人与我们握手道别，因为，这个以前在中国不为人知的友谊象征，正变得越来越平常。

女士们从不被邀请到这类宴会。她们待在家里，从不接见丈夫的熟人。然而，现今有几个中国女士开始被邀陪同绅士们赴宴，但这仍然是相当稀罕的事情，而且即使在上海，它都被看成是一件令人惊讶的事情。

妇女的隔离导致了一种类似古希腊的中国习惯。除了每天在家交往的女人，男人们似乎需要同别的女人交谊。因此产生了与歌女一起进餐的习惯，不要将歌女同有着几个类型的高级娼妓混淆起来。两者的范围没有非常清晰固定的界限，并且它们无疑有时候会相互侵入对方领地，但它们本质上属于不同的类别。两者在谦逊，或至少是外在表现上都是突出的，中国人以恪守礼仪和礼节而著称。

有一天，一个富商的女友邀请我们全家四人参加一场奇特而亲密的晚宴。

我们在中国城狭窄迂回的街道上穿行，最后到达我们的目的地——一座大房子。庭院后部是作为我们女主人的年轻女士的住所，我们看见她在镜前做最后的装扮。她正在把花插入乌黑的头发，发型是半日本、半欧洲风格的，没有年轻妇女通常留着的刘海和辫子。她穿着银灰色丝绸，很漂亮，珍珠和钢珠闪闪发光；绸裤直抵小脚，所以她在卧室的石头地板上走起来不太笨拙。在深处立有一张大床，墙上挂着一幅装框的金色横体字题词，它是一个学者团体赠送给我们女主人的一种文书，承认她写诗的技能。她的脸庞充满活力，与许多中国妇女一样，她那黑色的杏眼闪耀着坚定和力量的光芒。她的外表与将其介绍给我们的那个中国人形成了鲜明对比，因为他是一个矮胖、快活的绅士，微笑并爱好饭桌上的乐趣，用贴切的中文词组来说，他似乎是“幸福洋溢”！

身穿蓝棉袍的小脚保姆们，围绕着圆形的喷漆餐桌蹒跚而行，为外国客人做好准备。

人人背后都为歌女放了一个座位，我们一坐下来进餐，就有几个歌女获许进入。女主人没有坐在桌边，而是坐在朋友旁边。

一个小提琴手，其乐器只有三根弦，坐在门边，一个歌者开始尖声歌唱，声音以一种奇怪的方式越升越高；由于歌曲的单音节性质，不可能辨清歌词。我们不去费力搞懂意思，因而得以享受音乐，并欣赏由小提琴刺耳音符伴奏的歌声。这些奇异夜莺中的每一个——如果这些女子的确可以被比作在寂静的树林里啼转曲调的那种圣鸟的话——轮流演唱，有几块糖供她咀嚼，接下来就是香烟了。

不久另一个歌女姗姗来迟。她非常漂亮，但装束奇怪，包括一条裙子和一顶呢帽。她开始唱歌，我坐在旁边，聚精会神地研究她的脸庞，并有兴致地聆听她的歌声。声音纯净、清晰、有力，但有一种奇怪的音调，我确信这位歌者身上有些不同寻常之处。这是个女子吗？是个青年男子吗？在这个人的脸上，我仿佛看到一种转瞬即逝的强烈憎恨的表情。这位陌生人是谁？我相当确信这是一个青年男子，但朋友们不同意我的看法，主人向我保证我弄错了，但是没能让我信服。可能是一个相公，即“坐在你对面的一个青年男子”，因为有这样的人，他们被付费用自己的仪容来取悦时尚的人，因此他们的雇佣者可以欣赏到其完美的容貌，就像希腊男青年过去时常在欧洲所做的一样。

但是为什么我看见一个残酷的灵魂，它从这美丽面庞的假面具后渐渐出现？这仍然是个难解之谜。

小提琴继续呜咽，歌女们一个接一个地离开。她们拿到了薪酬，跑出去到另一场宴会歌唱。她们常常一个晚上连续在几个屋子里出场，其中一些人挣了大钱，钱进入父母的腰包，或是给了抚养她们的妇人。这些女孩从幼年起就接受训练，她们的职业为中国人所鄙视。

我们似乎给女主人留下了好印象；我们不是太笨拙，即使在外表上我们也遵守了礼仪。这个即使在中国也是必要的，目的是避免被看成野蛮人。在答应接受未来的邀请后，我们离开这座房子，它同一位巴黎女士的沙龙是如此不同。

在中国城的这一片区域，街道在夜间是生气勃勃的，每座房屋前都停着车子，等候赌徒或用餐者。我们的人力车穿过人流，沿着蜿蜒的街道前行；我们经过那座大理石桥，穿过半开的前门，接着在星空下，在皇城城墙的影子里，我们催促了苦力们，直到再次在我们安静的小屋门前下车。

我们已经瞥见了古老的中国，但是所有的社会习惯都在迅速变迁，很快，妇女的隔绝及其伴随的习惯将成为历史。

即使在北京，我们也事实上见到了妇女在街上陪伴丈夫，直到最近，这都被认为是一种严重的丑闻。真实的是，她们在丈夫后面几步行走，我们没有见到任何夫妻在手挽手散步，就像我们在上海见到的那样。既然历史悠久的传统已开始变化，一场有力的女权主义运动，将很快在男性化妇女的土地上蓬勃开展起来。

任何渴望了解古老中国的人，都必须赶快行动，因为她不久便会停止存在。

遵从由上述断言激发的情绪，我们决定到著名的明朝皇陵去朝圣，同时借机仔细看看闻名的长城，它在逝去的岁月中由大汉们建造。

凉爽的秋天让我们能够完成这一旅程而不过于疲乏。

陵寝在中国北部，于是我们乘坐远达张家口的火车。这条铁路全部由中国人建造，由中国工程师规划，他们还监督了实际工作。他们希望向欧洲人证明，他们完全能够在没有援助的情况下完成自己的任务，并且取得了成功。他们唯一的错误是，在一个地方穿越一座山时，他们将坡度做得太陡，以至于引擎一次只能向上牵引几节车厢。这种判断失误受到欧洲工程师的嘲笑。就本人而言，当坐着火车前行时，我在想，仅仅几年以前，创建这条铁路这样的精巧文明成果所需要的无数人员，依然处在数千年前就普遍存在于欧洲的心智发展阶段，因此他们惊人而迅速的进步，较其工作中的任何缺陷，留给我深刻得多的印象。

在到达所谓的南口关时，火车穿过接连不断的长城，长城就这样修筑得特别坚固，横亘在入侵之敌可能行进的线路上。我们在此下车，开始徒步往上爬，直至到达一个足够高的地方，能够鸟瞰到这个著名的防御工事，它建来保卫中华帝国免于骑士从北部大草原的入侵，它覆盖了超过1000英里长的前线。

长城在山巅延伸，我们发现道路非常难行。城墙本身由大砖块组成，（修筑城墙）必定需要无数的砖块。在我们进行测量的地方，它有23英尺高，两面护墙之间有16英尺宽。墙内开有小门，狭窄的楼梯通向顶部。每隔一段距离设有岗位，哨兵在此放哨。我们走上城墙的顶部，从这里望见一个多山、干旱而荒凉的区域，我们离北亚多沙的平原不是太远了。在当代，尽管这项用来抵挡蒙古骑士侵袭的伟大成果没有实际价值了，但这道防御墙仍保护得非常好。它依然是修建者文明的见证，因为，它按照和北京城墙同样的原则建造，一定需要一种管理才能，由于后代中间缺乏这种才能，它显得不同寻常。

我们在一间中国小旅馆过夜，这里的床比木头还硬；我们是欧洲人，被给予床单铺床，但它们绝不是理想的休息之地。第二天早上，我们这个小团体——成员除了我们，还有两个在北京的法国年轻人，休伯特和巴尔先生，以及一个令人愉快的英国人，哈钦森先生——雇了驴子和轿子，沿着山谷的道路向陵地进发，陵地在某个相当远的距离上。

轿子是破旧的藤制扶手椅，用绳子绑在竹竿上。脚夫是没有经验的村民，脚步颠簸不平，弄得我们骨头酸痛，几天来都回想起那种颠簸震动。

天气清爽怡人，不能说是寒冷。我们经过数小时旅程，最后到达一个真是风景如画的山谷。黛青色的群山在地平线上描绘出一个半圆，山脚下有几座宫殿般的建筑，在佳木绿色的背景下显现出来。这些就是陵寝，皇帝的灵魂需要巨大而奢华的住所。

进入陵区的通道与这些陵墓有一长段路程，我们小小的队伍在旷野上艰难行进，最后沿着一条奇怪的大道前行，大道有大型的人、兽塑像：站岗数百年的官吏、马、骆驼，以及大象。

队里的两个年轻人坚持爬上了这些石头怪物中若干个的背部，并在这个位置照相，以便获得一份孤寂而壮观的原创纪念品。

它的确是一个壮景。在为皇陵挑选一个合适背景方面，中国人显示出高超的技能。整个环境散发出一种深邃持久的宁静氛围。

我们沿着一条多年来无人打理路面的大理石路前进，一座曾经漂亮的桥梁已毁坏，要经过其废墟渡过溪流需要有杂技演员般的技巧。最后我们进入永乐帝的灵魂居住的树林，这位皇帝在1409年将首都搬迁到了北京。

他的陵墓是活着的君主习惯于居住的那种宫殿。这是一座宏伟的建筑，屋顶由32根红漆柱子支撑，每根柱子都由一根树干构成。里面是碑，上面用红底金字刻着逝者神圣的名字。

院落是宽敞的，露台与建筑的风格一致。我们由一个看护人作向导，在主宰这灵魂居所的静谧中行走。为了得到一笔小费，向导进行了几次解说。

我们带上了一个携满食物的“男仆”，因此我们在陵寝的一角躲着阳光享用午餐，陵寝是一种巨大的拱形结构，中间有一道堵上的门，由门可以进入亡君永久安睡的地下室。

但愿永乐帝的灵魂饶恕我们的不敬！这是一个如此舒适的角落，在一道有粉红色墙壁的拱门下方，许多游客用笔刀将自己的名字刻在墙壁上，使之成为了永恒。

没有人伐树，因为依据旧法，这是一项死罪。鸟儿们在树枝上欢唱。悲伤似乎是格格不入的，红墙在阳光下闪耀，釉面瓦在屋顶上发光，斑鸠在咕咕叫，欢笑的喜鹊则掠过蓝天。阴影慢慢拉长，昆虫在草丛和树林里嗡嗡唧唧。在这圣地对死者的尊重是对动物生命的一种保护。

在中国已经成立了一个保护历史遗址的团体；因此当代人不会去亵渎这些宫殿，宫殿为君王的灵魂而建，他们将继续不为人见地游荡在翠绿的树林中，游荡在他们选作自己最后安息地的旷野上。

至于我们这个小团体，我们告别了这些壮观美丽的景色，重新沿着旷野上的道路前进，以便在回北京的路上，在天黑前到达人的住所。

◎第十五章　中国的计划

与孙中山博士会谈：他的计划——摄政王与孙中山——黄兴到达北京——一次大型公共集会——新选举法——一个软弱的政府——袁世凯和他的顾问们

前总统孙中山在民众的叫喊与欢呼中抵达北京。他的目的——他在后来实现了——是在北方做一场宣传之旅。这位卓越非凡的人在旧王朝下扮演了一个非常重要的角色，反对王朝专制，广泛传播革命信条。他的活力，以及政治技巧，为其在同胞中赢得了最大的尊重。

许多年来，他的头颅在北京遭到悬赏，因此以前从未见他到过那儿。他现在来了，这只是在确信袁世凯不会暗杀他之后。

实际上，这位临时总统对孙中山，或是黄兴的死亡没有兴趣，他想要两人的支持，他都得到了。

袁已经任命孙为全国铁路督办，指示他对共和国整个铁路系统的建造与组织工作进行规划并实施。他将从欧洲和美国金融家那里筹借这项伟大事业必需的资金，并且监督其施行。他将为其服务获得一笔可观的薪酬，每年超过40000英镑。

至于黄兴将军，他被赋予了矿山的总控制权，以及修建汉口至广州铁路的任务。

两人从这些任命中为自己及其党派看到了一个巨大的动力源。如此庞大的一个国家，其经济发展在他们看来和已经发生的政治变迁同等重要，他们梦想将中国从外人的财政控制中解放出来，开发其自然资源以偿清债务，重获独立。

但袁世凯在分配给他们这些任务的时候是相当真诚的吗？另外，难道他不确信强大的外国财团绝不会允许实现这样的计划吗？金融家们下定决心垄断中国的经济开发，并且自己组成一个财团，唯一目的是防止他们自己就利益分割产生争执。

孙博士在北京为人期待已久；他时常推迟自己的到来，但他终于来了。街道上布满军队，他受到国王般的接待。他被安排住在迎宾馆，这是一座欧洲风格的宫殿，为招待外国当权者而建造。

正是在这儿，我于9月11日上午拜会了他。远东报界已经刊发了一些他的声明，赞扬或批评了他的言论和意见，连同他修建一个庞大铁路系统的计划。这些主张依据作者个人兴趣而有所不同。

听他自己对这个话题谈些什么，要有趣得多。

我在一个大房间里等了许久，房里有漂亮的皮制扶手椅，以及朝向一个花园的大弓形窗。人们寻求在孙中山博士暂留北京期间与之谈话，其中有政治家，以及无休止地鼓吹女子参政的妇女，她们以不知疲倦的坚韧，试图激起这位当代伟人对其计划和抱负的兴趣。透过一座玻璃门，我看见这些人进进出出。

最后，博士进来与我握手。他严肃而若有所思，给人一个身穿礼服的新教牧师的印象；他中等身高，高额头，看起来比画像让人认为的要苍老一点，但是不比他的实际年龄——46 岁要苍老。

会谈时，前南京财政部副部长在场。

我们聊了一会儿，我将只写下与其经济计划有关的那些言论，当时经济计划是一个大众好奇的话题。

“你受到指责，”我评论说，“因为对事情的计划规模过于宏大；在铁路上花费 6.4 亿英镑似乎是项惊人的事业，你无疑认识到它遭受了严厉的批评！”

“毋庸置疑，”他回答，“但你必须记住实现我的计划需要时间。在宣布时，我只能勾勒一个理想的方案。我受到指责，”他笑着继续说道，“因为没有提供任何细节。中国每项事业都引起如此多的角逐，因此不可能让人人满意，不可能没有批评！”

“难道你不打算寻求外国人的合作，就是在这一关系上出现了困难吗？”

“当然，”他回答说，“懂得这类事情的所有共和国领导人都完全确信，让我们的繁荣加快到来，以及开发我们国家财富的最好办法，是寻求外国资本家的帮助。我们准备好让予他们最大的利益，但唯一的条件是，我们授予的特权不得用于政治目的。”

孙中山身上的阴谋家在此出现了。

“这是事实，”他大声说道，“每次我们寻求与外国人达成协议，他们都利用我们为其外交上的投机活动埋单。我们为反对王朝而斗争，因为它一点点地把我们拖入彻底被奴役的状态。这是革命的真正原因，是爱国感情使我们能够胜利。这场运动实际上是因为与铁路有关的一场争执而开始的。然而，今天我们希望全世界理解我们的态度，向我们提供资金的人将对合理的利润感到满意，对此我们会提前讨论。”

我感觉这些言辞是非常合理的，但我自己怀疑这位著名的中国爱国者是否假设得过多。

我觉得，在对手的贪欲被竞争和民族自豪感增强的情况下，诉诸理性似乎是危险的。然而，我自己是欧洲人，不愿意向他指出这一点。

外国人欣然放弃他们享受了如此之久的权利，这完全不可能，我对全国铁路督办所抱有希望之计划的成功，有一个不好的推测。

他还给了我大量有趣的信息，涉及矿山未来的管理，解决中国人与外国人争端的最好方法，以及在某些条件下（前者）向后者开放国家。

革命涤荡了所有旧时的帝国法律，他渴望为国家索取全国所有底土的所有权，以便准许外人在全中国创办有用的企业。他还提出建立由中国与外国法官组成的特别法庭，目的是解决新外国因素的出现可能引发的所有争端。欧洲居民继续宣称孙中山是个理想主义者。我常常在报纸上读到这类说法！然而我正在与一个提出了最可行建议的人面对面，这些建议考虑到事情的方方面面。

博士无疑持有某些社会主义观点；他不希望将一个管理不善的工业制度引入他的国家，让城镇变得贫穷并且为后世埋下一次社会革命，在他看来，这比一场政治革命要可怕得多。他无疑也不希望任何业主享有自己财产的绝对所有权，并因此妨碍全体国民受益于国家总体经济发展带来的价值增长。上面的理论，不管可能有多么进步，而且尽管从前在欧洲被视作异端邪说，已经逐渐以某种或其他形式纳入各国立法当中。博士从而表明了自己熟悉欧洲精神与物质发展的进度。用他自己的话讲，他渴望他的国家——“这里存在痛苦，但不是贫困；这里有穷人，但没有乞丐”——经历一场经济革命。

孙中山特别研究过社会问题，他表达了这样的观点：欧洲和美国当前的土地所有制，由于其带来的痛苦，早晚必定会引发一场社会革命。

这些理论给居住在中国的欧洲商人和外交人员造成了不利印象，他们深受以努力致富为指导原则的政治经济学自由学派学说的影响。这些人不赞成法律对自由竞争做任何的限制。

博士及其追随者表明的观点因而被商人们当成自己计划的障碍，他们不是作为慈善家来到中国的，而是为了尽快赚到尽可能多的钱。所以唯一能预计的是，新铁路督办的计划会遭遇困难。

他将直面这些困难，他试图为其事业募集必要的资金，同袁世凯和国会一样，他将发现自己的能量被相同的外交－金融集团钳制了。

“你打算，”我询问说，“向欧洲金融家提出申请，以让你能够实现自己的计划吗?”

“当然，”他回答道，“由于法国是世界上主要的放贷人，我希望在法国得到大部分必需的资金。”

“毫无疑问，我亲爱的先生，一方面，我的国家习惯于在国外进行大额投资，但是，另一方面，法国人不是草率的投机商，将要求不容置疑的担保。他们更喜欢完全保险的投资，即使是低利率也可以。

“我打算提供所有必要的担保，并且将铁路的管理，不仅是建造，还有开发与经营，分派给认购必要资本的那些人。法国拥有大量工程师，他们在所有铁路问题上的技术是众所周知的，他们监管和指导这类事情是得心应手的。还能要到更好的担保吗?

“提供资金的人应该获利，这不是更合乎常情吗？尤其是因为法国是不会不同情中华民国的。

“为什么法国资金常常是通过第三方到我们这儿，为我们被迫给予其他国家的好处埋单呢？我们的虚弱妨碍了我们自行处理问题。就个人而言，我更愿意在提到过的条件之下，在铁路，以及矿山事务上，同法国直接打交道。

“用金钱帮助我们的人应该获利，对我来说似乎只是常见的合理现象，通过这种方式，我们的自由可以得到保证，正义可以得到实现。”

“这的确是个难题，”我回答说，“因为还要考虑到微妙的外交联合。”我克制住自己没去补充说明心中所想，即法国过多地被用来为他者的在华利益服务，报酬却是十分靠不住。

正当我们谈话时，一个仆从递给博士一份文件。

“我必须马上与你告别，”他说，“摄政王来了！”他握手并迅速离开了。

就在最近，皇帝的父亲摄政王还是中国有无上权力的统治者，是其臣民财产和生命的主人，是历代25个皇朝的继承者，他在今天与共和国领袖会面，而这领袖是头颅长期被悬赏的阴谋家与反叛者，想到这一点，就觉得怪异！

这是一个并非可以让许多人见证的场景。

在与我们道别时，博士去了楼上的一间屋子，可能是想要试图羞辱这位帝国政府的代表，方法就是迫使他走上楼去与代表了新秩序的人民之子会谈。

我们走出房间来到一个宽敞的大厅，站在一个柱子附近观看前统治者的到来。

一阵喇叭声宣告了他的来临，这时身穿卡其制服、头戴扁帽的宫殿卫兵举枪致敬。

接着我们看到，在阳光之下，在台阶顶部，站着一个面容亲切的年轻人，大约30岁，一个光头的中国人，身穿蓝袍，连同一件黑缎无袖外套。陪同他的有两三个中国人及一个黑衣欧洲人，一个宫殿卫队的军官走在他前面。

这一小群人向前走着，但是一群办事员和士兵挤到周围，渴望更近地看一看这位王爷，仅仅一年以前，他们还要卑微地拜倒在他面前。他们放肆地盯着他，他们狡猾的小黑眼仿佛在说：“你现在是小人物了。”

一位官员被迫为摄政王清道，摄政王匆匆前行，似乎急于躲开人群的注视；他在那位军官的护送下，贴着我们身边走过去了，并爬上巨大的楼梯，走路时低头曲肩，好像是承受了昔日显赫地位的压力。

这是一个令人难忘的场景，两个不同时代的代表者进行的这次会面，可能需要莎翁的妙笔才能充分地描述。

在离开宫殿时，我们遇见三四个仆从，他们身穿皇家制服，蓝袍连同覆盖红穗的白色锥形帽。他们牵着一些欠打扮的小马驹。这是全部皇家排场可怜的残余！

中国最后一个君王在拜访助力推翻其统治的那个共和者之时，正午十二点的时钟敲响了。我急忙赶回家，因为这将是忙碌的一天；著名的黄兴将在一点半到达北京，我希望不要错过这位伟大革命战士轰动性的入场。

我们匆忙用过午餐，古玩商们在饭后来向我们展示他们的花瓶、青铜制品以及手稿，大多数都是假的，他们徒劳无功，我们的“男仆”王师傅则失去了从他们那里提取的回扣，这佣金是因为他们被介绍给了我们。

《北京日报》编辑凡·列尔贝尔克先生的小汽车在街上响起喇叭声，我们急忙下去与之会合。这是一辆三轮汽车，路况很糟，但是它注定要在当日的盛会中扮演自己的角色。

车子几分钟就把我们运送到了前门车站。与皇宫毗邻的街道上沿街布置了哨兵，同时蒙古骑士站立在车站外的空地上，其他士兵武器触地排列于站台，等候火车。他们胸前几乎全都挂着奖章，这奖章是授予没有参加2月28日抢掠的革命士兵的。

还有许多年轻妇女和女孩如同编组成团一样，她们属于现代学校，前来向那位最重要的革命战士表达敬意。她们大部分穿着浅蓝色夹克和同样颜色的绸裤。她们的脸庞充满活力，就中国妇女而言我经常见到。有几个戴着勋章；她们可能是女战士，在南方的女子军团战斗过。

在火车到达的站台上，站立着众多的中国人，以及几个外国人，他们都盼望看一眼中国革命的拿破仑。

远处出现一股烟雾，火车终于靠近车站了。乐队演奏国歌。人人都冲向车厢门欢迎黄兴，黄兴走出包厢，站在由他的40个朋友组成的卫队中间。朋友们坚持陪伴他，并发誓，如果袁世凯对其领袖有任何背信企图的话，他们将杀之。他们身穿西装，据说带有炸弹。

黄兴是一个中等身材、看起来矮胖的人，有宽阔的双肩和强壮的体格。他脸庞丰满，留有黑胡子。他穿着一件大衣，头戴一顶大礼帽，没有穿军装。

在与朋友们握手后，由被允许进入车站的幸运者陪同，他走到了出口。一辆四轮大马车正等候在车站外，它是因预计有一位德国亲王到访而由帝国政府购买的。当将军在士兵队列中间经过时，后者举枪致敬，而鼓吹女子参政的妇女们也向这位军事英雄致意。在到达他的四轮马车时，黄兴站起来对聚集在车站外空地上的人群做了一个简短的演说。

同时，我们爬进自己的汽车，没有等着听将军要说些什么，因为我们担心如果不马上出发就会被挡住。街道上布满军队，一直到那座以前由皇帝的一位亲戚居住，现已交由黄兴支配的府邸。

我们发动引擎，在行进中的骑兵队前面行驶。于是，就可以引人发笑地看到，法国媒体因此承担了当一个外国王族到访时在巴黎由警务总监来扮演的角色。我们的汽车在前门下快速行进，前门上飘动着五色旗。

蒙古骑士的先锋追上我们并围住汽车，他们的长鬃小马靠着我们在尘土中慢跑。警察已经清空了街上的看客。我们沿着皇城边界和使馆区斜堤而行，接着拐进南北走向的王府井大街，黄皮肤的骑士一直在我们旁边飞奔。

在将军进入府邸后，拜访者前来向其道贺。他在朋友的包围中接见了我们，我们是由一个共同的朋友引见的。接着我们与熟人攀谈，并分享燕窝汤。似乎有革命军队精英的代表，我们兴致勃勃地看着他们精神饱满的脸庞，意识到这些人全都多次用生命来冒险，并且完全愿意为了事业再次冒生命危险。他们拒绝让自己的领袖单独冒险进入北京这样一个如此危险的地方。他的生命太宝贵了，并可能依然对革命事业大有用处。

我们同这些人聊了一会儿，他们以自己的智力对抗狡猾总统的智力，对总统没有很大的信心。他们预料选举新总统的时刻到来时，共和国会有一个危险关头；但是与谨慎的中国人一样，他们先等待事件，然后再采取行动。

同一个夜晚，他们出席了一个盛大的宴会，一道的有孙中山和皇室的王公。溥伦亲王代表后者及太后发言，宣布忠于共和国。所以他们享受到了胜利的快乐。

第二天，我们被邀与黄兴将军共进午餐，但不幸的是，在最后时刻他被耽搁了，我们就由他的一些朋友来招待。菜肴来自袁世凯自己的膳房，非常精美。总统希望向他的客人们展示自己的关心备至，即使他们可能是过去或将来的敌人。

府邸是一个令人愉悦的居所，漂亮的花园有假山和池塘。池塘里，可爱的鸭子在垂柳的荫蔽下游动，柳叶倒映在清澈的水中。这是一座典型的中国住宅，在此人们可以远离外界喧嚣过一种平静的生活。但黄兴是一个极其活跃的人，没有时间来享受宅子带来的欢乐。他只在北京待几天，他每时每刻都很忙碌。

所有这些革命者出现在以前皇后的父亲所居住的府邸里，是具有象征意义的。他们是实干家而不仅仅是理论家，正是在这儿，我认识了一个恐怖主义团体的主席，他的手被一颗炸弹毁坏了。

在这儿，我还遇到了声名狼藉的陈其美，中国的罗伯斯庇尔，我在上海的一座旧衙门见过他。上海现在平静了，没有他的铁腕治理也行了。

所有这些就要在北方做巡回演讲的政治家，为北京带来了某种生机。人们渴望见到这些英雄，人们叫他们英雄，他们引入了新的民主原则。

当幼帝在隆裕太后的指导下继续学业的时候，当袁世凯在旧陆军部躲躲闪闪，避开各种密谋，并计划恢复专制政体，以自己为其首脑的时候，革命领袖们在组织公众聚会，在聚会上，他们向人民发表演说，向人民解释他们的权利，并点燃他们的爱国热情。

所以，在一个星期天，我们乘坐小车去了中国城里的一个俱乐部，目的是听听重要革命人物的观点。

大厅里容纳了数千人，包括在走廊上的几名妇女，大厅装点着各国国旗，讲台装饰有灌木和鲜花。孙中山、黄兴、陈其美和其他演讲者，包括一个蒙古王公，轮流向听众演说，讲民权、革命，以及在蒙古事务上国家遭受的羞辱。孙中山用柔和而打动人心的语气讲话，极少使用手势，但他声望的神奇影响，似乎为之在感激的听众眼中围上了一个光环。黄兴的声音尖锐而热烈，但最后一个演讲人陈其美的话语最具分量。在后者当中，我认出了那种克制而激励人心的语言风格，在上海第一次见到陈其美时它就给我留下了印象。这些人以不同的圆满程度，讲着在北京能让人听懂的官话。

听众与我们一道鼓掌喝彩。我们一直待到这场难忘的集会结束；在巨大的人群散去后，蒙古王公和孙中山合影，作为一个特别留念，这象征着南北的团结。

我们到剧院另外聆听了几次革命演说者演讲；任何人提到群众的权利，以及保卫国家免遭外人侵犯的必要性，热切的群众都会报以热烈的掌声。

尽管袁世凯显然渴求最高权力，人民中间却没有分裂，他们向欧洲列强展示了一个牢固的阵线。临时国会由两个政党组成：国民党或革命者，他们把名字改成了国民党或人民党，以及共和党或共和者，他们支持政府。

选举法在9月颁布了，它们可以追溯到8月10日、9月4日与20日。

选举法设立了一个由596名议员组成的众议院，以及一个有274名参议员的参议院。

后者将由各省议会选举，比例是每省10名参议员，而蒙古有27名，西藏有10名，新疆有3名；8名杰出学者和6个代表华侨的参议员，将参议院填满。

参议院成员必须超过30岁，当选年限为6年。

至于众议院议员，当选年限为3年，必须超过25岁。

选举人由所有超过21岁的男子组成，必须满足下列条件：（1）纳税两元以上；（2）拥有价值超过500元的不动产，蒙古、西藏及青海除外，这些地方允许以动产计算；（3）拥有一张文凭，表明他们在小学以外的某个学校学习过，要不然，没有文凭的话，必须能够提供在中学学习过的证明。排除于选举的人有：（1）剥夺了公民权的罪犯；（2）未免责的破产者；（3）精神病患者；（4）抽鸦片烟者；（5）文盲。

士兵、政府官员、法官以及警察禁止成为选举人或选举侯选人。

小学教师和大学生同样不被允许参与选举。

这些决议静静地完成了，在国会没有遭到反对，所有议员对这项重要立法的宽泛规定意见一致。选举人名册由经常留心舞弊的疑心者仔细审查。

简言之，选举法制定得很好，而且是从欧洲国家盛行的选举法改编过来的。

在公布宪法及选举袁世凯的时候，已经决定应当在10个月后召开第一次国会；但是发现需要更多的时间，所以，事实上直到1913年4月8日才召开国会，原因是在这个庞大的国家准备名册需要冗长的时间，它的交通方式是如此的缓慢。

欧洲人极少关注正在该国进行的这项工作，也许几乎无人对其有所了解。由于不能阅读中文报纸，他们常常嘲笑这个参议院，或许除了几个翻译，在北京的欧洲人无人对其功能有任何真正的认识。这一点似乎不可能，但它是事实。因此在华出版的法国和英国报纸常常在提到这个新国会时，仅仅将其当作一个咨询性议会，不知道它拥有与一个欧洲议会同等的立法权。这将让人了解到从在华欧洲居民那里所得信息的价值，并将解释通过这种方式进行传播的严重失误。

人们对国会不以为意，把它看成是袁世凯设计的一个托辞，用作他与财团交易的掩护。

总理陆征祥已经借口健康不好辞职了，只保留了外交部长职务。反对党，即真正的共和党，尽管在议会占多数，已经放弃了帮助挑选新总理的权利。

袁世凯决心自己挑选一个内阁，共和者在大选前夜与之争吵将是一个严重的判断失误。

因而总统不费力地组建了一个称心如意的内阁，由旧式的人员组成。赵秉钧被任命为总理，从前的总督段祺瑞将军成了陆军部长。两人都完全忠于袁，支持袁的观点，也支持袁无视那些联合反对他们的道德力量。大多数激进革命分子都离开了北京，分散到了各省，他们在此开展一场积极的运动，目标是即将到来的选举。这是一个非常巧妙的动作，留下他们的对手去应付各种困难，它们来自于贪婪的外人，来自于俄国在蒙古的推进，以及英国在西藏的进展。同时，他们在争取获得多数票，一旦袁宣布不满意于仅仅做一个共和国总统，它将证明是一种令人生畏的武器。

那时他正忙于通过任意的许诺来获得忠实的支持者。他任命了闲职的顾问，但他因此为自己的利益获得了他们的影响。这个办法对共和派领袖并不成功，他发现不可能买到为人民的事业准备好牺牲自己生命的人的忠贞。他们要么拒绝他的提议，要么带着在关键时刻不履行职责的意图来接受这些提议。

由于这些人曾多年生活在欧洲、美国和日本，学习了现代的治理方法，因而本来会在国家重组中证明为有价值的助手，但事实上他们中的大部分人依然在袁世凯的影响范围之外，所以总统只剩下了一群无能的官员。

结果是，什么都没做，也无事可做。袁对国家的掌控使得政治和行政制度甚至在产生前就瘫痪了。

的确，有外国顾问，但是无知而猜忌的中国官员毫不关注其建议。他们实际上是挂名的高位人物，是为了让列强高兴，让其相信他们对中国政府是有影响的。这种影响事实上是没有的。即使是注意到了他们的报告，也没有人能够实施他们的建议。

那时我在进行中国金融方面的研究，但财政部如同一片荒野。我去过那儿几次，与客气的官员们谈话，他们完全侵染在过时的商业方法里。我穿过无尽的办公室，它们虽然受到悉心照管，文件却是乱堆乱放。至于簿记，或者合理的财政制度，或甚至于最基础的金融概念，对于这些毫不了解西方商业方法的人来说，是完全不知晓的东西。

因此我本着良心起草了一份有关财政改革的报告，陈述了所有我认为可能有用的吸收自法国财政制度的东西。我这样做是根据总统本人的意愿，但我的中文文体需要有很大提高，我的朋友马相伯——一个非常著名的学者和演说家，被称为“中国的西塞罗”，并且是江苏省议员——为我将报告译成了不错的文章。报告在地方报纸上发表了，如果这是优势的话，这是它对于许多其他报告的唯一优势。袁世凯渴望为其财政困境寻求一道光亮，因此用心阅读了报告，并表示希望与我讨论它。但这文件被交付给财政部官员任意摆布，他们太无知而不能从中获益。

总统有许多东西要给我讲，因为他盼望我能在欧洲解释他的观点，并在一些大报上阐明中国与财团有关的情形。

马良①，一个顾问，坐着一辆双驾马车来接我，我被带到陆军部，一座欧洲风格的灰色砖砌建筑。

门口有大量哨兵，一个军士拿着我们的名片，并将我们带进一间等候室，由此我们很快被领着穿过一系列建筑和走廊，来到那间遥远的屋子，总统在此过着远离敌人的生活。

---

① 即马相伯，时为袁世凯总统府高等政治顾问。——译者注

一个挑剔、矮小的人接待了我们；他是主要秘书之一，张仲仁，一个旧式学者，已经为袁世凯服务多年了。

总统接见我的地方是一种修道院般布置简单的接待室：一间含有一张圆桌的空屋。房门由几个秘书和士兵看守，他们好奇地盯着这个外国人。我发现自己对面是个稍矮的人，宽肩，身穿一件灰色中式绸袍，以及一件黑色无袖外套。袁那时年约54岁，看起来正好是这个年纪。他圆圆的脑袋上覆盖着灰白的头发，他明亮的眼睛打动了我，这眼睛不同于其大部分同胞。袁看人时直盯其脸，神情愉悦而坦率。他与自己的私人秘书和邪恶精灵梁士诒形成了鲜明的对照，梁身材矮胖，贼眉鼠眼，举止温柔而有欺骗性。我们面谈时他在场，因为总统决定任何大事之时，总是要征询这个人的意见，他为总统服务了多年，了解主人心思的一切细微之处。

袁世凯、张仲仁、梁士诒，这三个人是中国眼下的统治者。上述的第一位是位擅权的军人，第二位是一个沉浸在古书中的学者，第三位是商人和奸诈的金融家。

在与这些重要人物谈话后，我得出结论，这个三人组合，如其所做的那样，构成了中国唯一真正的政府，他们实际上属于另外一个时代。与新一代人，与在我们桌子上用餐的激进共和者是多么的不同啊！他们之间隔着一道鸿沟！

当然这两个派别绝不会达成一致！他们讲不同的语言，一有机会，这些旧式中国人就一定会犯某个严重的政治错误，他们不能理解新的政治形势。敏锐和狡猾——他们在很大程度上拥有的这些品质——不足以管理一个国家，除非他们对当今政治，连同其遥远的心理和历史起因有一个理性的认知。

我们被供给香槟和香烟，这是在远东极少被忽略的礼节；在品酒的时候，我仔细看了这三个人，其行为可能对世界历史产生深刻的影响。

临时总统是他们中间唯一新颖的人。接近后他给人的印象与敌人描述的完全不同。在我遇到的所有中国人当中——他们数量巨大——他给我最强烈的坦率与诚实的印象，他的整个外观，与其口是心非、狡猾奸诈及背信弃义的名声完全不一致。他的脸庞无疑讨欧洲人喜欢，因此给我留下了一个非常好的印象。

与伙伴们相比，他似乎是爽直而忠诚的。然而他过去的历史已无需再做进一步说明了。

我们要信赖具有惊人伪装能力的他吗？我想不能。

我觉得袁世凯是逝去时代的遗传物，出生太晚而进入到了新世界。

他不忠及残忍的行径，我们以西方的敏感憎恶之，在现代中国人眼中是不可饶恕的罪行，他自己却不这么看；正因为他无法理解其不可取性，所以他完全不顾其非道德性。

为了国家——这里不知法度——利益，每个国家在某个历史时期都使用过欺诈和犯罪手段，将它们看成是统治者手中无可非议的武器。

同样地，袁大笔一挥，就将所有妨碍他实现野心的人心安理得地扫到一旁。他这样做是为了国家利益，国家由他个人来代表，所有专制君主都做了类似的辩解。

袁属于一个过去的时代是他的不幸，是他国家的不幸。

对于政府、财政和集权，他持有一个政治家的观点，但这个政治家同时是个专制君主。他或许会是个好的专制君主。但是他的同胞，已经如此费力地推翻一个虚弱无能的专制统治，不可能去支持一只披着羊皮的狼。

我们坐在总统的小房间里谈话时，这些想法穿过我的脑海，而梁士诒像一只遭到伏击的猫一样，从他低垂的眼睑下审视着我。

我们决定写下会谈中与财团有关的部分，总统希望我将其发表，以便澄清他在这个问题上的看法。我这样做了，这次访谈出现在 1912 年 10 月 27 日的《巴黎日报》上。

当时袁世凯表达了整个中国的意见。他代表国家说话，要求从包围着的罗网中解放出来，并要求承认中华民国。

但是形势发生了变化，总统不了解其生活的时代，这让他犯了一个在阵营中制造分裂的大错，并再次证明了“新时代需要有新人”这个说法的正确性。

◎ 第十六章　国庆节

为什么共和国没有被承认——新式小学教育——第一个国庆，以及活佛——中国药典——北京主教对于人民情绪的看法

革命爆发已经快一年了。时值九月，自二月中旬起中国南北就统一了；皇帝已退位，将权力交给了共和国领袖，共和国现今在事实与法理上都完全控制了国家。在首都，设立了一个正常的议会，一个组建恰当的内阁已经在位；外国代表正在与政府讨论一笔6000万英镑先期借款的条件，接下来有另一笔2500万英镑的借款。然而，从国际的观点来看，中华民国并不存在。

即使在今天，这个或许比世界上任何其他国家更有权要求合法性的共和国，还依然没有被欧洲的政府承认。

舆论持续不断地抗议白人这种不友好的态度，他们好比是拿刀子抵住中国的喉咙说："如果想要你的共和国被承认，你必须接受借款条件，包括高利率、

各种佣金、蒙古事实上的割让，以及由我们来控制你的预算。没有按照我们条件的借款，就没有共和国。”这些是中国舆论每天发出的抱怨，它增加了公众对欧洲人的憎恨。

不时有大意是新政体将被承认的通告。

但什么结果都没有，因为娴熟的俄国外交官在北京的影响占优势，总是成功地阻止了承认。

俄国政府中的官僚主义人士似乎下定决心，中国永远不要有一个真正的共和国，因为它将对西伯利亚的人口产生不利影响。构成后者的主要是政治流亡人士及其后代，在彼得格勒铁血统治下受过难，并梦想重获自由的罪犯们。

早在1905年，在导致杜马产生的那场革命期间，西伯利亚的大城市就为自由努力过。赤塔、伊尔库斯克、托木斯克、鄂木斯克都扯起了起义大旗，并宣布建立仅持续了一天的共和国。报复很快随之而来：监禁、绞死和射杀反叛者，他们就这样被迅速镇压了。

但是仍然有对于不同政体的热望，尽管有新闻审查，尽管有警察监控，西伯利亚人还是渴望一个时刻，那时他们与其他自由公民一样，将成为自己命运的主人。

这会是一个严峻的问题，因为在西伯利亚建立一个或更多的共和国，将在欧洲及亚洲对俄国政府构成严重伤害，并将挑起在两大洲都如此普遍的骚乱。

因此容易理解，俄国政府急于避免任何趋于增强亚洲俄国对自由的渴望的事情。

在西伯利亚边界线上存在一个新共和国，它宣布，用中国宪法的词语来讲，“人作为公民的权利”，并建立一个控制全体官员，防止他们滥用权力的国会，没有什么比这更可能在西伯利亚居民中激起他们潜在的反抗精神了。

没有能够阻止共和国在革命灰烬上产生，俄国外交便竭力反对承认一个对俄国利益如此有害的政府制度。

外国政府对共和国的承认必定会成为一个力量来源，因此俄国全力反对承认，同时尽量诱使中国蒙古公开宣布独立，而处于俄国保护之下。

正是因为这项政策，借款的持续受挫是可以预计的。

法国负担款项的最大部分，法国银行家无疑渴望借款，目的是收到惯常的佣金，同时中国会支付未偿债务的利息。另外，法国不得不支持其盟友的政策。

我们最杰出的外交官之一从外交立场用下面的话概括了这种情形："法国就是俄国。"

因此，正当急需款项的中国政府要接受财团条件的时候，某个新建议马上被提出来，然后整个问题不得不全部重新讨论。

中国由此不能获得重组及增强共和国力量的必要资金，但它仍然处于一种或多或少的稳定状态。盼望共和国垮台的那些人在等待着，希望某个意外事件能让其完成对共和国的破坏。

谈判停滞不前；形势严峻，要求对中国事务有丰富经验，并准确了解北京外交界正在进行的讨论。

在这紧要关头，法国使馆的全体人员都被更换了。公使在 7 月就已离开，没有返回的意思，一等秘书随他而去，最后翻译就成了前使馆人员中唯一留下来的人。

因此我们愉快地向新任法国代表康悌先生表示敬意，他在当前还以技巧和杰出表现担任着这个艰难的职位。

新公使着手工作，与前任一样，开始进行无休止的、从未有成果的轮回谈判。中国内阁同样让球在国会和外交－金融集团之间滚来滚去。

在这样的情况下，中国行政不可能进行改革。钱已借给袁世凯以便让其能够解散革命军队。袁将其中一部分用于为自己消除南方军队，他对其忠诚几乎没有信心，但他同时在北方招募了更多士兵，目的是有一支听随自己支配的军队。这就是他的政府所完成的全部事情。

公众对形势怎么看呢？

在整个帝国，人们的情况几乎依然未变。从农作物的角度看，1912 年是特别有利的年份。不时有未获军饷的士兵行为不端，但整体上人们看起来对新情况颇为满意。没有征收新税，如此他们无可抱怨，因为他们习惯了无组织状态。

但政界对未来感到焦虑。所有在帝国任过职的人，都希望回到一种与过去相同的状态，他们指望从袁世凯那里获得职位、闲差以及俸禄。大量这样的人重现北京，竭力讨好权势日隆的那个人。他们似乎臆断，除了满人，中国将继续现状，他们也将逐渐恢复带薪的休闲生活。借款将有助于提供必要的款项！

同时，共和派领袖们保持低调，为了即将到来的选举，在各省悄悄地工作，他们的各个委员会监视着谈判，以便加强议会对金融家们建议的抵制。他们放弃了所有反对总统的想法，直到选举已进行为止。政治氛围是安静的。

我利用这个斗争间歇去察看了北京的一些小学。他们由学校创始人组成的委员会管理，教育在中国人眼中是如此重要，所以证明了我的访问始终是一个有用的信息来源。在首都，与在其他地方一样，我被教师的进步精神所打动。

我碰巧进入了皇宫附近的一所学校，校长正好在给学生们中的一个剃掉辫子。黑板上写着音乐课，包含一首诗歌，赞颂革命前及革命期间“掷弹身亡的英雄”的勇气。教师让孩子们歌唱这些煽动性的诗句，它们将在其幼小的记忆中留下擦不掉的印迹。这些顽童，带着中国人灵巧的脸庞，以巨大的活力精彩地唱道：“独裁者的专制比虎狼更残忍。”校长被介绍给我；他原来是我认识的皇室卫队中一个上校的儿子。

这种教育对成长中的一代容易产生可预见的影响。

这个特别的学校由居住在附近地区的各种居民来维持，委员会主席是一个激进的天主教徒。学校有两个老师，一个年轻另一个年老，两人都使用现代方法和模仿西方手册的书籍。与中国的惯例一样，他们的薪水很低。

不用说，共和者在再造国家过程中，非常依赖小学工作，他们把建立小学看成是一项可嘉的任务。他们向我表示了很多次，希望最终让教育成为义务，如同在法国一样。同时，（他们）期望上新学校读书的学者家庭进行小额捐款。在这种情况下，这些学校在全中国大量增加似乎是有可能的，它们将提供一种在人民中间进行革命宣传的有力途径。

10 月 10 日整个北京都骚动了。这是第一个国庆节，是 1911 年武昌爆发革命的纪念日。

所有公共建筑都飘扬着五色旗，中国城狭窄的街道装点得喜气洋洋。

在琉璃厂街地区，竖立起帐篷和临时台架；在后者之上，陈列了一张大白纸，以代替祭祖仪式期间亡灵应当降临的牌位。纸上用大号竖体黑字写着下列词句：“为中华民国献身英烈之灵位。”

庆祝活动从一个宗教仪式开始。不幸的是我不能到场，因为它在早晨很早的时候进行；总理本人主持仪式。

然而，我在下午仔细观看了临时搭建的祭坛，连同其题字，以及所有堆放在它面前的祭品。我不能同时身处两地，而我渴望接受总统参加大阅兵的邀请，它类似于每年 7 月 14 日在巴黎进行的阅兵。它一大早就开始了，阅兵场面对鞑靼区东北部，和举行宗教仪式的那个地方有一定距离。因此，我被迫满足于报纸对后者的描述。

同一个早晨，发生了另一件意义重大的事情，它受到中国人的热烈欢迎，中国人对象征物的热爱是非常闻名的，能够体察其真正社会价值的人也热烈欢迎它。壮观的天坛，皇帝自从退位后再没有进去过，它向公众开放了，一个部长以共和国总统的名义前去向最高神明献祭。在整个中国历史中，从未发生过这样的事情，因为皇帝作为天子，独自享有敬拜天神并向其献上神秘供奉的权利。

新的国家元首来进行这个仪式，因而夺取了已废君主的宗教属性。

人民以前从未被允许跨过天坛的门槛。然而在10月10日，以及接下来的两天，这座宏大的建筑向公众开放，人民第一次被准许进入它神圣的入口。

对外国人而言，国庆节重要的吸引物是共和国总统举行的阅兵。据说最初袁世凯打算沿着曾有一颗炸弹扔向他的那条街道，乘车走在部队的前面。但他极其谨慎，不会做任何这样的事情。某位私敌，或某位激进革命人士，对其政党领袖的调和政策失去耐心，都极有可能利用如此有利的机会投掷一颗炸弹，除掉许多人认为是一个潜在暴君的那个人。因此，在最后一刻宣布由陆军部长段祺瑞将军行进在队伍前面。

为数13000人的部队沿着整条哈德门大街集结起来。在前往陆军部的路上，我们乘汽车穿过他们密集的阵列，其军姿给我们留下了良好的印象。外国客人正在抵达陆军部外的大空地，这里是一个长礼服和高帽子的集合，后者中的一些就其形状来说有点儿过时了。由于共和国未被列强承认，各使馆的军事随员身着便装，唯一例外的是一个德国军官，他是中国军队的教官，穿灰色军装，戴尖顶帽。

这种军事展示是民国建立以来的第一次，在外国客人中间激起了浓厚兴趣。观众中间有形形色色的中国部长，穿长礼服，戴大礼帽，胸前饰有新共和国的金丝勋章，金穗取代了帝国的双龙，进步党人士指责双龙提醒着过去的政治专制和宗教迷信。

共和国总统站在一个悬挂着红色褶布的平台上，并位于构成陆军部门厅的入口之下；这样他就站得比观众高，他身穿灰色将军制服，连同勋章和军帽，这让其极具军人形象。他被军官和平民环绕着，后者中的一些人穿着华丽的中国长袍，在阳光下熠熠生辉。还有许多外国人，包括几个戴眼镜的英国女士。

这是一个适合阅兵的地点，不会有突然袭击；士兵列满广场，广场出口被小心翼翼地把守着。

陆军部长和他的参谋刚顺着队列走来，齐步行军就开始了。

乐队布置在墙下，面对着我们。首先到来的是步兵，着卡其制服及黄布绑腿；他们非常整洁，军官和军士穿着黑靴。袁向经过的每一面旗帜致礼。从总统家乡省份河南招募的军团齐步走过，士兵们高大健壮，有运动员的体格。

接下来是皇室卫队，前面是身穿鲜红色制服的军乐团，这个乐团比其他的要演奏得好。士兵的腿有节奏地起落，这明显是训练得最好的团。

轮到着灰色服装的北京部队列队通过了，随之而来的是炮兵和骑兵，后两者人数都有点儿稀少。

总体来看，士兵们给人留下了好印象；在齐步走过总统及其外国朋友时，他们表现出最好的状态，对此他们显然感到自豪，对惩罚的担心充分加强了这种自豪。单单用经验就能说明他们在与欧洲军队作战时是否大有用处。我征求了一些站在身旁的欧洲军官的意见，他们回答说自己觉得中国军官同我们后备队军官大约同一个水平。至于部队士气，不可能做出评价。皇室卫队的军官和士兵被怀疑在为君主制感到惋惜。关于总统的新兵，他们的价值同尚不知晓军事职责的唯利是图者一样，即并无多少价值。然而，也许这些未经训练的新兵没有参加阅兵。

袁世凯走下台座，进入室内接受客人们礼貌的祝贺。

午宴供应的是法国菜，已在一个遮篷下布置好了。就在这时，一个奇怪的景象进入我们的眼帘；一辆没有弹簧的双轮北京车，由一头骡子牵引着，出现在现场；它漆成皇帝用的黄色，里面由半圆形的车篷遮住，蹲伏着蒙古活佛，有两三个穿红袍或黄袍的蒙古人围着他。他们的首领，戴一顶中国帽子，颏下系细绳，在车里坐在活佛旁边。

活佛实际上是一个半神，真菩萨的一种化身，他在过去的岁月中将智慧之光照向世界。尽管袁世凯自己是个不信教的人，但是下令这位半神——在蒙古是非常重要的政治人物——参与在国庆时刻对新政府的美化工作，这就是为什么活佛这个奇异的古式人物出现在欧洲长礼服和大礼帽中间。

他是一个太高贵的人，不能与我们站在一起及用宴，因此他消失在巨大的帐篷后，藏身于陆军部一个遥远的地方。上尉德枫丹是隶属于我们使馆的杰出汉学家，在其陪同下，我们碰巧与菩萨的随从同桌进餐，他们津津有味地吃着食物。这些佛教喇嘛非常喜欢享用鸡翅和约克郡火腿，并以啤酒和香槟解渴。这些黄袍者，有月形黑脸，以及椭圆形的小眼睛，无疑像任何其他人一样用餐。我把一个盘子递给其中一人，他点头致谢。

大约有 150 人参加了这场午宴，这是一个巨大的成功。我们吃饭时，一个中国乐队以其音乐给我们带来了生气。

用餐结束时，大家挤向前与袁世凯及活佛道别。也许是受午宴上享用的香槟驱使，外国人高喊“袁世凯，万岁，万岁！”来作为一种告别。

小汽车迅速将我们带回自己的街道，我们又立即由此出发去观看玩乐中的百姓，他们在中国城以自己的方式庆祝这个重要时刻。

空地上搭建了讲台，戴眼镜的演说者向人群滔滔不绝地演讲，讲革命的好处，讲革命英烈的英勇行为。人们面无表情地听着，以亚洲人的冷淡掩藏了他们的真实情感，将此误认为麻木不仁是一个严重的错误。听众中间有各个阶层的人，富人穿着漂亮的绸袍，卑下的苦力穿着棉衣。有女人和男人，整个场景让我想起了 7 月 14 日的某个巴黎郊区，叫卖小贩的手推车挤满了每一个可用的空间。杂技演员在一个单杠上旋转，而在远处，我们看见人们拥挤在一个临时戏场边，里面刚刚表演了一个革命剧目。广场的一角有一辆救护车，准备好万一有意外时提供急救。

人群涌入由我们的朋友王宠惠①创办的革命博物馆，他从前在新疆供职。人们摩肩接踵，急于参观著名革命者的画像，以及一个未结束的时代其他的纪念物。人们还非常热心地听知名演说家讲话，演说家利用这个机会，向一群群听众演讲，他们出于闲散的好奇心来到那里。

我们听到临近博物馆的一个庭院里有哄笑声，很快我们看见一个穷家伙，他大着胆子到了那儿，留着一条可观的辫子，可能自出生起就没有剪过，他对其相当自豪。一些流浪者将他的这个保守标志剪掉了，他现在正手握着它，用一种可怜和沮丧的神情注视着它。中国人易于被他人的不幸逗乐，因此旁观者对他困窘的样子发出哄笑。

晚上中国城被照亮，这是北京唯一明显举行了庆祝活动的地区，也许是由于这里有大量的商店。鞑靼城的街道不适合装饰，因为大部分是隐蔽的小巷，没有窗户，大门紧闭，然而即使在1900年以来修筑的几条宽阔的大街上，也没有做装饰的努力，似乎没有人对国庆有任何兴趣，或至少认为照明开销是值得的。商人将钱保管起来，用于支付给私人看守或是领工资的警察，其职责是万一有抢掠时保护他们。他们尚未原谅袁世凯没有防止2月28日的兵变。

庆祝持续了3天，第二天晚上它让我们迟到了一场晚会。莫内斯蒂埃先生和我坐着人力车向前飞奔，以便同住在北京西区而有些远的一些朋友共进晚餐。正当我们通过皇宫大门的时候，一次庞大的示威游行将我们挡在了前门后面。这是一场露天集会，我常常在英国和比利时见到。数千人站在宫殿前高呼："'中华民国'万岁！'中华民国'万万岁！"警察完全封锁了交通，我们被迫裹在小毯子里，日落后的夜晚是寒冷的，我们耐心地坐在人力车里，等待集会结束。我们不得不等了很长一段时间。在宫门口，

① 音译。——译者注

在两个圣殿里，一边贴上了皇帝宣布退位的诏书，另一边贴上了宣布袁世凯为共和国总统的法令。

在乐队演奏军乐的时候，示威游行终于结束，人群散开。人们背朝皇宫，通过前门高大的拱门返回中国城。

我们在前排，在杂乱的手推车、人力车、骑马人，以及伺机而行的徒步旅客当中。我们兴趣盎然地观察人群，同时主人一直在为我们而等待晚餐。

人群里只有男子，绸袍的数量极少；尽管没有多少最下层阶级的成员，且几乎没有苦力——由于其夹层蓝棉裤，他们很容易被辨认出来——但是这些人显然属于下层阶级，由店主、仆人和工匠组成。

人群极有秩序地前进，由于此时天已黑暗，几乎人人都拿着一只点亮的灯笼。每个人在入口——皇帝再也不会穿过它到天坛主祭了——下经过时，都为共和国欢呼，好像要再次辩明人民的权利。

人群中的每个成员到达门口时明确的叫喊，连同示威者有序的行为，表明整件事是预先安排好的，正如在欧洲，民主人士习惯于在街头以同样的方式表达他们的意见。

这些人的面容令人出奇的坚定，他们经过时我仔细地观察，其中一些距离我的人力车不到一码。他们给我的印象是非常真诚，不以玩笑对待此事，而是作为一项神圣的职责。间或，在他们为共和国欢呼时，中国灯笼的红黄色灯光在其脸上闪烁，让他们看起来几乎就是野蛮人。

人群终于消失了，在被耽搁一个小时后，苦力全速进发，我们很快到达朋友的住所，他们正焦急地等待着我们。

然而，我们很高兴瞥了一眼这个巨大国家庞大人口的一部分，他们刚刚开始认识到自己获得的新权利。从今以后，如果不是不可能的话，将难以剥夺他们的这些权利。

冷天早早地到来了，即使是在10月，夜间气温也达到了零下25度。这不同寻常，因为尽管北京习惯了酷热与极寒，秋天却通常是漫长而温和的，是一年中最宜人的时候。

旅行者的草率是广为人知的。我因为粗心大意生了一场病，对此我必须认罪。提到这场病不过是因为它给了我用自己讨厌的身体试验中药的机会。

一天，坐在当风处之后，我成了一个腰疼患者，像拨火棍一样僵硬，我被迫躺在床上，在有许多东西要参观，有许多事情要去做的时候，这是一件非常恼火的事情。

我使用一般的药物，没见多少效果。于是一个中国人劝我尝试一种他祖父母屡试不爽的好膏药，依据劝告者的说法，它有非常好的效果。

这膏药是中国城一家大药房的特制品。王，我们不再年轻的“男仆”，前去把它拿给我，回来时带着一块厚厚的红缎子，中间有一块黑色树脂贴片，约有一块五先令的钱币那么大。要将其加热并用于病灶。

由于王的父亲和兄弟是医疗人员，他能够告诉我膏药的成分。他表示，这是焙烧的虎骨、熊脂、松香，以及切细的人发的混合物。按照我的惯例，我记下他的话并加以证实。他被证实给了我正确的处方，这当然对我很有好处，因此我很快又能够站立并四处活动了。后来，预计到要穿过西伯利亚和俄国覆冰地区，我又买了另外的存货。

中国古代的经验疗法似乎对某些病例有效。毕竟，为什么熊脂和松香不能证明是出色的镇静剂，为什么虎骨和头发不会有奇妙的特性呢？在这种情况下，结果是最重要的，事物的好坏须经实践检验！

中国药典中依然包含许多在中世纪的欧洲使用的古老药物，例如，鹿角被广泛使用，为此一些药师养了一群这样的动物。药剂师在中国有很高的声誉，中国人非常喜欢各类药品，而报纸上充斥着附有已愈患者肖像的广告。各式各样的外国产品近年也被引入了，并且现在开始得到赞赏。日本也在报纸和海报上大做医疗和药物广告。

至于医疗，这个国家事实上仍然局限于古代的针灸法。医生把一根长针刺入病人身体的某个部位；从刺孔冒出一点血来，病人将恢复或是不会恢复。一位传教士向我保证，他见到过一些显然是用这种方法治愈的突出案例。

这证明了伟大的安布罗·帕雷医生所讲之言的真理性：“我照顾他，但上帝治好他。”这句话适用于中医，正如适用于我们自己的医学一样。

然而，中国人对医学的态度有了一个显著变化。不论哪里有欧洲医生，他都受到上层富裕中国人的热烈欢迎，在美国、日本，或欧洲学习过的中国年轻医生，在大城市开明的人们当中有巨大的需求。

然而，民众更愿意坚持旧疗法，他们运用它，同时又嘲笑它，就像过去在法国莫里哀所做的那样。

一个在中国生活多年的欧洲人向我保证，尽管有怪异的药物，包括奇怪的植物和鹿角，平均而言，中国医生比起我们自己土地上的埃斯库累普①的子孙们，并没有失去更多的病人；然而，这位老绅士或许是错误的。

有益的膏药让我可以重新运用四肢，到 11 月 2 日，我能够在营房仔细观察皇室卫队了。

实际上，我的这项权利要归因于一个误会，受到邀请的是与我同名的侄子；然而，由于他刚刚回到了法国，我就代他前往。

因此，在一个异常寒冷的日子，在我们使馆武官科拉尔代上尉和德枫丹上尉的陪同下，我前去观看士兵们的步枪操演，以及惊人的体操和柔术技艺，对此我没有能力去评论。然而，我看到一些士兵保留着辫子，他们将其卷起来藏在帽子下。营房本身，连同训练士兵的院子，给我非常清洁

---

① 希腊、罗马神话当中的医神。——译者注

的印象。

将军邀请我们共进午餐；有许多军官在场，在“中华民国万岁！”和“法国万岁！”这样的呼喊声中，通常要为健康而干杯。唐宝超①上校，被授予法国荣誉军团勋章，最近从法国返回，他用流利的法语给我们做了一场动听的小型演讲。

卫队军官据说忠于帝国，或至少对共和派没有很大的爱慕之心，这是极有可能的，因为没有一个国家的军队愿意忍受平民的控制。

他们也不被认为非常喜欢袁世凯，他推翻了帝国，并与叛乱者达成协议，但在君主制复辟——这看起来几乎不可能——缺如的情况下，这些士兵支持这个军事独裁者也不是没有可能性。

政局或全局在整个11月都没有变化；政府依然在与财团谈判条件，12日，正当外交部长要签订那个臭名昭著的合同时，他效法唐绍仪逃走了！

选举刚刚开始，国会还要制订永久宪法，其召集被推迟了一段时间。因此我决定离开北京，踏上经西伯利亚和俄国的回程；后一个国家有我的朋友和亲戚，而且有许多有趣的地方要参观。

于是我开始拜别北京的朋友，包括北京主教，他在北部山区巡视牧师，最近回来了，我已经七个月没有见到他。

“你一直旅行的地区居民是什么态度？”我问林懋德阁下，“农民怎么看待新情况？”

“农民，”他回答，“希望较之过去受到新统治者更加公正的对待。他们对我讲：‘既然中国是个共和国了，我们就应该不遭受抢劫并交纳如此苛重的税赋，它们中的大多数都进了官吏的腰包，从来没有交给政府。’”

主教向我们提供了进一步的细节；例如，他遇到一个拥有一座矿的农民。从前，一位官员以某种借口将他囚禁起来，并命令他交纳720英镑才予

① 音译。——译者注

释放。革命爆发时，他没有支付一分钱就被释放了。对农民而言新情况是一个自由的时代。

过去，矿主和采石场主不敢经营，担心遭到官吏们“压榨”，官吏们总是为自己成功地取得任何事物的最大一份。现在下层阶级的成员能够抬起头来，继续在矿山工作，不用担心被抢掠。

一位投到共和派一边的前知府以为一切将照旧继续，他凄凉地告诉林懋德阁下他必须递交辞呈了。人们拒绝再被劫掠，自革命开始以来，他每月大约损失120英镑，因此他决定放弃职位而开始经商。也许应该解释一下，中国知府必须给自己的属员发饷。

总的来说，在主教看来，他教区的农民认为共和国预兆了一个正义和幸福的新时代，他们以前从不知道这样一个时代。

可是，北方省份的农业人口，多年来在满族的压迫下呻吟，没有浸染与南方的兄弟们同样坚定的独立精神，或同样的民主情绪，南方的兄弟们常常为解放自己而斗争。

北京主教是令人尊敬的，其看法对那些寻求解读中国未来的人有特别的价值。他对人们的深入了解——来自于他一生与他们进行的日常接触，他对他们语言的熟悉，他的品质，都加大了其证据的分量，因此它比大部分欧洲居民的证据要可靠得多，这些人活着的目标是在尽可能短的时间内发财致富，对中国进步的想法嗤之以鼻。他们确信，中国人完全不能成功地建立一个共和政体，但林懋德阁下绝不是这种看法。根据他的说法，中国正在经历的一个过渡期是极其重要的，并且不会有逆向反应。在欧洲人看来似乎极其可笑的临时议会，在他眼中是一个真正国会的垫脚石；无疑革命尚未结束，中国将不得不忍受更多磨难和血腥的冲突，但新秩序是既成的事实了，自由与平等原则，连同公民个人权利，一旦与国家法律结合，就绝不会再次被放弃。

这些观点，来自这位全中国最具远见的欧洲人之一，注定要被后来的事件所证实。

与主教告别，并最后一次走出繁忙的教堂之后，我赶回家记下他的评论，我急于记住它，并且为启程做好准备。

这事发生在几天以后。最后一个到车站给我们送别的，是那位和蔼的保守绅士辜鸿铭，我们与之进行过如此众多的友好辩论，他的皮衣、绸袍、纽扣帽，以及长辫子，是现存的不合时宜的东西，代表了中国旧的部分，它拒绝消失掉。

◎ 第十七章　一次违宪的借款

大选——暗杀宋教仁，一位共和派领袖——多数派坚持自己的权利——列强的立场——午夜签订违宪借款——孙中山博士向舆论及外国议会发出呼吁

12 月和 1 月致力于大选，由于分成两个阶段进行，它占用了一段时间。根据选举法，我们已在前面描述过的第一个选举人团体选出代表，再由代表选出众议员。

由于缺乏对整个选举人数量的准确统计，它们可以大致估计为每省 100 万，或者可能更为正确的是，22 个省有 2000 万，即大约总人口的 1/20。

投票的主要资格包括至少缴税 2 元（约 4 先令），由于通常有 20 或 30 个家庭成员生活在同一个屋檐下，纳税人是宗族长房中最年长的代表，这种方法确保了议会对人民的代表能够符合国家的家长制习俗。

例如，上海的选举人数目是 51042，这大约是该选区居民总数的 1/20。

选举结果被热切地等待着。它将展示人们的真实

感情，尤其是因为中国人或许在世界上所有的民族当中，最惯于社交集会，惯于组成团体、协会、联合会，等等，并自愿将自己的权力委托给选定代表。

谁会得到最多的票数，哪个政党会占优势呢？

欧洲人预言袁世凯会获胜。“金钱，”他们宣称，“当下在中国就是一切，尽管袁的库房空虚，但他会努力在各处借到小额款项，这足以让天平转到他那边。选举分两个阶段进行这个事实便利了他的工作。而且，他的对手共和者是一个可以忽略的量；孙中山和黄兴的追随者不过是骚动的年轻人，笨拙地模仿欧洲民主分子中令人讨厌的那群人。如果反对党成功取得一些成功的话，只会是在南方，并且微不足道，因为北方各省一定会选举由可怕的袁世凯提名的候选人。”

与往常一样，这些预言被事实证明是虚假的，国民将大部分真正的共和者选到了众议院以及参议院，后者是由省议会选举的。因此大选时孙中山和黄兴获胜，其再造国家的努力显然为举国所认可。

选举斗争中有四个政党，由于中国人非常健谈，并且喜欢长篇大论，在选举运动的大量集会中有激烈的讨论。

国民党，将制定一个与法国类似的宪法纳入纲领，共和国总统拥有与在法国一样的权力，最高权力被授予向国会负责的内阁。国家元首的选举要直到宪法明确勾画出其权力时才予进行。

民主党，其目标与前者非常相像，与国民党的关系，就像我们的激进社会党之于社会主义者。它的信条有些过时了，是康有为及其朋友梁启超的信条，他们是 1898 年的改革者，被流放到了日本。许多学者属于这个党，它源于相信袁世凯的真诚，尽管 14 年前他背叛过它的领袖。然而，张振武和方维将军在午夜被谋杀，让许多支持袁的人变得敌视他。

民主党成员的政治观点是不明确的。一些人或许想要建立一个君主立宪制度，与英国现存的类似。民主党根本无望以一个独立的政党获得很大的权力，但是某一天它可能会与国民党合并。

共和党，在性质上完全不同。它由从前的帝国官员组成，他们强烈支持旧传统，希望在某种强有力的政府下，能够保有从前的特权。带着这个目的，他们将希望放在袁世凯身上，由于开始认识到名字的价值，他们自称为共和者。

共和党急于把最高权力放到总统手里，让他得以挑选自己的部长，它要求国家元首应当在召集永久国会之前选定，这个程序会使临时宪法变得无效。

最后是统一党，成员很少，大多数是北京的军人。他们公开支持袁世凯。

总之，选举运动实际上是国民党与共和党之间的斗争，后者叫共和只是徒有虚名，支持的是军事独裁。

在选举的第一个阶段，当选代表的60%是国民党的支持者；尽管面临诸多压力，以及向其提供的贿赂，他们以同样的比例选出了众议员。

蒙古和西藏处于一种极不稳定的状态，不能举荐自己的众议员，因此总统自己选定议员，这就将国民党在众议院的多数票减少了大约40票。

另外，省议会选出了占有更大多数的国民党参议员。

这样，民主信条在全国各地取得胜利，孙中山的候选人在南北均获成功，预示着博士可能当选共和国总统。

国民党不仅在该党大本营广东省，也在云南和四川——一个约有7000万居民，与新疆交界的大省——拥有绝对多数。这与东部及清朝诞生地满洲的情况相同。

满洲包括三个省：吉林，这里六成代表属于国民党；黑龙江，八成；最后是奉天，一个压倒性的多数，十六个代表中有十五个属于国民党。

这些结果构成了对袁世凯的抵制，严重威胁到其当选的机会，即使他宣布愿意遵从多数派制定的宪法。

我有意使用了“威胁”而不是“摧毁”这个词语，原因在于，即使在最近当选的国民党人中间，也有一些人准备听从孙中山的建议，为审慎起见再次选举袁世凯。他们完全认识到安抚外国人的重要性，外国人盼望袁继续任职；而且，在两位将军被杀时，足以阻止这些人与临时总统公开绝裂的那些原因，现在又诱使他们投袁的赞成票。因此，在 1913 年 3 月袁世凯似乎有可能当选，并因而继续在位几年。

对中国来说不幸的是，这个旧式的政客，面对新困难时犯下罪行，再次让国家陷入内战的剧痛中。

其选举运动为国民党取得最佳成果的政治家，是宋教仁。他从一开始就是个革命者，并且与孙中山合作形成了引导反对派走向胜利的行动计划。在第一个内阁中他曾担任农业部长职务。他是个雄辩的演讲家，性格非常直率，在党内有很高的威望，其意见对党来说具有很大的分量。

由于精通宪法事务，正是他联合所有革命政治家制定了一部与法国类似的宪法。有几个场合，特别是选举后在上海举行的一个大型集会，最具影响力的国会议员中有 60 多个在场，宋教仁清晰阐述了自己非凡的观点，表明他对自己的话题有深入的了解。

根据宋的说法，中国不像伟大的美利坚合众国，不是由单独的州而是由庞大的省所组成，许多世纪以来都统一在一个政府之下。联邦制度因而不符合中国过去的历史。相反，后者非常需要统一，这是力量的必备因素。为什么帝国被推翻？因为它愚昧而腐败，不能创立一个有效的管理制度，让国家生活从中心向边缘传播，反之亦然。因此它在对外关系上软弱并经常带给人民屈辱。为了让共和国满足人民的愿望，政府在授予各省最大自由的同时，必须对陆军、海军、法院和财政的管理行使最高权力。

然而，这样一个中央集权的制度易于遭到严重的反对，理由是有利于个人独裁及产生暴君，除非采取必要的预防措施加以阻止。因而，越是集权管理，越是要由人民代表对国家元首实施更严格的控制。因为这个原因，法国宪法是最适合中国要求的一个。国家必须由一个向国会负责的责任内阁来治理，总统必须只拥有法兰西共和国元首所具备的有限权力。

中国人敏锐的智慧很快就懂得了他的意思，这解释了宋教仁选举运动的成功。

在上海，他向一个集会发表了演说，集会由来自南方各省的主要国会议员组成，他们就要由此起程前往首都。宋把袁世凯的侵权行为作为自己的论题，强调有必要扼杀他野心勃勃的目标。

轮到黄兴将军向集会者演讲了，在热烈的讲话中，黄兴坚持国会必须不顾一切代价建立一个真正自由的政府。议员们必须战斗，必要的话要战斗至死，以确保“完全的自由，而不仅仅是它的影子”。慷慨激昂的听众发誓为自由事业献出自己的生命，而且如有需要，再次拿起武器反对一个可能毁掉过去所有努力和牺牲的暴君。

这些革命领导人已不经意地签署了自己的死亡令。

几天以后，他们中的一些人要乘坐午夜的火车前往北京，当他们站在站台上的时候，遭到左轮手枪的射击，宋教仁重伤跌倒。朋友们扶住他的手臂，把他带入车厢。宋教仁在第二天死去，但之前给袁世凯写了一封信，在信里他说自己可以快乐地死去，希望自己的死将有助于建立一个真正的中华民国。

凶手很快就在法国领地上被捕，他不过是一个受雇者，被付给 1000 元犯下此罪。5 天后，直接主使人应桂馨遭到逮捕；他是为政府服务的一个警官，并且与袁世凯的干将总理赵秉钧通信联系。

在总理的文件中，发现几封信，证明案件有无可怀疑的政治根源：警官被付给 50000 元（约 5000 英镑），用于从事杀害革命领袖的活动。

上海的中国法官发出逮捕总理令，然而，尽管有证据，命令却没有执行，因为总统颁布命令宣称应桂馨无罪。

宋教仁被谋杀在全中国引发巨大的轰动。这证实了人们对可能重建旧秩序的担忧，临时总统开始一个个谋杀那些准备对抗其权威的人了。

事情表明，黄兴及其追随者的预感是合理的。

大多数共和者已经到达北京，其他人随后就到；多数派在纽扣孔上戴一个小纪念章，刻上宋教仁的肖像，环绕肖像的文字是："献给为我们而牺牲的他。"

在这样的情况下，国会于1913年4月8日开幕，它受到临时宪法的保护，由于其第54条，直到颁布永久宪法为止它将依然有效。新当选议员的心态是容易推测到的，随之一场猛烈的风暴正在远处酝酿。

袁世凯立即着手让这个充满敌意的国会瘫痪。他被建议——尽管这建议是相当多余的——通过贿赂获得国会的顺从。因此他竭力收买议员们的良心，失败后，他尝试了各种可能的诱惑与威胁手段。

袁世凯认为两院议长的选举是衡量870名议员顺从度的一个标尺。他们刚刚被国民选出，深知自己的重要性。

他在参议院的所有高压手段都彻底失败，因为206名议员中有129名属于国民党。因此议长和副议长从该党选出；前者是张继，北方直隶省人，在法国学习过，后者是王正廷，以C. -T. Wang更为外国人所知，美国耶鲁大学的毕业生，中国第一届内阁的商务部次长。参议院议员的最低年龄为30岁，虽然他们是参议院最年轻议员中的一分子，但他们由于智识上的优势及活力而当选。

在众议院，主要通过行使为蒙古和西藏挑选众议员的权力，总统成功地削弱了有敌意的多数派。

因此，国民党虽然在国家占据多数，在众议院却只有一半席位，选举官员于是成了一件有些困难的事情。最终他们同意选举汤化龙为议长，他在革命中扮演了重要角色，属于民主党。

然而，副议长陈国祥属于国民党。

通过第一个行动，两院由此证明了自己对袁世凯的敌意。接下来，提出应当传讯总理赵秉钧，他被指控对共和派领袖宋教仁被杀负有责任。

情况非常清楚了。如果事情按正常方向进行，所有权力一定会从袁世凯手里溜走，整个中国将变成法国一样的议会共和国。议会因有人民当中大部分开明人士的支持而变得稳固，它将能够着手重大的工作：创立行政系统、征税——在此过程中，它将以欧洲的方法作为范式——拟定预算、整理财政，以及讨论同外国缔结的合约。

只有国会能够执行这个庞大的任务；它是由人民选出的这个事实，将防止它与这个庞大人群的惯性相冲突，他们总是把赋税当成主人征收的一种贡品，是用来让主人自己心满意足的。

然而，执行这个计划有一个可怕的障碍，即执掌国权的那个野心者的意愿，他认为自己拥有控制全民生命和财产的绝对权力。

袁持有这样的观点有 54 年了，不可能在他这个年龄变得顺从这些人的愿望，他们从欧洲带回了欧洲人自己都宣称是无聊胡扯的思想和理论。

银行家和列强代表会是什么态度呢？已经把中国看成自己私产的各位商人将做出什么决定呢？

财团已失去了一位成员。3 月 20 日，就是宋教仁被谋杀的那一天，美国新总统威尔逊先生宣布，在他看来，一个共和国竟然支持财团提倡的政策，这是不正确的，他以为这侵犯了中国的独立，并宣布将因此撤销美国官方的批准。美国银行退出财团，也宣告了美国政府准备承认中华民国，而且很快就真的这样做了。

财团现在只由五个列强国家组成了，当中的两个，德国和日本相对不重要。活跃的成员是三国协约的列强：英国、法国和俄国。

要做些什么呢？

这个议会，与期待的相反，似乎决心奉行一种独立的政策，并拒绝选举一个人做总统，这个人被多数议员指控导致自己亲爱的领袖死亡；它是一种新力量，列阵反对那些外交和财政计划，它们花费了一年时间被精心制订，依靠袁世凯才能取得成功。

那126位代表的小小临时议会，整整一年都以非凡的坚执竭力反对财团强加的条件，因此符合逻辑的结论是，全体国民刚刚选出的有近900名议员的国会将提出更加强烈的反对。因此借款最终会成功的希望越来越让人怀疑。

另外，财团以外的另一个金融集团，由英国人、法国人和其他外国人构成，已经建立了一个银行，并与袁世凯代表的中国政府进入了谈判，以对中国进行金融和工业的剥削。

他们期望获得巨大的收益。该公司的主管之一就未来红利的前景对我热切地评论说："它将是世界上最好的投资之一。"

国会似乎不可能批准这样一个合同，它给予外人地产所有权或租赁权、特许权、从事公共建设工程、工业、商业、农业、林业或矿业的权力，以及征收各类税收的权力，不管是公共还是私人财产，包括公私企业的所有款项，均可对其征税。

这当然会被认为是外国的侵占，不仅侵占国家的全部财富，还侵占其行政权，并将意味着国家所有主权的丧失。

众所周知的是，国民党绝对不赞成大量购买武器。在国家混乱的财政状况下，这势必需要借助债款才能实现。

该党成员多次告诉我中国不需要一支强大的军队，她没有进行战争的愿望，在国家极度贫困的情况下，要为大量战争物资供应付款是不可能的。最急迫的需要是组织一个政府，之后才有可能改善军队，但是在缺乏现款的情况下购买大量枪炮，通过借款，越来越让中国处于外人权力之下，并让欧洲枪炮厂发财致富。

后者将中国作为它们企业的庞大场域，并期待从新政府那里收到大订单。

所以不要期望英国、法国、德国枪炮厂会对新选出的中国国会有好的倾向，因为它反对它们的利益。它们更愿意一个军人来负责事务。

俄国在政治上的忧心，同样被一个议会多数派加强了；他们决心实施一个共和国计划；他们的领导人精通欧洲政策和方法，极有能力将共和国置于一个稳固的基础上，并向西伯利亚渗透民主精神。选举已经确定地表明，即使在满洲新信条也在人们中间取得了巨大的进展。

这就是当时不同外国利益和中国政治新形势的关系。

在这种情况下，激情被唤起，一场冲突似乎难以避免，一方是具有临时总统身份的可怕敌手，另一方是国会多数派，后者视前者为自由的威胁，恨之入骨，就是这激励了他们。

列强的中立确保了国民党的最后胜利。

因此袁世凯不能在政治舞台上和对手斗争，他们在此拥有优势；他被迫诉诸暴力来违反宪法，宪法的正常运作不会不让他失去职位。但是，为了在如此广阔的国家用武力施加自己的意志，大笔的经费是必不可少的，以让他能够付款给过去几个月中一直在河南省招募的那些唯利是图者，并能够支付庞大的战争开销。

没有经费，他的独裁是没有可能性的，他也许还会立即投降。

因而共和国的命运掌握在财团手里；事实上，后者有利于袁世凯的干预将会是对共和国的致命一击，尽管可能不是对其外部形态的致命一击。

至于临时总统，他完全认识到，只要剥夺了外来的援助，他就无可奈何；没有钱他什么都完不成；因此接受财团强加的所有条件的时候到来了。

他必须毫无保留地将自己置于金融家手中，或是永远放弃自己野心勃勃的计划。

事情迅速安排好了，人们很快知道银行家与外交官联合，就要向袁提供必要的资金，以便让他能够除掉那些麻烦的国会议员，议员们希望按照欧洲方法来治理自己的国家。

俄国外交官们坚持，袁要先签订一个协议，承认西部蒙古——一个有5个德意志帝国大小的地区——在俄国保护下独立。这样做以后，他将签署这项著名的借款合同。

要这样做，就必须违反宪法。借款原来的目标不见了，即以一种明智而经济的方式重组中国，以便让中国财富的开发符合所有相关者的利益。此后它将成为一个破坏与内战的工具。

当中国共和者的领袖得知列强将要援助袁世凯的时候，他们最初表示怀疑。他们不相信英法这样的自由国家的代表不会在最后时刻退出，从而拒绝帮助压垮他们。但他们很快被迫承认木已戎舟，借款即将签订，世界上所有的力量都列阵反对他们。

然而，尽管已经太迟，他们仍决心进行一次抗议。

这个任务被委托给参议院议长和副议长，他们要去当面警告签约方即将发生的违宪行为具有破坏性后果。

然而，财团成员小心翼翼地隐瞒了他们挑选的签约地点。他们担心某种极端的暴行，或许是一颗炸弹将中国部长连同他们的欧洲同谋炸飞。

财政部长周学熙尤其受到威胁。不能接近袁世凯的国民党极端分子强烈地仇恨他的财政部长，他们将其看成是袁的工具。他多次寻求辞职，但袁不允许他这样做。终于，当意识到关键时刻已经来临，他逃到天津，却被总统的间谍追踪至此，并通过专列带回北京。被认为明智的是，尽快安排好借款事宜，以便让国会议员们没有时间来一致反对。

4月26日，国民党领导人获悉合同将在当夜签订，但是他们不能找到签约方安排在哪里会面。当晚十一点，议长张继在一个法国人的陪同下，乘坐我们常常使用的小汽车，在北京街头跑上跑下，寻找安排为会面之地的迹象。

鞑靼区的一些街上布置了士兵以保护总理，担心有针对他的袭击。

汽车最终靠近了使馆区，参议院议长认为那个致命的行为可能发生在外人居住的土地上。

俄国复活节的黎明就要来临了，根据他们国家的习惯，俄国人聚集在教堂里做午夜礼拜。他们的赞歌在寂静的夜晚升起，以纪念一位神人，他手持鞭子，赶走那些在庙里做买卖的人，并宣扬与兄弟般的爱相比，财富毫无价值。

汽车在一幢灰色砖砌建筑门口停下来，这是汇丰银行分行。此时是子夜。在黑暗的街道上，可以分辨出一个仆从抓着两匹白马的缰绳，众所周知那是属于财政部长的。灯光从百叶窗中透出，而在这个不同寻常的时刻，门开着，由一个锡克人守卫。

建筑内是袁世凯的特使，以及各银行代表：爱德华·熙利尔，尽管他盲目轻率，却管理着英国分行；德·霍耶先生，华俄道胜银行代表；马佐先生，东方汇理银行代表；以及德·圣皮埃尔，科德斯和小田切先生，后者是一个日本人。当然，这些先生的角色仅仅是特使，真正负责的人远在欧洲各国首都的大臣官署里。

在十一点到达的中国人包括外交部长陆征祥、财政部长周学熙，以及总理赵秉均，宋教仁被杀之际对其颁发的逮捕令是白费了。这三位代表袁世凯，他定居于皇宫，太过谨慎而不会离开安全的城墙。

当参议院议长把车靠近门口时的过去一小时内，已经宣读和签署了文件。在他寻求进入时，一个人影在黑暗中掠出，一个熟悉的声音说道："我来了！"这是副议长王正廷。其他人影在现场出现，因此哨兵发出警报，召唤三个英国人前来支援。议长努力冲向入口，但大门当着他的面关上了，尽管之前王正廷成功将他的名片塞到某个人手中。很快，王被允许进入。

在进入签字者坐于其中的大厅时，王正廷抑制住自己的情绪，用出色的英语进行抗议。他以整个国家的名义宣布，由于合同没有提交议会，依照宪法惯例，它是没有效力的，中国人民拒绝批准由无权代表其行动的人以其名义签订的协议。

他的听众默不作声。的确，他们能说什么呢？他们完全意识到这个合同的性质，或许他们中的一些人带着不为人知的情感预见到了其致命后果。

完成任务后，王正廷默默向他们鞠躬并退了出来。他展示出惯常的镇定与尊严，亚洲人常常用以掩藏自己的感情，但他确信一切都完了，再指望白人的正义精神是没有用的，白人统治着整个政治世界。他回想起所有在美国听到的关于西方文明道德优越性的演讲，这让他对那种行径的不道德性更加愤怒，对此他进行过无效的抗议。

与孙中山一样，王信奉基督教，其教义给他留下了极好的印象。并且，他是一个严格的清教徒，是中华基督教协会总干事。

从前，当他是商务部长的时候，我们有一个夜晚在细雨街上凡·列尔贝尔克宜人的屋子里共进晚餐，这时一个人向他提议组织发行一次大型的全国彩票，以补充空虚的国库。

他气愤地否定了这个想法。

“做这样的事情是非常错误的，”他回答说，“我们寻求再造国家，不可能运用这种手段。让中国忍受贫困，比通过非法的方法，比通过激发赌博天性来取得款项，要好得多。这种天性在同胞当中已经相当泛滥了。”当其他人继续就此事极力劝说的时候，他用这些话结束了讨论，它们在我的记忆里不可磨灭：“我们绝没有权力去行恶以求善果。”

这是一个奇怪的冲突：一方是个中国清教徒，另一方是一伙参与了一场错误行动的白人，这场行动将在史册上留下无法抹去的印迹。

签约人在星期天——1913 年 4 月 27 日——分开时，是凌晨三点钟。刚刚在使馆区签订的这个文件具有重大意义，对于世界政治史，它比俄国在满洲平原被日本打败的意义还要大。

参议院在接下来的星期二开会，王阐述他执行受托任务的方式，得到了热烈的掌声。下文是他演讲词的结束语：

“仍然确定的是，如果我们这些参议院议员，国民唯一的真正代表，在今天宣布政府无权签订那个合同，后者必定会被认为是无效的。它只有靠武力来实施。的确，他们可以杀死我们，但是只要我们活着，宣布合同无效就是我们应尽的责任，因为政府无权签订它。”

当天，参议院以107票对64票通过了下列法令：“参议院认为政府签订借款合同的行为，事先未向国会提交建议，是违反宪法的，因此合同是无效的。”

四天以后，在5月5日，众议院以223票对149票通过了一个同样的法令。这是全体国民抗议非法行为的声音。

合同签订了，但是几天以后银行才能交给袁世凯一些款项。后者焦急地等待着资金，用以开始斗争。5月3日，他的同僚用法语写给我如下言辞：“如你可能认识到的那样，借款是一个既成事实了。它引发了激烈的争论，战争悬而未决。南方人士正在谈论反袁活动，但是我们已经准备好了，我们的队伍装备良好。我们充满热情，由于最近的借款，将不再缺钱了。南方人将是为一项注定失败的事业而战。叛乱将导致一个政党的最终灭绝，这残忍但必要，不过这个党有一些智士，其头脑将是国家的一个损失。”

的确是残忍的，却绝对不是最终的！这是陈旧的方法，总是出差错，借此独裁者认为可以杀死一个信条的倡导者从而灭掉这个信条！

通过违宪的签约，总统事实上向真正代表人民的政党宣战了，但是后者还剩下一个希望。只要袁世凯没有款项，他就无能为力。列强代表面对着清晰表达出来的人民意志，将更改其计划，并且命令银行延期支付借款，难道这是不可想象的吗？

共和者想弄明白，欧洲各国，尤其是法国，是否会冷血地答应做一件如此大的不公正之事。他们并不认为这是可能的，他们得出结论，白人一定是开明的，必须由一个讲话有权威的人向其解释真正的情况，解释清楚他们资金的用途。共和者将这项任务交给孙中山博士，中华民国的第一个总统，他曾主动将职位让与袁世凯，目的是要避免危及国家的统一。

于是他向欧洲议会和舆论发出下列呼吁：

> 应国会之请，为弄清爱国人士宋教仁在沪遇刺真相，已进行了仔细的调查，结果完全证实，北京政府是该罪行的同谋者。情况因此变得如此严峻，国家现在面临着至今已降临其上的最危险的危机。
>
> 部长们意识到自己有罪，认识到由其罪行所引发的全国性起义的威胁。虽然遭到现聚集在北京的国会代表们的强烈反对，他们还是迅速订立了一笔2500万英镑的违宪借款，借款将由五国财团认购。
>
> 这种专横而违宪的行径，增加了宋教仁遇刺引发的强烈愤怒，当下人民怒不可遏。
>
> 一场可怕的革命似乎不可避免，在当前的严重危机下，一点火花随时都会引发灾难性的大火。
>
> 自民国肇建以来，我竭力增进国家的和平、统一、和谐，以及繁荣。
>
> 我赞同选举袁世凯为总统，希望以此方式促进国家统一，开创一个和平繁荣的时代；我从此致力于恢复秩序，并协助政府摆脱革命的混乱。
>
> 我衷心希望民国维持和平，但是我所有的努力将付之东流，除非金融家们拒绝向总统提供资金，他将以之对人民开战。
>
> 倘若国家陷入内战的惊恐，人民将遭受巨大的痛苦，他们最近才摆脱革命带来的不幸。
>
> 他们为建立民国做出了最大牺牲，他们决心不惜一切代价维护之。

如果人民被迫为保卫民国而作生死斗争，不仅群众会十分痛苦，所有在华外人的利益也必将受到牵连。

只要未向北京政府提供资金，就有希望达成一项妥协，但是补贴将立即让我们陷入一场持久的、灾难性的战争。

人道在文明眼中是如此神圣，我以人道之名，因人道之故，恳请你们运用自己所有的影响力，阻止金融家们向北京政府提供资金，他必定会将其用于一场内战。

我呼吁所有心怀人道的人，在这关键时刻给予我们道义上的支持，以便阻止不必要的杀戮，保护我的同胞们免于无辜遭受的残酷命运。

孙中山

上面的呼吁出现在一家英国报纸上，但是法国报纸没有予以公布。同样受到呼吁的法国议会议员，完全置之不理，不久报纸上出现了惯常的广告，宣布发行中国借款，并邀请公众参与这项大有可为的金融冒险。

◎第十八章　一个政策上的高招

对银行团的欺诈——政府的责任——欧洲舆论给袁世凯的建议——一个高招——袁被各省议会罢免——第二次内战——悬赏共和派领袖的头颅——日本干涉——南京惨案——总统选举闹剧——审查报刊——专制的未来——中国的破产与分裂——将来的民主

许诺给袁世凯的借款年限为47年，总额为2500万英镑，利率为5%。

中国处于混乱与革命的状态，其信用事实上已不存在了，必须为认购借款的公众提供一项特别担保。这就是盐税。盐的批发贸易直到现在都由国家垄断，但是混乱不堪，整个制度需要加以改革以使该项担保有些价值。

长期以来，与官吏合作的商人将盐转售于各省；他们习惯了赢得顾客①，新方法不可能获得他们的认

① 清代食盐划区行销，盐产区与销区依据政府规定建立起固定关系。持有引票的特许商人，即运商按引纳课，在政府指定的场商处购盐，再运往引地销售。引地实为运商售盐禁脔，运商独占引销区内的食盐销售，盐利因而为商人所专擅。——译者注

可。后者存在于与外国人的一项协议中，要建立由外人管理的某种海关组织①。这将被认为是白人篡夺了一整套的交易，而它与中国人的日常生活紧密相关，将引发严重的困扰。担保品实际上仅以一个希望为基础，希望一个未来的组织能成功地运作，但中国政府必须提供的就这么多。

2500 万英镑分配如下：

偿还到期借款	1200 万
盐务垄断改革	200 万
半年行政开销	500 万
遣散军队开销	300 万
	—
	2200 万

余下 300 万表示折扣、代理人的佣金，等等。

开支将受到一个管理人委员会的监督，其中一些人由外国政府任命。款项存于供款银行，只有出示管理人签字的汇票，才能予以支出。

中国政府将每周收到 50 万英镑，同时要提供一份阐述其用途的声明；以会签支票的形式支付，汇入中国政府的银行。

这些预防措施将防止袁世凯把款项用于向在蒙古的俄国人开战。

于是，可用来实现总统计划的唯一款额是 800 万磅，其目的是日常开支和遣散军队。其余借款将由银行保存，用于改革盐税和偿还已经到期，或即将到期的债务。

但袁世凯是一个非常狡猾的外交家，不会不知道让敌手相互对立的价值，而他已经采取了措施，让自己在一定程度上摆脱财团强加的限制。

---

① 即盐务稽核所。——译者注

在4月10日，大借款签字前两星期，在奥地利使馆的默许下，他极秘密地安排好两项借款，由德国金融家以6%的利率发售，支持者据称是强大的克虏伯家族。通过这样的方法，他在45天内获得了160万英镑的承诺。同时，一个2000万英镑的更进一步的可选方案正在考虑当中。

作为回报，袁许诺订购大量武器；他还指定德国债权人对地产转让合同进行二次收费。倘若这有所不足，他还承诺了盐税收入，而两周后他就要将其提供给财团。

这项交易曝光时，它解释了财团中德国成员的沉默不语。

在余下的金融家中间出现了巨大的愤怒，他们想要获得武器订单，并第一次认识到他们将不得不分享盐税带来的收益。

完全撤销借款会更明智吗？拒绝兑现签字将毫无困难，理由是袁世凯欺诈，以及他主要的秘书梁士诒欺诈，梁士诒是所有这些阴谋诡计的主要灵魂。

但财团已经借款了，它怎样归还呢？

与此相关的每一个人都是异常惊骇的。《每日电讯报》驻北京记者在5月21日向其报纸电告了如下信息：

“根据我从不同来源了解到的，我猜想使馆区对当前的形势茫然不知所措。”

奥德的合同与财团的合同绝对都是非法与违宪的，中国国会一定会像它迄今所做的那样，强烈地加以反对。但外国外交家和金融家没有考虑这一点，因为从金融交易的观点来看，他们把中国人民的代表当作是不存在的。

财团成员很快适应了新形势。他们温和地谴责了袁的背叛，但是，就对袁影响而言，各国政策依旧不变。他对他们来说是必不可少的，难道他们能在其他地方找到一个愿意践踏中国自由精神的总统吗？

袁世凯以高超的技巧玩牌，现在与英国、法国、俄国、德国和奥地利有了交情。有这些宝贵的王牌在手上，他就可以自信地开始让自己成为一个独裁者了。

在欧洲，中国国会抗议借款违宪的消息，在从事这项冒险事业的金融家中间引发了一阵骚动。他们认识到自己即将发行一笔借款，借款的基本合同在法律上是无效的。他们中有很多人惶惶不安，他们熟悉公众的盲信，公众将购买款项，但可能对时事或中国宪法一无所知。毋庸置疑，公众将投入自己的储蓄，丝毫不会怀疑他们在交易中收到的单据没有合法价值，如其所做的那样，它代表的债款并未得到人民代表的承认，他们甚至对其提出过抗议。

假设借款对于所涉欧洲各国的利益是必不可少的，承担责任及保证金融家免遭任何可能的损失就当然是当政者的职责。这至少是法国银行家们的看法，因而他们与部长们商量，并要求获得一个保证。

然而，这不足以保护法国银行；这是一笔国际交易，其他政府必须跟着做。

5 月 19 日的《费加罗报》宣称揭开了在这一问题上的外交交易神秘面纱的一角，声称对于一个非法与无效的合同，要宣布其合法而有效，英国外交部不愿担此责任，它敦促法国外交部在这件事情上采取主动。

阿曼德·伊维尔先生如下写道：

> 然而，在中国有巨大利益的英国人，特别急于维持自己占优势的影响，不管法国金融家是否愿意，英国人将其拉到了一块。他们突发灵感：“让我们诱使列强宣布借款是符合宪法并且妥当的！”如果不是因为其可能的灾难性后果的话，这灵感将会是十分令人愉快的。
>
> 但是谁会为别人冒险呢？
>
> 幸运的是，我们外交部有一个小团体，是行政委员的一个预备性

群体。我们必须将其发动起来。

看到法国外交部付诸行动了，开始的时候外交部长不知道；政府其他成员也不知道，他们依然不了解这项有害事业的细节和风险。我有确实可靠的根据，未经与部长商议，一封信就写给了所有相关列强的外交部，暗示借款在法国被认为是有效的，并要求其他列强同样承认它；这件事很快就完成了。法国政府没有承认债务人的合法地位，却批准了借款，这是一个可笑的事实！这就是即将在中国见到的闹剧！

无论如何，法国报纸公布了下面的信，是外交部长写给东方汇理银行经理的：

巴黎，1913 年 5 月 7 日

先生——你请求我告诉你，中国政府是否已经通知在北京的法国使馆，一笔 2500 万英镑的借款签字了。你同时问我，这样的通知与达成的条款是否一致，就是说，中国政府宣布该合同对自己及其继承者有拘束力，法国政府是否已经接受这项宣告，对于后者所提交担保之性质，法国政府与中国政府是否已达成一致。

作为回答，请让我说明，借款在今年 4 月 29 日告知了北京法国使馆，同时有一份中国政府的宣言，宣布合同对中国政府自己及其继承者有拘束力。同样地，法国政府接受了这份宣言，并与中国政府就后者所提交担保之性质达成一致。——先生，我是您恭顺的仆人，

斯·皮雄

同样的信由各自的外交部发给了各外国银行。

应当注意的是，上述文件没有提到中国宪法，根据第 19 条，它赋予中国国会财政权力，与法国众议院拥有的相似。该条第 4 段明确宣称：“议会

应就所有公债投票。”

考虑到将要采行的政策，即使提及宪法都会是很不明智的。

这足以说明，袁世凯在被质询时，宣称具有与其所行相同的行动权。要是他给了任何其他答案，那才真正让人奇怪。

法国金融家很快就知道了这封官方信件，在他们的日报上指出了其意义：1913 年 5 月 20 日的《交易所与银行行情报》煞费苦心地说明了借款的政治性质，因此金融家们不会承担责任。

> “商谈，”日报说，“已经在不同政府之间进行，是关于借款分配的，因为唯一正确的是，金融应当得到政治努力的支持。事实上，美国因为政治原因已退出这个领域，这就表明政治与金融有密切联系，一旦道路清理好，后者就踏着前者的足迹而上。”

引用皮雄先生的信后，这家金融报纸继续如下写道：

> 让我们清楚地明白，上述文件将包括在章程里。
>
> 从这封信来看，很明显，中国当局把政府看作自己的债权人。这一点已经向公众宣布，他们可以放心地得出结论，外交部认为合同是合法的。

正是在这样的情况下，这项著名的借款发售了。惯常的广告出现在报纸上，对违反中国宪法甚至提都不提。

认购借款的人们全然不知，它将用来镇压中国的共和者，或者这是一件冒险的事情，因为法国政府从未担保外国借款，并且无意在本案中这样做。

袁世凯刚收到首期付款，就为战斗做准备，因为非常明了，共和者不经斗争就无意投降。在调动军队时，他确信得到了列强代表的同意，他向其指控共和派煽动了骚乱。这些人，只是想要保卫自己的宪法免遭破坏，在官方报纸上被描述为应受惩罚的叛徒。

巴黎报纸，《时代报》，在5月13日发布了下列授权声明：

> 如果与期望的相反，革命者的煽动持续并变得更加严重，他（袁世凯）将认为行动的时间已经到来。借给他的款项不仅为其提供了收入，还让他有必要恢复秩序，因为这种财政支持的唯一条件是要有力地维系和平与秩序。在这样的情况下，这是能够发生的最好的事情，不仅是为了勤劳的中国人，也是为了在中国拥有财产的大量外国人的利益。

表达英国金融家观点的《经济学家报》更为直接。为了让袁世凯了解到包含在该报专栏之一当中的建议，6月22日《北京日报》用法语重制了建议。后者是法国和俄国使馆的官方喉舌，每天都由总统秘书仔细阅读和翻译。下面是对所谈文章的一个引用：

> 款项已经借出，目的是帮助袁重组政府，借款人无疑将忍住不去过于详细地调查借款的开支方式。可能会出现为他自己除掉一些对手的必要性。我们不会惊讶地得知，那些知道自己在忙什么的严肃认真的人，已经将孙中山的某些荒诞想法抛到了一边。

7月6日，《时代报》对中国事务进行了全面的补充。在间接提到北方军队调动以及政治刺杀后，文章结束如下：

这样的政治方法无疑有些令人不安，任何一个只对中国有表面认识的人，都会惊讶于一个共和国竟然以这种方式开始议会生涯。但不管我们对政府的此类方法作何感想，它们将依然有益于中国和平，这对中国继续正常发展是必不可缺的。

总之，人人都依靠“那个知道自己在忙什么的严肃认真的人”来扫除财团的敌人。后者有什么权力自诩可以恢复国家秩序呢？因此已经清楚地暗示袁世凯，不会太仔细地调查他选择运用的那些方法。他可以利用他所习惯的东西：杀死或驱逐干涉者，随他所愿，只要能够除掉他们。他确信，在这样做的时候，他将是在为自己的国家及外国人提供服务，他将是在扮演一个“重要历史角色”。

而且，中国共和者打算让他成为一个法兰西共和国总统那样的总统，这是不可能的。这会将他降格到一个木偶或傀儡人物的级别，然而真正的国家元首并不服从于国会，他自己发出命令。

下面是迟至8月7日，通过《北京日报》，袁世凯就该话题所收建议的一个例子。

在白天稍晚的时候，孙中山、黄兴，以及他们的朋友已经开始认识到，袁世凯绝不会答应做他们的木偶；他们有几次机会认识到他像一个真正的国家统治者一样进行治理，但是如果他们对这一点仍然有些怀疑，这些怀疑一定已经被他在借款问题上的成功消除了。

文章在盼望独裁者最终获胜的同时，以对未来政府的生动描绘结束：

这样，袁世凯摆脱了里里外外的所有困扰，依然是风俗、传统，以及中国独有观念的唯一受托人，总之，是一切真正中国的、其他人如此渴望加以摧毁的东西的唯一受托人，他在统治时将得以只关注那些先于他的统治者，这就是说，能够分而治之，能够保证没有人爬到高位而足以成为一个危险的对手。

这些就是对一个理想国家元首的想法，它用我们雄辩的法语提交给了袁世凯。

依靠所有这些阿谀之辞和鼓励言论，以及外交上的支持，总统能够沿着他认为是通向无限权力的道路迅速前进，准备好必要时屠杀所有阻止他野心的人。

五月期间，他采取了必要的军事步骤，以遏制南方可能的反抗，因为反抗在北方不足以获得胜利。

假如革命者成功建立了一个南方共和国，在其庇护下，国会多数派得以继续抗议借款非法及违法，袁当然会处于一个艰难的境地。

革命领袖们开始意识到暴风雨即将来临。

像往常一样有意和解的孙中山，认识到实际上全世界都在联合起来破坏他的政党，他付出巨大的努力来保证和平，他急于运用自己掌握的一切手段来避免这场如此不平等的冲突。

另外，黄兴确信内战不可避免，希望将军队集中于长江以南，在这里，三四个最强最富的省份就足以组成一个独立的共和国，余下各省随后将一个个加入其中。

国会急于弹劾总统，但无能为力。袁无视国会的投票或是它反对其违法的抗议。他正在采用给他的建议，其精神正如《北京日报》的如下表述：

他急于让国会继续效劳，只要它仍然驯服，违则解散。然而，总统没有镇压它的欲望，因为解散国会对他会有什么好处呢？显然没有。

保留一种类似杜马[①]的议会的确是更为精明，可以将它展示给债权人，当作是代表了民意，以便把借款以及政府其他的独断交易合法化。

共和者怒气沸腾，他们当中更激进的人表示惊讶说，竟然要暂时容忍这样的专制。党内一些成员依然嘱咐要有耐心，其建议在这些狂热者看来，仿佛是对他们事业的背叛。

自从张振武和方维在午夜被杀以来，中国中部的革命鼓动者对黎元洪怀有一种痛恨，在他们眼中黎是一个共和国叛徒。后者继续用即刻处决的办法来除掉自己的敌人，尽管即刻处决每天都在执行，却从未达成其目的。

在中国的这一部分，袁世凯违反宪法引发了强烈的愤怒，各委员会秘密安排了一个反抗计划。汉阳兵工厂的一些工人，在一个梁姓广东人的领导下，要求涨工资。于是副总统抓住这个时机，通过监禁嫌疑人，以古代亚洲人的方式镇压尝试中的反叛。一天，根据官方报道，50 个工人分两批被杀头，而其他记述估计遇难者人数为几百。当然，审讯没有作假，而且据说被处决者当中有几名妇女。

在武昌经常有屠杀。不熟练的士兵在努力将受害者斩首时，朝他们的脖子砍去；尸体被扔在城门外，成为流浪猪狗的猎物，在敬拜祖先者的眼里，这是一项该遭天谴的罪行。他们搞这些恐怖的事情，目的显然在于激起共和者提高反叛水准，以便有借口镇压他们。

一些不幸的逃犯寻求德国领事馆的庇护；德国人立即将其交给追捕者，他们当场被杀害。具有威胁性的人群包围了领事馆，一度好像是群众要向外国人报仇。

警察不顾所有的条约，侵入法租界搜捕所谓的密谋者。法国领事出于道义，不管说什么，拒绝交出生活在法国领地上的共和者。一家由袁付款

---

① 杜马，及 Duma，俄文音译，是沙皇俄国的国家代议机构，1906 年成立，初为咨询机关，后改为立法机关，十月革命前夕解散。——译者注

的北京报纸发表了一篇文章，猛烈批评他的行为：

由于法国支持独裁者，法国的代表之一怎敢在独裁者与他的受害人之间横加干涉？德国人的表现更为适宜，袁将很好地报偿他们忠诚的支持，撤销他与法国的友谊！

独裁者的不满在7月23日引来了一份不同寻常的致歉照会。照会用冗长的篇幅阐明，要求进行的引渡不符合国际法，之后照会以下列词句结束：

国际法有时给其倡导者施加了痛苦的义务。我们的中国朋友将充分理解这种情况，如果他们还没有这样做的话。如果北京政府不承认法国政府一直在给予它同情，它将是缺乏感恩之心的。我们是最早站在总统一方的，我们对手的抗议嘈杂、迟钝而自私。

这个奇怪的对抗是武昌血腥屠杀的后果之一。

在北京，不需要一道法令来反对可疑分子，因为有绝好的理由：总统不把议会或宪法放在眼里，他的意志已经成为国家的最高法律。我们经常看见的携带于街头的三角刀，要么裸露，要么放在皮鞘里，完全没有空闲。一些参议员被逮捕，但是独裁者习惯于认为，就他而言，杀死自己的敌手并不是明智之举。他们完全无能为力，袁暂时满足了。后来，一个参议员被枪杀，其他表示反对向俄国割让蒙古的参议员被捕，并从他们朋友的视界中消失了；参议院议长逃离北京，其余人受到恐吓而陷于沉默。

至于袁，和满族皇帝们一样，依然隐居在皇宫里，他将其占为已用了。特殊的公寓房被交给军事顾问白里索·戴马耶上校支配，于是上校常常在附近指导反对叛乱者的行动。袁高度评价我们同胞的军事才能，他的信任看起来是合理的。

在五月，部队被送往长江方向，中央军通过火车派遣到汉口，另一支部队被派往江西省。最后，在革命期间带着军队逃出南京，而袁世凯与之秘密交往的张勋，监视着从浦口到天津和北京的铁路。这些进展符合现代战略方法，目的是防止从南方侵犯首都，因为不能够信任黎元洪的5万军队，他们来自中部省份，其中的许多人已经被争取到共和事业一边。一个碰巧来到北京的广州将军，在将近该月中旬时被斩首了，这个罪行激起了公众的愤慨。每天都在杀害可疑分子，国会议员都怕刀；然而他们坚定不移。

5月17日，陆军部长兼国务总理段祺瑞将军，在下议院遭到猛烈攻击，下议院宣称他破坏了公共自由和宪法。他没有作答。

6月6日，参议院再次拒绝批准借款合同，提交合同来批准是为了让外国金融家满意，他们急于确定文件的合法性。他们希望，袁最终会成功获得一个有利的多数，方法是威胁与贿赂。尽管所有到场的部长奋发努力，下议院同样拒绝了与俄国就蒙古问题所缔结的条约，并要求政府确保更有利的条件。

这些是严厉的拒绝。

《每日电讯报》记者电告该报如下：

> 国会领导人希望我在英国透露，他们当前要求的唯一援助是消极性质的，即扣留中国政府资金，唯一例外是需要用来按时支付外国债务的款额。换言之，他们宣称，只要两个政治派别享有同样的有利条件，将会只有一个结果，这就是，宪法主义获得压倒性胜利，并最终推翻当前的政府。

是该袁世凯行动的时候了。这更为必要了，因为南方的都督们受到侵犯威胁，正在准备战斗，江西都督预见到这个危险，已经调动了部队。

9日，总统迈出了通向独裁的第二步，他颁布一道政令，免除江西都督职务并召唤他到北京去，继任者也任命了。

这是对各省权利的侵犯，各省构成了反对专制侵害的最后一道防线。它是引发起义的导火线，在南方所有地区起义同时爆发了。

这场运动是自发的，无纪律并缺乏组织。革命领导人在发动一场极其不平等的战斗，但是黄兴英勇前进，去和长江那边的张勋将军交手。

在江西省，被免职的都督李烈钧，在防卫鄱阳湖末端的要塞中占据了一个坚固的地点。几个其他省份接着宣布独立，他们决心维持独立直到“袁贼”已受到惩罚为止。

总统刚刚打击了他们的权利和自由，各省议会便不得不重新开始其工作。它们决定派代表到上海，在此它们能够安全地商议，因为在北京，国会议员们担心自己性命而沦于无能为力的状态。要做的第一件事情是废黜袁世凯，并在南京创立一个新的临时政府。

尽管往事历历，中国人却无法让自己相信，如此高声鼓吹自己文明的欧洲人——他们由国会来治理，认为这是国民自由最好的保证——会同意帮助独裁者破坏中华民国，让这个国家重新陷入内战的恐怖中。于是他们向列强代表提交了下列声明：

> 在过去的日子里，因为邪恶的清政府，中国的和平被扰乱；由于列强的帮助，反对力量得以在平等的条件下战斗。中国人民在痛惜国家混乱状况的同时，对列强的慷慨和高尚行为充满了感激之情。
>
> 通过起义来改造国家的时刻到来之时，为了正义和人道，友好的列强保持了严格中立。他们的榜样为其他强国所效仿。由于这一正确

的态度，共和国得以有可能在如此短暂的时间内建立，而没有多少流血牺牲。中国人民万分感激列强。

与期望的相反，袁世凯在管理国家事务时，行为极其恶劣。他违反宪法，是许多罪恶的根源，并无情地屠杀人民。我们遭受了无辜的压迫，我们的耐心已经耗尽。而且，袁世凯通过向中国南部派兵，有计划地刺激人民，江西省已经被迫宣布独立了。

其他几个省效仿了这个英雄的榜样，并武装起义以惩戒袁世凯。这项事业的唯一目标是驱逐背叛人民的这个人，改善政治形势，目的是提升与外国的友谊及维持和平。它的目标绝不是扰乱和平与秩序，以及制造混乱。国际关系，连同中外间现有条约包含的所有义务，将和迄今为止一样得到严格的维护，而外国人的生命与财产将受到保护。我们对他们的安全承担全部责任。

袁世凯的北京政府为全体国民所否认；因此它无权再被称作一个“政府”，从今以后它无权维持与列强的国际关系。

袁世凯不再拥有任何权力，以割让领土或是授予任何权利给一个外国，外国不得在任何情况下向其提供款项或军火。

我们的代表会议得到中国所有省份的授权。

我们做现在这个声明，日期为中华民国二年，1913 年 7 月 17 日。并且我们郑重地提请列强注意其内容，请求他们对此仔细考量。万一有任何外强向中国的背叛者袁世凯提供款项或军火，中国将否认与该强国的一切现有契约。我们真诚地相信，列强将被正义和人道打动，保持一个严格的中立。他们听从我们的要求，将不仅有利于中国，也将有助于维持世界和平。

袁世凯因此在法律上被罢免了，就法兰西共和国总统而言，假如他被议会代表宣告犯有背叛罪或者违宪罪，也会发生这种情况。

将来，袁只代表他自己了，一个普通人，既非通过世袭权利，也不是通过民意来进行统治。从此以后，他纯粹是一个篡位者，抓住权柄，由于恐惧而强使自己的意志，直到有一天被其不情愿的奴隶之一杀死。

同时，各省议会的代表组成了一个政府，并选举已加入共和派的前总督岑春煊为共和国总统。他被孙中山亲自提名，期待他的当选能让各党派的人感到满意。

反抗迅速扩散，复仇者在国家四面八方出现。在山东芝罘，起义者试图登岸；在河南省——袁自己的省份——首府开封府，一个军工厂遭到炸毁；巨大的西部省份四川省宣布独立，而仅仅在这一地区，在八月最初的日子里，就有三十八份单独的反对专制的宣告。四川省太过遥远，袁的部队无法侵入。要不是距离阻止了川人前去援助中国中部、南部共和者的话，它庞大的人口，连同其居民独立而爱国的天性，将使其成为一个可怕的敌手。

穆斯林将军冯国璋①，他曾经如此野蛮地烧毁了汉口，正带着北方军队向长江推进，打算跨过长江攻击上海周围的共和者。

战斗在南京附近的长江两岸发生，但是在此不可能详细进行描述。

起义者在数量上处于劣势，不可能不被击败。他们仓促起事，并且过于冒险。他们中的激进者曾决心推进到北京，并“惩戒袁贼”，但独裁者报酬丰厚的雇佣兵，由欧洲技能指导且装备精良，必定要证明是获胜者。舰队恰巧在江上，舰队的合作进一步保证了他们的成功。水兵很久都没有发饷了，为了防止他们与共和者联手，上海银行接到来自北京的命令，给袁

① 英文原文如此，但未查找到相关史料证明冯国璋为穆斯林。——译者注

世凯的代理人提供充足的资金，以收买他们的支持。这件事完成后，战舰的炮火轰炸了吴淞要塞，并支持北方军队前进。一进入上海，获胜部队最初的行动之一就是释放应桂馨，他因为谋杀宋教仁而被政府下令监禁。黄兴被打败，又遭遇背叛，企图自杀，但被朋友阻止。他逃到南方，参加这次起义的主要都督也逃到了南方。黄兴和孙中山最终在日本避难，他们的逃走，连同李烈钧、安徽省都督柏文蔚的出逃，对袁来说是痛苦失望的一个根源。他曾希望这些坚定的敌人死去，他们无疑将在国外继续从前的活动，发动反对他的战争，与他们反对清王朝的战争相同。

袁在南方的间谍向任何能够带来他们头颅的刺客开出了巨款，但到目前为止没有效果。

看起来好像是，袁急于彻彻底底地羞辱他外交与金融上的外国朋友，因为在7月22日，他颁布法令悬赏主要的共和派领袖的头颅。

这样直接而正式地煽动谋杀在外国人中引发了相当的惊讶和反感。一家在上海的英国报纸，用大而显眼的字体刊载了法令，这是一个引人注目的版本，但英国领事立即阻止了这种公然支持谋杀的行为。①

北京的外交官听说该官方法令后非常恼火，这样的事在文明社会是不被允许的。

在回答这些责难时，总统秘书指望外国人不懂汉语，断然宣布总统没有做过这类事情。

“我们的法令绝不是鼓励谋杀。”这就是他8月26日在《北京日报》上的声明。

---

① 许多在华出版的欧洲报纸发行量十分有限，主要由各种来源的补助支持着。他们为赞助人的利益服务，手段是按其要求，隐瞒、捏造以及歪曲事实。这说明了，那些不能阅读原版中文报纸的人要获得真相是多么不容易。几乎无需补充的是，一旦借款让他能够这么做的话，袁世凯利用这样的机构几乎是无所顾忌的。——原注

另一方面，中国官方日报在7月23日刊登了中文版法令，我在写作时它就在我面前，下面是其译文。在将黄兴、前上海都督陈其美，以及安徽都督柏文蔚描述为固执而坚决的共和者之后，它以如下词句结束：

> 任何被他们引入歧途的同志，只要把黄兴及其同伙斩首弥过，将同样以黄金酬谢。任何人将他们抓住并活着带回来，将宽恕他过去的失当行为。作为共和国总统，我只认是否服从我的命令，而与党派无关。本法令将颁布于全国，以便让人人都能读到。

上文是这个文件的结束语。

内战已经耗尽了由借款提供的资金，以至于不可能给每一颗头颅很高的价钱。杀手只能从黄兴的人头获得10000英镑，这对一个如此重要的人物来说是一笔少得可怜的款项。

易于理解的是，这些方法几乎不受外国外交官和银行家，或是借款管理人的支持。

自由保卫者苍白的头颅，眼睛可怜地闭着，在某个不忠的刺客手里，他急于索要那份来自于法、英的黄金；这头颅的确是向管理中国财政的官员提交的一项怪异的证明，要证明的是开支的正当性。

让人深感欣慰的是，第二次内战在国际政治中引发了一个非常重要的因素，即日本诸事件的新倾向。

自从北方与南方爆发战事以来，就发现日本军官及军士在支援起义者。袁世凯政府就这一问题向东京政府进行了抗议。

这是日本内部政策发生变化的第一个迹象。

随着明治的去世，一个光荣的、对皇帝个人神一般尊重的时代结束了。

继任者出现在民众面前，已经被剥去了环绕他父亲的超自然威望；过去虚构的东西仍然存留了一段时间，但是逐渐地消失了，最终君王不过是立宪制下的一个国君，被迫与蜂拥而入、威胁要推翻他统治的民主思想作斗争。

贵族的政策同样遭受了新时代精神的致命打击。一次骚乱让内阁被迫辞职，平民开始表达自己的诉求。

日本人通过报纸阅读到在中国发生的事情，在俄国带领下，欧洲占有邻近的大陆，这个幻象在他们的眼中，就是危及整个黄种人的白祸。

几家报纸抨击政府参与这项致命的政策。

6 月 3 日，反对党领袖大崎和犬养先生出席一个宪政保护会为之举行的宴会，并强烈指责政府参加财团。

大崎先生要求注意这个事实：中日间 70% 的贸易都是与中国南方展开的。他补充说，大量南方爱国者曾在日本留学，自然会同情日本，而日本必须记住，自中日战争以来，袁世凯一直对他们表示敌意。在他看来，确保南方同情的唯一方法是帮助起义者，不论他们最终是否会获得胜利。

犬养先生说："中国是一个一直在追求地方分权政策的国家，产生一个符合袁愿望的中央集权是不可能的。政府在默认列强施加的条件时，太过分了；保持行动自由，而非盲目听从列强，更为明智。"

这些绅士在推翻前内阁时扮演了重要角色，其演讲非常重要地阐明了日本的态度。与袁世凯关系甚好的日本驻北京大使伊集院先生被召回，代之以山座先生，他据说是孙中山的朋友。

日本仍然正式参加了财团，但是起义者能够依靠其种族兄弟的道义支持。

北方军队犯下大错，杀死了几个庇护于日本旗下的日本人。同时在日本有传言说，中国已经派出杀手去谋杀在日本避难的共和派领导人。

日本人，一个敏感而爱国的民族，被进一步激怒：张勋的士兵在南京虐待某些日本官员。

报复随之而来，阿部先生，一位负责外务省的外交家，被两个同胞刺杀，他们怀疑他支持袁世凯的政策。①

一群人参加了此人的葬礼，作为对政府及其软弱外交政策的抗议。

日本为了共和者的利益而进行干预，有一个较这些偶然事件更为深刻的原因，即种族上的密切关系。在邻居眼中，中国共和者是黄种人反对白种人侵犯的保卫者。用日本词组来说，他们是在为反对“金元的威胁”而斗争，通过这种手段，欧洲人希望让亚洲大陆沦入真正的，虽然是掩饰过的奴役状态。

日本人一直梦想在改革后的远东拥有霸权。他们希望有一天成为黄种人国家联盟之首——这时后者将已经充分发展而积聚起力量，并迫使白人承认，亚洲必须理所当然是亚洲人的，这与欧洲人自己灌输的平等原则一致。

伟大的斗争已经开始了，因此4月26日晚——著名的借款在此时签订，它即将导致第二次内战——将永远成为世界史上值得纪念的日子。

---

① 他的确被指责曾建议把两个逃亡的共和派领袖交给袁世凯，这项建议冒犯了武士后代好客的天性。

凶手自杀，在其中一人的尸体上发现了下面这封奇怪的信；它有趣地阐明了日本下层阶级的心理：

“我谋杀阿部先生是因为确信，只要他活着，日本就将继续在中国遭受外交上的失败。我在本月5日作案。我等待遇害人返回，当他靠近自己门口时，我从后面抓住他并刺其身体。他像胆小鬼一样告警，用微弱的声音全力叫喊‘抓贼’。

“比起下田一郎（作者似误，应为岛田一郎——译者注）刺杀大久保利通，我完成了一件更重要的事情。

“至于我自己，还可以选择自杀，或是向警察投降。在等待几天以确认遇害人真正死掉之后，我选择了前者。

“最后，我还必须提一件事。我在报纸上读到，阿部夫人和她年幼的孩子悲伤至极。我憎恶并杀死担任公职的遇害人，而无意伤害作为一个普通公民的他，或是给他的家庭造成悲痛。

“因此我希望给这个丧亲家庭两元钱。对于我自己这样的穷人来说，这是一大笔钱，我希望警察会足够好，将其交给阿部夫人。”——原注在起义期间，日本政府向南京派遣了几艘满载军队的运输船，臭名昭著的张勋正在用火与剑将此地变为废墟。看起来有可能的是，日本将迫于舆论而加入保护中国共和者的行列。

这仿佛是一群野兽降临这座不幸的城市。满族将军张勋渴望为两年前被逐出南京复仇，他向士兵许诺，他们要洗劫城市。既无款项又无弹药的保卫者刚被击败，张勋的军队就占领了南京，并犯下无法形容的暴行；房屋遭到抢劫与焚毁，不幸的居民遭受肆意的屠杀，他们当中大多数是没有参加叛乱的非战斗人员。年轻妇女和女孩在丈夫和父亲面前受到侵犯，未出生的婴儿连同其母亲被刺杀，身上布满刀伤。一切都被焚烧与毁坏，随之产生的破坏比太平天国大起义时代还要彻底得多。这就是袁“恢复秩序”的方式。

城市被蹂躏，城里的名人请求列强督促屠夫张勋撤退，却徒劳无功。

日本急于进行干涉，但是被俄国威胁性的态度所阻止，它认为日本的干涉是危及中国完整原则的一种不友好行为。

张勋因其成就受到祝贺、奖赏，并被授予勋章，对于日本臣民在自己旗帜的庇护下被杀，日本政府得到的唯一补偿是保证张勋不留任南京及附近地区的都督。日本人总体上对欧洲人深感愤怒，尤其是对俄国人。

这个第二次内战中血腥的悲剧，正如人人预见到的那样，导致了一场巩固袁世凯职位的虚假选举。

主要的对手已经逃离这个国家，他们的头颅已被重金悬赏；所有活跃的好战分子要么消失了，要么关押在北京。

国会的一个广东议员提出一项要求罢免袁世凯的动议；他被迫出逃，在天津被警察抓住的时候，遭到就地射杀，以恐吓他的同事们。

总统大选就在这样的情况下举行。几个议员企图逃走，这样就不够法定人数，但他们被抓住带回，由军警关起来，闭门进行选举。

《顺天时报》是在日本人保护下出版的一种中文报纸，在 10 月 7 日这一期，它详细描述了这个历史性的会议，当时国会议员从上午 9 点到下午 7：37 被监禁在自己的大楼里。下文引自该报版面：

> 这场选举实际上是警察的工作，大楼被刀剑的丛林所包围。宣武门内外，军队面带威胁而立；进入大楼时，军刀和步枪四处可见；选举大厅被警官完全包围，他们身穿制服，佩带当当作响的武器，到中午他们甚至进入大厅，力图用傲慢行为威胁议员们，他们上下走动，监视其每一个手势。这种恐怖氛围像一张不可名状的幕在出席者心灵上铺开。人民的权利已经变成了什么？

在华出版的欧洲报纸描述了类似的景象。

尽管存在这种有组织的恐怖事件，在与会的 732 名议员中，只有 507 名给这位暴君投赞成票，他那残忍的手腕毫不犹豫地摧毁其道路上的任何障碍。于是，在国会全部的 870 名议员中，有 363 名没有与袁站在同一条线上。一个奇怪的巧合是，这正是 1877 年 5 月 16 日迫使麦克马洪元帅弃职的法国议员人数。

对选举的恶搞让篡权者加冕，此后共和国就不复存在了。

所有参加财团的列强，他们至今拒绝承认中华民国，现在急忙承认了。在总统就职那天，所有外国公使都前来拜访祝贺他，为了纪念这个历史时刻，他们全部在一起照相，作为光亮的一群人环绕着袁世凯，他们的外套因饰物而闪闪发光。

因此，这些政府代表们——他们的任务是维护法律和人权，以及防止各国陷于野蛮——构成了一种围绕着这个人的壮丽光环，他仅仅通过背信弃义和违反国家法律来保有权力。

尽管有威胁，国会议员们并不愿让步，无论诱惑、贿赂，还是武力都不能让他们不屈不挠的意志折服。

他们无论如何不同意财团在中国行使任何权力。越来越明显的是，他们绝不会被诱使同意袁与外国列强的条约，列强寻求加紧对中国的控制。他们尤其反对俄蒙条约，认为它同时损毁了中国领土和国家荣誉。一个为了外国金钱而逼迫他们的总统，在其眼中是一个乐意卖国的叛徒。

国会因此依旧坚决。主要分子突然不见了，最先是推测他们已被谋杀于某个角落。随后发现他们被转移到天津，在此投进了监狱。但尽管有这样的暴行，大多数议员仍拒绝屈服。他们拒绝批准已经花光很长一段时间的借款，或是同意蒙古明显的自治。

他们反抗袁至高无上的意志对自己来说是致命的。由于议员们不同意做总统手中驯服的工具，他们必须被清扫到一边。制造无比暴行的时候到来了。

1913 年 11 月 4 日，袁颁布几道法令，驱逐了 370 名众议员和 132 名参议员。这是对议会两院的致命打击，而且议会自先前的四月起就失去了权力，除了愤怒地抗议违法行为，没有完成一件事情。事实上，真正的议会政府即使一天也没有存在过，因为议会制定的措施从未被执行。

法令同时解散了这个国家所有共和者的委员会，一切不服从该命令的人因此成了国家的叛乱者与叛徒，从而要处以死刑。

这些不平常文件当中的一份明确地宣称，这个专横声明的主要原因是国会顽固地拒绝批准俄蒙条约或是借款。

前参议院副议长王正廷，与已经从中国逃走的议长张继一道，被指名为罪孽最深重的人。

这些宣告，公开的意图是让财团成员，尤其是俄国人满意，清楚地证明袁世凯及其顾问——他们是旧式的亚洲人——不懂得其行动的真正意义，或是理解它们传到国外时可能的影响。另外，它们可能构成了一个外交上的妙举，即实际上意图损害外国外交人员在世人眼中的名声，方法是揭露他们真正的本质，他们是总统专制行为的教唆者。

与此同时，篡位者让人们清楚地明白，他从此以后是外国人的盟友。

在这场混乱中，新闻自由的最后一个痕迹消失了。

一家叫作《民国西报》的报纸在上海法租界出版，在此出版被认为可以免遭袭击。该报同时以英文和法文出版，目标是在中国政治及共和者的观点方面启发外国人，因此只含有最谨慎的言论，这适宜于一种在外国领地上出现的报纸。可以肯定的是，法国当局从未想过要亲自将其查封。

然而，这证明是袁的愿望，他还要求把主编马素交给他。法国当局立刻答应了他的前一半要求。总领事甘司东先生遵从北京法国公使的命令，查封了报纸，但拒绝向刽子手交出一个信任法国荣誉的新闻工作者。于是他将其放走了。

邮局因此向报纸关闭了，最后一期以手工发送给订阅者，通知他们报纸已被查封，并解释说这仅仅是因为法国同某些君主国达成了协议。下面是对其结束段落的一个引用：

> 正是这些王国——只有一个例外，即日本——与法国组成了五国财团，并因为如下原因参加了沉默政策：（1）支持袁世凯和现有的中国政府；（2）愚弄购买了借款的欧洲公众，以及掩盖这个国家存在的混乱、渎职、任人唯亲以及谋杀；（3）将中国国债增加到破产不可避免的程度，使得中国落入某些欧洲列强手中，永远受政客和金融家控制。

法国当局对新闻自由进行这样的打击，马素对其再次表示失望，之后以下文结束，这是中国自由垂死的气息：

消除国家中所有的反对派，迫使人民仅仅阅读一党的报纸，这是否是令人想望的，我们留给开明的公众来进行判断。袁世凯正冒着一个巨大的危险，因为坐在安全阀上总是一个危险的试验。通常的结果是爆炸。袁世凯正在用自己的手积聚起一种危险的力量，有一天将招致一场猛烈的爆发。那时，力图避祸将为时太晚。

因此，出现了这样的情况，支持自由者不再拥有任何表达自己意见的手段。整个共和派，连同其代表和委员会，遭到了解散，而寻求在法律庇护下生活的人们，被推回到一个恐怖与野蛮的时代，处于专制统治之下，在专制统治的列车上，伴随着秘密团体、密谋、策划及炸弹这一整套旧的制度。

财团内部的不和导致英法珍爱的财政垄断计划破产，因为袁世凯似乎更倾向于同德国打交道。到目前为止，只有俄国达成了目的。

到九月底，财团支持的垄断不得不放弃，因为袁世凯在玩简单的跷跷板游戏，已经将它抛弃了。他在狡猾之争中获胜，一方是他自己，另一方是英法外交官员。他已经为眼前的需求获得了充足的款项，为武力摧毁人民初生的自由获得了列强的道义支持。作为交换，他提供的仅仅是改革盐税管理的希望，以作为偿还那个著名借款——大部分都已经花掉了——的唯一担保。这的确是一个外交上的妙招。

但是，尽管德国外交官在此事上取得了暂时的优势，他们却犯了一个错误，猜想可以从帮助镇压中国共和者的行动中，获取一些巨大的好处。中国的社会、经济和政治形势，这个庞大国家的舆情，民族的天性，以及过去的历史，共同削弱了袁世凯的统治，并挫败了某些人的希望，他们根据错误的类比来进行判断，认为在中国当前的形势下，专制政体将如同欧洲史上的某些例子一样有成效。

譬如，现在的情形与执政府统治时期的法国，或是路易·波拿巴王子在1851年12月2日巧妙行动时的法国完全不同。在中国，最高权力被赋予一个隐居在皇宫里的人，他不敢从那里出来，因为担心遭到暗杀。他通过忠诚性值得怀疑的雇佣军对国家行使权力，这个国家与欧洲一样大小，交通系统缓慢而不可靠。

财政税收管理实际上并不存在，因此政府不得不依靠借高利贷度日。这就是财政的状况。

而且，对于一个要求永久任职的独裁者来说，他必须拥有一套能够维持公共服务，并愿意服从其命令的行政制度。然而，中国没有这样的制度，皇帝统治时所做的微弱努力已经停止了，没有再重新努力的意思。北京的确有几个不称职的部长，但他们手下没有官员，珍视自己独立的各省也不会容忍任何这样的官员。这就是行政的情况。

在这些情形之下，人们好奇独裁者保住职位的时间会有多久，好奇德国是否能够实施组织和领导中国军队的计划，以此让人人皆知其巧的俄国外交官完全白费工夫。

袁世凯的对手指出，只要供有外国资金，袁就会继续保有职位，因此他的命运完全依赖于财政，依赖于外国银行家顺从地帮助推进外交计划。

中国人有一天将偿还被其否定的债务，在这个模糊的希望中，他们会继续借钱支持独裁者吗？

不论这种做法是多么的愚蠢，中国的债权人还是有可能这样做，他们希望如此可以阻止中国破产。但问题仍然是这场灾难可以避开多久。

要进一步借款必须要有担保，但是没有。

袁如果不能给军队发饷，就将岌岌可危。

在提到袁世凯军队的士兵众所周知的贪赃枉法时，《北京日报》在8月10日做出了下列评论：

如果政府打算中止支付士兵的饷银，他们可能会立即服务于反对派，反对派就能够复仇了。

独裁者的未来因此相当危险，同一报纸在8月13日对这种情形用下列言辞评论说：

未来很容易预测。袁政府需要日夜不断地保持警惕，因为担心内外敌人的袭击，要永远进行戒备。尽管革命领袖暂时无能为力，他们将通过支持者发动攻击，许多支持者没有离开中国。由于日本的安全庇护，他们将构成永远存在的危险，行动时间到来时，他们将发布命令。

当火车因此被摧毁时，政府将受困于经常重现的焦虑，而无力着手重组国家。孙中山和黄兴的信徒，总之所有期望袁世凯倒台的人，将在国会获得席位，并将利用包括干扰议会在内的每一种敌对方法，来挫败政府即使是最好的意图，将政府置于最艰难的境地。

这些就是我们预见到的未来，哎呀，它并非国家辉煌的前景。中国将被许多新斗争震动，并将是一派血腥冲突的景象。

上文甚至表达了赞成政府的人的观点，在1913年12月写作时，我所引用的词句比任何时候都合适。

另外，我将补述中国共和者对未来所持的看法。他们那提高了的音调，比单纯的言辞更清楚地表明，道德和智慧上的鸿沟将他们与对手分隔开来。

10月27日，在被查禁前几天，《民国西报》谈到对反叛者的迫害，谈到每一天的死刑，谈到加入呐喊的、在华出版的欧洲报纸，其言辞如下：

或许仍然有报纸会支持袁世凯，正如它们纠缠他要他悬赏革命领袖的头颅，并继续在武昌屠杀一样，但有一点是确定的，就是迫害并非一项有利的事业。它将只能造就推翻满族王朝的破坏性力量，并将导致一场可怕的起义，两年前发生的那一场与之相比就是儿戏。政府执行现行政策，不顾既往历史的箴言，是在准备让自己垮台。毫无疑问，要不是尼禄、图秘善、戴克里先，以及其他促成罗马帝国崩溃的短视皇帝无情地迫害基督教烈士，基督教将没有那么成功。

近代历史提供了一个同样令人印象深刻的例子。法国革命刚一结束，就有了自由的倒退。梅特涅及其中欧的卫星国拼命武力镇压新的信条，但他们的努力徒劳无功。

历史不可能在中国重演吗？

各种力量将辛亥革命变成公理对强权的胜利，一场针对这些力量的反动运动的确将暂时取得进展，但同样确定的是，事情不会长期保持现在的状况。潮流会有所改变。以迫害来阻挠进步，只能有短暂的成功。上面提到的过去的迫害史确认了这一点，表明其趋向是加速革命运动，是推翻停滞不前的习惯和毫无生气的制度。人类不断地追求美好、纯真而高尚的理想，这是一个不可抗拒的潮流，能够阻止它，阻止进步的人还没有诞生。

这就是那些理论——强有力的理论——它们支撑着当下受迫害者的勇气，正如它们总是支撑着世界各国自由卫士的勇气一样。

很显然，中国共和者充分意识到牺牲和流血对事业的效用，他们怀有不灭的希望，他们对作为人类演进基础的重要基本法则有清晰的理解，这希望即产生于此。

由于这个原因，历史学家如果不怕麻烦，将上述词句的作者与企图消灭他们的那些守旧、过时、无知，以及腐败的人相比较，一定会得出未来在前者脚下的结论。

当前中国的混乱情形，对于不想见到一个有组织的共和国成功发展的人来说，无论有多么的令人满意，它都绝不会让不同国籍的外国居民，或是散布在全国的传教士感到愉快，他们都关心中华民族的和平与繁荣。现在的情况，不管向某些喜欢浑水摸鱼的商人证明了是多么的有利可图，它都有害于外国人的利益。它让每一家企业止步不前，关闭了商业线路，并且产生了一种普遍的不安全感。

就大量中国借款的认购者而言，完全没必要再指出他们的利益会在多大程度上受到一种潜在的、取决于无能独裁的混乱情况的损害，以及指出中国的信用建立在明天就可能倾覆的希望之上，它一定是多么岌岌可危。

对于后一结果列强将如何行动呢？

尤其是英国和法国，直接间接地提供了巨额款项，它们会有什么行动呢？

它们会占领中国以收回损失吗？它们会将中国像蛋糕一样，或是根据一家当地报纸的说法，“像西瓜一样”切开吗？

从国际的观点来看，会出现严重的问题。

各类条约已经保证了中国的完整。列强愿意将其抛在一旁吗？又到哪种程度呢？

日本不会转而以武力阻止亚洲大陆的瓜分吗？

欧洲有许多人似乎认为瓜分中国将是一件易事，但他们显然从未考虑过这样一项任务的困难。

它将意味着在参与的列强间瓜分四分之一的人类，同时要考虑到一个事实，即这个多得可怕的人口居住于一个庞大的国家，它有一个非常明晰的民族性格，它一点也不想受到外国的统治。

列强的军事联盟成功建立起对四亿中国人的临时控制，无疑是可能的。此事完成后，就必须组织一个欧洲人的政府来统治这个敌对的民族，征税，以及保住这个国家而不顾无尽的密谋和反抗。

帕特南·威尔是一个非常精通中国事务的人，撰有与中国相关的优秀作品，中国是他的祖国，是他一生生活的地方，他断言这样宏大的任务将让列强付出数十亿英镑的代价，并且将不会有结果。

我在北京与他谈过几次，他反复强调，在其看来，瓜分中国是一个不知道自己在建议什么的人提出来的一种疯狂想法。

回想起我在印支观察到的，与我们统治的不稳定相关的东西，我完全赞同他的说法。

因此，如果中国破产，债权人依靠瓜分这个国家来找回他们的款项，他们是在犯一个严重的错误。列强的枪炮与军舰没有魔力创造出早已花光的款额。

因此，除了保证国家完整的条约，否则对它的瓜分看来是一项灾难性的任务，欧洲的议会不可能批准它。

在未来，如昊中国破产，债权人不得不接受长时间不能获得自己的款项。

我说“长时间”而不是永远，是因为在偿债方面，中国人是世界上所有人当中最诚实的。

在目前的情况下，最好让中国人在现代基础上重组国家。这只能由已被赶出中国的共和者来完成；只有他们才拥有人民的信任，拥有完成这样一个棘手任务所需的智慧。

袁世凯的幕僚主要由从前的满族官员构成，他们已经频繁地证明自己的无能，不能对他们有所指望了。

希望利用重组中国所带来的前景的那些人，必须寻求新人的合作，只有他们才能应付新情况。

只有无知和愚蠢的人才依然相信消灭共和派领袖有利于欧洲人的利益。他们力图通过掌控中的独裁者来夺占这个巨大国家的所有经济利益，他们是在冒失去全部的危险，以及以这种方式为自己的贪婪受罚的危险。

从经济的观点来看，近两年的事件已清楚表明一个联盟的虚幻性，就像财团一样。

后者在某种程度上令人想起了120年前敌视法国革命的列强的态度，它当然让革命派暂时狼狈不堪。

这种成功可能会持续多久呢？它可能有结果吗？

只有未来能为第一个问题提供答案。

至于第二个，历史学家必须记住，有些基本因素，在一国生命中的某些时期，拥有不可抗拒的自然力量。如果他不懂得，在当前，很大程度上由于交通的容易和快捷，世界各国的相互依赖需要每个国家的繁荣，他就持有过时的理论。

由于中国的情形是她的未来只能由一个各派所信赖的政府来保证，她延迟进步显然对全人类有害。

并且，将那些仅仅要求有权按照文明国家法则生活的人彻底毁灭，不符合现代社会的道德规范。四海之内皆兄弟的理论渐渐渗透到整个世界，将所有外国人视为我们合法猎物的政策不再适用。

今天无人会争辩说，通过支持暴政来阻碍一个国家努力走向光明是合法而得当的。

在过去的日子里（有人）做过这类事情，但不在当前。人类已经登上道德的阶梯，它不会倒退。将来的子孙会从这个观点来评判在华列强的当前政策；他们将表扬美国总统，因为他看到他的政府参与这样一项政策是不符合共和原则的。

期望私利永远成功地阻止中华民族朝着自由和独立发展，是徒劳无用的。

携着中国前进的波浪，是一个浪潮的一部分，这个浪潮将所有国家卷向民主。人类开始越来越多地认识到，权力必须是多数人的奴仆，而不是他们的主人。

不管是否是一个值得向往的前景，它是一个观察家必须承认的普遍事实。

它是在整个亚洲发挥作用的原则；它侵蚀英国在印度、法国在印支、俄国在西伯利亚，以及皇室在日本的统治。它已进入中华民族心中，并将坚持下来，每天都获得新皈依者，即使共和派领袖注定要死在杀手或刽子手手中。

任何压制人民热望的努力都只能有一个结果，即增加与革命不可分割的罪恶，并迫使一个庞大的国家在其上升的道路上流下血泪。

这就是我在远东长时间的旅行过程中，观察、研究和调查的结果。

◎附录　专有名词中外文对照表

A

Abé	阿部
Alsatian	阿尔萨斯人
Ambrose Pare	安布罗·帕雷
Amichow	阿密州
Ancient Brethren	哥老会
Anglican Cathedral	安格联大教堂
Anglo-Saxons	安格鲁－撒克逊人
Annam	安南
Armand Yvel	阿曼德·伊维尔
Astor Hotel	利顺德饭店
Attila	阿提拉
Auray	欧赖
Auvergne	奥弗涅
Avenue Paul Brunat	宝昌路

B

Bahr	巴尔
Bank of Indo-China	东方汇理银行
Banque Russo-Asiatique	华俄道胜银行
Bastille	巴士底狱
Batavia	巴达维亚
Bay of Along	阿隆湾
Bay of Kiaochiow	胶州湾
Beauvais	博韦
Berlin	柏林
Blondin	布朗丁
Blue River	长江
Bolton	波尔顿
Bon Marche	玻马舍商店
Bonnot-Garnier gang	博诺－加尼尔帮派
Boxers	义和团
Brissaud-Desmaillet	白里索·戴马耶

C

Caesar	恺撒
Callot	卡洛
Cambodia	柬埔寨
Canton	广州，广东

Cape Saint-Jacques	圣·雅克角
Capital and Counties' Bank	京郡银行
Catholic Church of Saint Joseph	圣约瑟夫天主教堂
Catholic Trappists	天主教特拉普会
Ceylon	锡兰
Chandernaggur	千德尼格
Changcha	长沙
Changhiun	张勋
Changki	张继
Changpiao	张彪
Chang Chennou	张振武
Chang Cheutong	张之洞
Chang Chongjen	张仲仁
Chang Mingki	张鸣岐
Chao Pingkiun	赵秉钧
Charles Pettit	查尔斯·佩蒂特
Chartered Bank of India, Australia and China	麦加利银行
Chaykiang	浙江
Chen Choennhuen	岑春煊
Chengtow	成都
Chenkiang	镇江
Chenncheow	陈州
Chenn Kimei	陈其美
Chenn Kouotsiang	陈国祥
Cheow Hioshi	周学熙
Cheufou	芝罘

China Republican	民国西报
Chinese Christian Association	中华基督教协会
Chinese Commercial Library	中国商务图书馆
Chinese University of Nanyang	中国南洋大学
Chita	赤塔
Cholon	堤岸
Cicero	西塞罗
Cochin China	交趾支那
Collardet	科拉尔代
College Libre Des	社会科学自由学院
Sciences Sociales Colombani	科隆巴尼
Colombo	科伦坡
Colonial Hotel	殖民饭店
Comptoir d'Escompte	法兰西银行
Conty	康悌
Cordes	科德斯
Corea	朝鲜
Cote de la Bourse et de la Banque	交易所与银行行情报
Courbet	孤拔
Courrier d'Haiphong	海防信使报
Credit Industriel et Commercial	法国工商信贷银行
Credit Lyonnais	里昂信贷银行
Crisp loan	克利司浦借款
Cucherousset	屈什鲁塞

D

Daily Telegraph	每日电讯报
Decidee	决心号
Defontaine	德枫丹
De Hoyer	德·霍耶
Dejean de la Batie	德吉恩·德·拉·巴迪
De Lapparent	孔明道
De Lesseps	德·雷赛布
De Malesherbes	德·梅尔歇布
De Margerie	马士理
Delhi	德里
De Satint-Pierre	德·圣皮埃尔
Deschanel	德沙内尔
Deutsche Asiatische Bank	德华银行
Diocletian	戴克里先
Director of Mining Enterprises	矿务总办
Domitian	图秘善
Drouhet	德鲁埃
Duckworth and Co.	达克沃斯出版公司
Dupont	杜邦

E

Echo de Chine	中法新汇报

Economist	经济学家报
Edward Hillier	爱德华·熙利尔
Elliot	艾略特
Emerich	埃莫瑞克
Emperor Houangtai	黄帝
Emperor Kouang-Siu	光绪皇帝
Empress Long-Yu	隆裕太后
Empress Tseushi	慈禧太后
Ernest Farjenel	欧尼斯特·法金奈尔
Esculapius	埃斯库累普

F

Fabre	法布尔
Fangwei	方维
Fernand Farjenel	费南德·法金奈尔
Figaro	费加罗报
First National Bank	第一国立银行
Fong Kouocheng	冯国璋
Fort-Bayard	白瓦特城
Franco-Cantonese School	法粤学校
Froc	劳积勋
Fournier	富尼耶
Foutoupan	副督办
Fowchow	福州

G

Gain	盖恩
General Lo	罗将军
General Manager of Railways	全国铁路督办
Georges Picot	乔治·皮科特
Gilbert Reid	李佳白
Gorge of Pataho	帕塔河峡谷
Grand Treasurer	布政使
Great Wall	长城
Gregorian Church	格里高利大教堂
Gulf of Tonkin	东京湾

H

Haiphong	海防
Hangchiow	杭州
Hanho	汉江
Hankiow	汉口
Hanoi	河内
Hanyang	汉阳
Hatamenn gateway	哈德门
Helong-Kiang	黑龙江
Henry IV	亨利四世
Hiangshan	香山

Hiong Shiling	熊希龄
Hiuen-T'ong	宣统
Hoahinghoei	华兴会
Hoang Chong Hoei	王宠惠
Hoang Hing	黄兴
Hoangpou River	黄浦江
Hokiow	河口
Hongkong	香港
Hongkong Bank and the Shanghai Banking Corporation	汇丰银行
Hongsiousiuen	洪秀全
Hou Hanminn	胡汉民
Hounan	湖南，河南
Houpey	湖北
Hubert	休伯特
Hue	顺化
Hutchinson	哈钦森

I

Ichang	宜昌
Ignatius Loyola	依纳爵·罗耀拉
Indian Ocean	印度洋
Indo-China	印度支那
Indo-China Bank	东方汇理银行
International Association	中外国际联合会

for the Amalgamation of Chinamen and Foreigners Ijuin | 伊集院
Inukai | 犬养
Irkutsk | 伊尔库斯克
Island of Hainan | 海南岛
Island of Shamin | 沙面岛

J

Japan	日本
Jarlin	林懋德
Java	爪哇
Jeane Hachette	珍妮·哈切特
Jean Jacques Rousseau	让·雅各·卢梭
Joan of Arc	圣女贞德
Joliette	乔利埃特
Joubert	约伯特
Jouei-Cheng	瑞澂
Journal de Pekin	北京日报
Journal Officiel	政府公报

K

Kahn	甘司东
Kalee Hotel	客利饭店
Klgan	张家口

Kang Youwei	康有为
Kaifongfou	开封府
Karl Marx	卡尔·马克思
Kiang-si	江西
Kiangsou	江苏
Kiang-Yu	江裕号
King-Han Railway Company	京汉铁路公司
Kirin	吉林
Kioutai Street	九台街
Kiukiang	九江
Koangsi	广西
Koantong	广东
Koan Ynn	观音
Kobe	神户
Kouangcheoowan	广州湾
Konghonotang	共和党
Kouanti	关帝
Koueicheou	贵州
Kouo Houming	辜鸿铭
Kouominntang	国民党
Krupp	克虏伯

L

La France militaire	法国军事报
Lahire	拉海尔

Lake Poyang	鄱阳湖
Lancelot	兰斯洛特
Langson	谅山
Laokay	老街
Laotienye	老天爷
Leang Sheu-y	梁士诒
Le Cadet	拉·凯德
Legations	使馆区
Le Journal of Paris	巴黎日报
Lepice	李毕利
Le Temps	时代报
Levantine	黎凡特人
Liang Kichao	梁启超
Liberty	自由报
Lieou Vin Fuoc	刘永福
Li Kinghi	李经羲
Li Liekiunn	李烈钧
Lioulichang Street	琉璃厂街
Lisieou	李燮和
Lisoun	林森
Li Yuenhong	黎元洪
Lloyd's Bank	鲁意特银行
Lomgwa pagoda	龙华塔
London	伦敦
London and South Western Bank	伦敦西南银行
Louis Buonaparte	路易·波拿巴

Louis the Fourteenth	路易十四
Louis XVI	路易十六
Lou Chensiang	陆征祥
Louvre	卢浮宫
Lutsou	卢秋

M

Macao	澳门
MacMahon	麦克马洪
Malabar	马拉巴尔人
Malacca	马六甲
Malay	马来
Maliang	马良
Mallet	马利特
Manchuria	满洲
Manilla	马尼拉
Marseilles	马赛
Marat	马拉
Margaret Vivian	玛格利特·维维安
Marist Brothers	圣母小昆仲会
Ma Siangpe	马相伯
Ma Soo	马素
Master Wang	王师傅
Matthew Ricci	利玛窦
Mazot	马佐

Medard	迈达
Messrs. P. Morgan, Kuhn, Loeb	摩根公司、昆勒贝公司
Metternich	梅特涅
Minister for War	陆军部长
Minister for Foreign Affairs	外交部（司）长
Minister of Finance	财政部（司）长
Minister of Justice	司法司长
Minnchoutang	民主党
Moliere	莫里哀
Monestier	莫内斯蒂埃
Mongolia	蒙古
Mongtzeu	蒙自
Montesquieu	孟德斯鸠
Moon's Water Chariot	月亮水车
Morrison	莫里逊
Mr. Siu	徐先生
Mr. Yu	余先生
Mukden	奉天
Mutsuhito	明治

N

Namti River	南溪河
Nankin	南京
Nankiow pass	南口关
Napoleon	拿破仑

National City Bank	国立城市银行
Nero	尼禄
Ngan Hoei	安徽
Nile	尼罗河
Northern Naval College	北洋水师学堂

O

Odagiri	小田切
Okubo Toshimichi	大久保利通
Omsk	鄂木斯克
Oochang	武昌
Osaki	大崎
Ou Kinglien	吴景濂
Ousong	吴淞
Ou Tingfang	伍廷芳

P

Pacific	太平洋
Palace of Versailles	凡尔赛宫
Pallas	雅典娜
Paris	巴黎
Paul-Beau	鲍尔－博号
Pearl River	珠江
Pecheli	直隶

Pekin	北京
Pekin Journal	北京日报
Pekin Niupao	北京女报
Pescadores Islands	澎湖列岛
Petang	北堂
Petrograd	彼得格勒
Philippines	菲律宾
Pondicherry	本地治里
port of Kouangcheoo	广州港
Port Said	塞德港
Pou-y	溥仪
Po Wenwei	柏文蔚
Powkiow	浦口
Prefect of Leichow	雷州知府
Prince Chounn	醇亲王
Prince King	恭亲王
Prince Poulounn	溥伦亲王
Prince Regent	摄政王
Prince Sou	肃亲王
Prosper Cheng	陈兴隆
Putnam Weale	帕特南·威尔

Q

Quai d'Orsay	法国外交部
Queen Maria Pia	玛丽亚·皮娅女王

QueenVictoria	维多利亚女王

R

Reau	侯耀
Red River	红河
Red Sea	红海
River Saigon	西贡河
Robespierre	罗伯斯庇尔
Roland	罗兰
Rousseau	卢梭
Rousse-Lacordaire	鲁斯· 拉科代尔
Rue Catinat	卡提尼特大街
Rue de la Paix	和平街
Rue des Cantonais	广东街
Rue Paul-Bert	鲍尔 - 伯特街

S

Saint Joseph	圣约瑟夫教堂
Sagami Maru	相模丸号
Saigon	西贡
Saint Anne	圣安妮
Sainte-Beuve	圣佩韦
Saint Sulpice	圣叙尔比斯教堂
Saint Vencent de Paul	圣文森德保罗教堂

Sandwich Isles	夏威夷
San Francisco	旧金山
San Tzeu King	三字经
Seuchoenn	四川
Shakespeare	莎士比亚
Shanghai	上海
Siam	暹罗
Shimoda Ichiro	下田一郎
Shoun	舜
Shountien shepao	顺天时报
Siangtan	湘潭
Siberia	西伯利亚
Sikh	锡克人
Sikiang	西江号
Singapore	新加坡
Sin Outai	新舞台
Siuen Tong	宣统
Societe Generale	法国兴业银行
Society of the Eight Vows	八誓会
Song Kiaojen	宋教仁
Son of Heaven	天子
Soucheow	苏州
Soun Paoki	孙宝琦
S. Pichon	斯·皮雄
Street of Gentle Rain	细雨街
Suez	苏伊士

Summer Palace	颐和园
Sun Yatsen	孙中山

T

Taipings	太平军
Tang Hoalong	汤化龙
Tang Paochao	唐宝超
Tang Shao-y	唐绍仪
Taotai	道台
Tatsing Bank	大清银行
Temple of Agriculture	先农坛
Temple of Heaven	天坛
The Cry of the People	民声报
The People Rise	民立报
The Rights of the People	民权报
Three Dots	三点会
Tibet	西藏
Tientzeu	天子
Tientsin	天津
Times	泰晤士报
Tipao	地保
Ting Youtchang	丁汝昌
Toan Kijouei	段祺瑞
Tomsk	托木斯克
Tong-y-Tong	统一党

Tonkin	东京
Tortoise	龟山
Tourane	土伦
Toutou	都督
Triad	三合会
Triple Entente	三国协约
Tsaingo	蔡锷
Tsai Yuen Pey	蔡元培
Tsan Y Yuen	参议院
Tsienmenn gateway	前门
Tsinghai	青海
Tsingtao	青岛
Tsinshan Hill	青山
Tsin te houei	正德会
Turkestan	新疆
Tzeuchengyuen	资政院

U

University I'Aurore	震旦大学
University of Harvard	哈佛大学
University of the two Hous	两湖书院
University of Yale	耶鲁大学

V

Vadon	瓦登
Van Lerberghe	凡·列尔贝尔克
Venice	威尼斯
Voyron	瓦尤

W

Wagons-Lits Hotel	六国饭店
Wang Chaoming	汪兆铭
Wang Chengting	王正廷
Wang Chonghoei	王宠惠
Wangfoutsing	王府井
Washington	华盛顿
Wilden	威尔顿
Wilson	威尔逊
Wousong	吴淞

Y

Yamata	山座
Yamenm	衙门
Yao	尧
Yaofa	约法

Yn Chang	荫昌
Yngeou	黄一欧
Yng Koeihinn	应桂馨
Yngpinnkoan	迎宾馆
Yokohama Specie Bank	横滨正金银行
Yongchou	永州号
Yonglo	永乐
Yonglou	荣禄
Yorkshir	约克郡
Yuen Shekai	袁世凯
Yunnan	云南
Yunnanfow	云南府

Z

Zikawei	徐家汇
Zikawei Observatory	徐家汇观象台